Los cárteles no existen

Los cárteles no existen

Narcotráfico y cultura

NUEVA EDICIÓN EN TIEMPOS DE EXTERMINIO GLOBAL

OSWALDO ZAVALA

El papel utilizado para la impresión de este libro ha sido fabricado a partir de madera procedente de bosques y plantaciones gestionadas con los más altos estándares ambientales, garantizando una explotación de los recursos sostenible con el medio ambiente y beneficiosa para las personas.

Los cárteles no existen
Narcotráfico y cultura

Primera edición: febrero, 2026

ISBN: 978-607-386-745-0

Impreso en México – *Printed in Mexico*

Para Ignacio Alvarado y Julián Cardona,
que lo entendieron primero
y mejor que nadie.

I don't believe in fucking conspiracy theories.
I'm talking about a fucking conspiracy.
(No creo en jodidas teorías de la conspiración.
Estoy hablando de una jodida conspiración).

Gary Webb

Índice

TERCERA PARTE

Cuatro escritores contra el "narco"

CUARTA PARTE

Traficantes, soldados y policías en la frontera

NO EXISTEN, PERO SEGUIMOS HABLANDO DE ELLOS

Prefacio sobre una guerra permanente

El 20 de junio de 2018, durante una presentación de la primera edición de *Los cárteles no existen* en mi natal Ciudad Juárez, se dio una situación irónica a través de la aplicación de WhatsApp. Un mensaje anunciando una "limpia total del territorio" advirtió que cualquier persona que después de las 11 de la noche fuera vista "caminando, en moto, coches, camionetas con polarizado o sin él" sería "levantada y torturada" hasta que hablara o muriera. El siniestro mensaje fue firmado por los supuestos "grupos operativos" "Corporación Ántrax y Gente Nueva", además de alguien llamado "Compa Pollo del merito Sinaloa".

MXW mexicowebcast
June 20, 2018 ·

Por medio de WhatsApp circulan un mensaje sobre una supuesta "limpia" que habrá en esta ciudad. En el texto se menciona que gente del Cártel de Sinaloa cazará a gente de Los Zetas, el Golfo y el Cártel de Jalisco Nueva Generación después de las 11 de la noche. En el mensaje se advierte a la gente inocente que no salga de sus casas. [355 more words]
http://mexicowebcast.com/por-whatsapp-amenazan-con.../

Publicación en la red social X de México Web Cast sobre un mensaje que circuló por WhatsApp, el cual alertaba sobre un ataque armado entre traficantes en Ciudad Juárez, Chihuahua, el 20 de junio de 2018.

Los autores del mensaje decían estar trabajando para los capos de la droga Joaquín "El Chapo" Guzmán, el exjefe del "Cártel de Sinaloa" (que ya había sido detenido y extraditado a Estados Unidos en 2017), y Rafael Caro Quintero, el notorio traficante del llamado "Cártel de Guadalajara" encarcelado en 1985 por el asesinato del agente de la DEA Enrique Camarena, pero liberado desde 2013 por un tecnicismo legal.[1] Esa noche, se prometía liberar a Juárez de los traficantes de las organizaciones rivales de "Los Zetas", el "Cártel del Golfo" y el "Cártel Jalisco Nueva Generación". Hay que decir que no quedaba claro en ese momento qué organización criminal se suponía que tenía el control de la ciudad, ya que en 2016 la Fiscalía del estado de Chihuahua había dicho a los medios que Caro Quintero planeaba atacar al "Cártel de Sinaloa" para apoderarse de la "plaza" fronteriza, una de las principales sedes del narcotráfico del país. Pero esa noche de verano de 2018, según el mensaje de WhatsApp, Caro Quintero ya había formado una alianza con el "Cártel de Sinaloa" para sacar de Juárez a los "cárteles" que nadie sabía que gobernaban junto al río Bravo.

Al recordar este incidente, inicié una búsqueda en línea y me topé con un hecho no del todo sorprendente: el mismo mensaje reapareció en las redes sociales unos días después, el 26 de junio de 2018, pero también lo había hecho dos años antes, el 20 de abril de 2016, aunque entonces amenazando a varios pueblos del estado de Chihuahua y con la diferencia de que el "Compa Pollo" ya no firmó el comunicado.[2]

Reapareció también el 11 de octubre de 2016, en los estados de Coahuila y Nuevo León, y al día siguiente en un pequeño pueblo del estado de Guanajuato, pero esta vez un sitio de noticias local notó que el mismo mensaje de hecho circulaba con variaciones por lo menos desde 2014 en otros estados del país: Michoacán, San Luis Potosí, Puebla y Nayarit.[3]

---

[1] Junto con otros 28 traficantes, Rafael Caro Quintero fue recapturado en 2022 y finalmente extraditado a Estados Unidos en febrero de 2025 por el gobierno de Claudia Sheinbaum, bajo presión del presidente Donald Trump. Véase David Marcial Pérez, "Caro Quintero, el Narco de Narcos, el codiciado trofeo que Estados Unidos perseguía desde hace 40 años", *El País*, 27 de febrero de 2025.

[2] Las referencias en línea ya no están disponibles. Las únicas referencias que encontré del "Compa Pollo" fuera de estos mensajes son los corridos de cantantes y bandas que mencionan a un personaje con ese nombre, como el corrido "El Compa Pollo", sobre la vida distendida de un traficante, grabado en 2022 por Chris González, "El Traficante de la Sierra", o la canción sinaloense de la Banda Imperaktiva MK, con el mismo título, que narra la vida de un "pollero" con ciudadanía estadounidense que trafica con migrantes indocumentados en la frontera entre México y Estados Unidos.

[3] Selen Martínez, "Circula narcomensaje falso por WhatsApp en San Francisco y Purísima", *El Informador del Rincón*, 12 de octubre de 2016.

Aviso pa toda la gente de Juarez:

ALERTA!!
Con fecha de hoy se les hace un atento comunicado a toda la poblacion de esta ciudad y sus alrededores, para que no anden en la calle apartir de las 11 de la noche dado que llego el grupo operativo Antrax y Gente Nueva, y venimos a

El Puntero
Líder en Información Digital

Fiscalía investiga sobre el mensaje que circula sobre el toque de queda en varios municipios

20 DE ABRIL DE 2016 | POR POLICIACO1

A la izquierda, mensaje de WhatsApp con una nueva amenaza de violencia por parte de supuestos traficantes el 26 de junio de 2018. A la derecha, noticia del 20 de abril de 2016 sobre una investigación oficial de la Fiscalía General de Chihuahua sobre los mismos mensajes de violencia que circularon por WhatsApp.

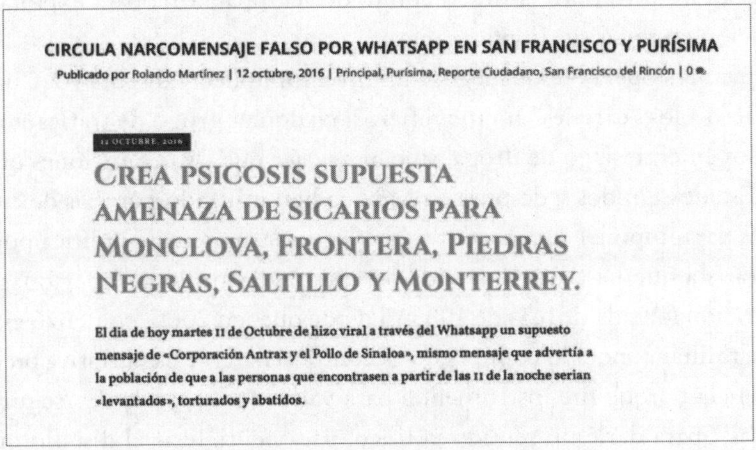

CIRCULA NARCOMENSAJE FALSO POR WHATSAPP EN SAN FRANCISCO Y PURÍSIMA

Publicado por Rolando Martínez | 12 octubre, 2016 | Principal, Purísima, Reporte Ciudadano, San Francisco del Rincón | 0

11 OCTUBRE, 2016

CREA PSICOSIS SUPUESTA AMENAZA DE SICARIOS PARA MONCLOVA, FRONTERA, PIEDRAS NEGRAS, SALTILLO Y MONTERREY.

El dia de hoy martes 11 de Octubre de hizo viral a través del Whatsapp un supuesto mensaje de «Corporación Antrax y el Pollo de Sinaloa», mismo mensaje que advertía a la población de que a las personas que encontrasen a partir de las 11 de la noche serian «levantados», torturados y abatidos.

Noticia del sitio *El Informador del Rincón*, de Guanajuato, sobre la "psicosis" colectiva que detonó otra amenaza de violencia circulada por WhatsApp en nombre de la "Corporación Ántrax y el Pollo de Sinaloa", el 11 de octubre de 2016.

El mensaje inicialmente me hizo sentir incómodo, pero su contenido fue rebajado por mis amigos, periodistas con décadas de experiencia, como un engaño absurdo. Recordé mi propio trabajo como reportero en Juárez en los conflictivos años noventa. El mensaje no solo era ridículo: tenía suficientes precedentes como para ser objeto de estudio. A finales de 2018, un artículo académico ya analizaba la naturaleza ficticia de tales mensajes en las ciudades del norte de México. "La ambigüedad, el anonimato y la indeterminación permite a los rumores de pánico ser mensajes exitosos en términos de su propagación y aceptación", reflexionó el autor, profesor del Instituto Nacional de Antropología e Historia.[4]

Considerando de entrada esta sintomática anécdota, quisiera retomar las reacciones que suscitó aquella primera edición del presente libro en 2018, cuando escuché con frecuencia una pregunta y que acaso pasó por la mente de quienes fueron a la presentación del libro en Ciudad Juárez: ¿de verdad no existen los cárteles? A esta pregunta le seguían otras: ¿tampoco existen las drogas?, ¿ni la violencia?, ¿ni los cientos de miles de asesinatos y desapariciones forzadas? Es comprensible que el título, por sí solo, parezca una simple provocación. Quienes se aventuren en la lectura de estas páginas, como ocurre con cualquier otro libro, asumen el reto de acompañarme para explorar esa afirmación en todas sus implicaciones.

La primera opera, desde luego, a un nivel simbólico y discursivo. Cuando me refiero a los "cárteles" no me refiero a cualquier grupo de traficantes interesados en el trasiego de droga, sino al *concepto* que las instituciones oficiales en Estados Unidos y después en México han utilizado por más de cuatro décadas para imponer una narrativa que legitima la violenta política policial y militarista que ha costado la vida de casi medio millón de personas y la desaparición forzada de más de 100 mil desde que, en 2006, comenzó el despliegue militar conocido como "guerra contra el narco". La narrativa precede la violencia porque fue instrumental para validar esa agenda de "seguridad nacional", para darle un sentido político, para neutralizar el disenso que la ha intentado desafiar desde el inicio. Dicha narrativa, que prevalece hasta hoy, consiste en tres enunciados fundamentales repetidos hasta el vértigo por oficiales de gobierno y sus voceros, por los medios de comunicación y a un nivel generalizado por numerosas producciones culturales dentro y fuera de México. Todos, al unísono, dicen: "Los 'cárteles' son más poderosos que el Estado y sus instituciones de seguridad"; "los 'cárteles' son los principales generadores de violencia"; "todos aquellos que trabajen para los 'cárteles' deben ser combatidos, encarcelados o asesinados".

La expresión "los cárteles no existen" propone una interrupción esencial de estos tres enunciados. En primera instancia, es una crítica al centro del

---

[4] Andrés Oseguera Montiel, "*Performance* de los narcomensajes: los rumores de pánico en las ciudades del norte de México", *Comunicación y Medios*, vol. 27, núm. 38, 2018, p. 159.

lenguaje de la agenda de "seguridad nacional" —el lenguaje securitario— que fue concibiendo al narcotráfico como amenaza desde la década de 1970. Ese lenguaje es la plataforma epistemológica que sustenta décadas de políticas antidrogas y sus políticas de representación. Al nombrar como "cárteles" a los grupos de traficantes, se construye un enemigo externo que se puede moldear a voluntad, de poder insondable, que está en todas partes y en ninguna, y que abre un horizonte permanente de supuesta guerra. No hay información empírica, periodística o académica que corrobore el fantasioso poder criminal de las llamadas *transnational criminal organizations* (como ahora también las nombran las instituciones estadounidenses). Pero la constante repetición, al modo de una campaña publicitaria, de los dichos de agencias como la Drug Enforcement Agency (DEA), las cifras disparatadas de los supuestos ingresos del narcotráfico que se escuchan en boca de congresistas con aspiraciones intervencionistas, los datos inverificables de la "presencia" de "cárteles" en 80, 90, 100 o 120 países del mundo, dependiendo del experto en seguridad al que se le pregunte, las afirmaciones de agentes federales, militares, voceros, fiscales, *sheriffs*, que recogen periodistas sin cuestionarse, prevalecen, se validan entre sí y edifican un muro cuyo espesor simbólico es virtualmente impenetrable.

En segunda instancia, "los cárteles no existen" nos permite otra operación intelectual necesaria: desplazar el mito del "narco" para localizar en su lugar la violencia capitalista neoliberal y su Estado de seguridad. La frase produce para algunos un incómodo desfondamiento de su comprensión del fenómeno de la violencia. Si no hay cárteles, ¿quién está matando a tanta gente?, ¿quiénes son aquellos que vemos en videos y que leen comunicados o colocan mantas amenazantes no siempre del todo legibles? Eliminar la noción falaz de "cártel" conduce a otras preguntas: ¿quiénes son y por qué están ahí los más de 230 mil soldados y agentes de la Guardia Nacional[5] que controlan las fronteras norte

[5] El gobierno de Andrés Manuel López Obrador (AMLO) culminó 2024 con el despliegue militar de 232 mil 761 elementos, de los cuales 119 mil 214 provenían de las Fuerzas Armadas y 113 mil 547 de la Guardia Nacional. El despliegue militar de AMLO fue cuatro veces mayor que el del presidente Felipe Calderón, que terminó su gobierno en 2012 con 56 mil 507 soldados ocupando partes del territorio nacional. Véase "Presentan Fuerzas Armadas y Guardia Nacional informe de seguridad conjunto del 20 de agosto al 2 de septiembre", *SICOM Noticias*, 3 de septiembre de 2024; Itzel Coca Ríos y Jorge Luis Amaya Lule, *La guerra interiorizada. De los crímenes internacionales a la vida pública de México 2006-2021*, México, Comisión Mexicana de Defensa y Promoción de los Derechos Humanos, 2023, p. 57.

y sur de México, sus aduanas marítimas y terrestres, el nuevo aeropuerto de la Ciudad de México, la constante ocupación de numerosas regiones del país, la militarización de policías estatales y municipales, con decenas de miles de soldados y policías entrenados en Estados Unidos, secuestrando, torturando, asesinando extrajudicialmente con equipo y armas de proveniencia estadounidense? ¿Por qué, mientras se dice que los "sicarios del narco" son los principales generadores de violencia, un número desproporcionado de víctimas son jóvenes pobres, morenos y de escasa educación? ¿Quiénes son realmente esos grupos armados que se filman a sí mismos y que actúan más como mercenarios que como traficantes de droga?

EL PAÍS

México

CJNG >

¿Son del Cartel Jalisco o no? Los expertos están divididos sobre la autoría de un video de encapuchados negando reclutamientos forzados en Teuchitlán

La grabación muestra a un grupo con armas del Ejército y un portavoz que ataca a las madres buscadoras y defiende a la policía estatal

Captura de video del grupo de encapuchados que se identifica con el Cartel Jalisco Nueva Generación (CJNG).

CARMEN MORÁN BREÑA
México - 18 MAR 2025 - 22:30 CST

40

Nota del periódico español *El País* que recoge opiniones divididas sobre la autenticidad del video en el que un grupo armado que se identifica como parte del llamado "Cártel Jalisco Nueva Generación" refuta haber forzado el reclutamiento de nuevos miembros y desacredita a los grupos de madres buscadoras que acudieron al rancho en Teuchitlán, Jalisco, donde se encontraron restos humanos en marzo de 2025.

En tercera instancia, "los cárteles no existen" se propone desnaturalizar el lenguaje securitario en general que tiene una compleja, contradictoria y discontinua historia en la vida política, económica y cultural de México y Estados Unidos. Pienso primero en 1947, cuando el gobierno estadounidense llevó a cabo una de sus más significativas transformaciones simbólicas que habría de tener repercusiones globales: la configuración de su política de "seguridad nacional" para reorganizar sus intervenciones militares en un mundo posterior a la Segunda Guerra Mundial y en aparente paz. Ese año se aprobó la Ley de Seguridad Nacional, que facultaría al gobierno estadounidense a avanzar su proyecto militarista planetario. Entre otras instituciones, en 1947 se creó la Central Intelligence Agency (CIA), su agencia de espionaje, pero también transformó su Departamento de Guerra, de modo que para 1949 fue renombrado Departamento de Defensa.

Ese poco sutil desplazamiento semántico, de la guerra a la defensa, habría de impactar profundamente en el modo en que percibimos la violencia bélica estadounidense. El periodista y activista antiguerra Norman Solomon nota cómo esa transformación intenta legitimar toda una nueva era de agresiones militares transformadas súbitamente en "defensa": "Pero el nombre oficial de una agencia no lo convierte en verdad. El uso omnipresente de frases como 'presupuesto de defensa' y 'gasto de defensa' —casi siempre escritas con una 'd' minúscula— equipara las operaciones militares de Estados Unidos con la defensa".[6]

El 8 de junio de 1949, unos meses antes de que el flamante Departamento de Defensa fuera oficialmente creado, George Orwell publicó su celebrada novela *1984*. El relato distópico de un Estado totalitario, en buena medida basado en operaciones simbólicas coercitivas, narra la aparición de un *news peak*, un nuevo lenguaje que trastoca el sentido de conceptos fundamentales de la sociedad hasta llevarlos a su extremo opuesto. Así, como anticipando el cambio histórico del Departamento de Guerra al de Defensa, Orwell imagina un "Ministerio de la Verdad" que produce una afirmación: "La guerra es la paz".[7]

Si bien la creación del Departamento de Defensa funcionó como un perverso mecanismo de ocultamiento de la guerra, el presidente Donald Trump

---

[6] Norman Solomon, *War Made Invisible. How America Hides the Human Toll of Its Military* Machine, Nueva York, The New Press, 2023. Todas las traducciones son mías a menos que se indique otra fuente.

[7] George Orwell, *1984*, Nueva York, Harcourt, 2013, p. 5.

ordenó en 2025 retomar el nombre oficial de Departamento de Guerra. Algunos se apresuraron a señalar que por lo menos así Trump admitía una descripción cínica y transparente de su violenta política exterior, pero me temo que estamos ante un nuevo giro orwelliano: hablar de "guerra" en la actualidad es llevar a cabo otro acto de ocultamiento discursivo, porque los conflictos globales ya no son entre dos países con dos ejércitos enemigos combatiéndose entre sí. Detrás de la guerra, detrás de la falsa idea de una guerra, transcurren matanzas colectivas, crueles e impunes que las potencias perpetran en contra de países y comunidades que apenas pueden defenderse. Como preludio de una nueva era de hostilidad en Latinoamérica, Trump ha ordenado asesinatos extrajudiciales de presuntos "narcoterroristas" venezolanos en lanchas en las costas del caribe hasta llegar a las costas mexicanas del Pacífico. Sin evidencia alguna, Trump designa quién debe morir y su obediente personal militar lanza a las pequeñas embarcaciones misiles y artillería diseñados para destruir tanques y fortificaciones militares.[8] Escapar a la trampa del lenguaje orwelliano del gobierno de Trump requiere comprender que no existe el Departamento de Defensa, pero tampoco el de Guerra: el nombre correcto de esa institución es Departamento de Exterminio que, según el secretario de defensa (o de exterminio) Pete Hegseth, ahora da prioridad a la "máxima letalidad" del gobierno estadounidense ante el mundo.[9]

Así, Estados Unidos y los países colaboracionistas, aliados, sometidos o subalternizados han cometido, solapado y promovido, directa o indirectamente, crímenes de lesa humanidad al combatir supuestas amenazas a la "seguridad nacional". Son las llamadas guerras contra el comunismo, el narcotráfico, el terrorismo, la migración indocumentada, los pandilleros, el "narcoterrorismo" y los *bad hombres* que en su momento Donald Trump (como tantos corresponsales extranjeros en México) imaginó como si toda Latinoamérica fuera un dilatado *western*. En esa región poblada por forajidos, el presidente estadounidense, los voceros del Departamento de Estado, los agentes de la

---

[8] Nick Turse, "The Pentagon is learning it's not so easy to sink a boat", The Intercept, 16 de octubre de 2025.

[9] Jonny Hall, United States Politics and Policy, The London School of Economics and Political Science, "Donald Trump's 'Department of War' name change is mostly political theatre", 18 de septiembre de 2025. <https://blogs.lse.ac.uk/usappblog/2025/09/18/donald-trumps-department-of-war-name-change-is-mostly-political-theatre/>.

DEA, el FBI o la CIA, junto con los corresponsales del *New York Times* o del *Washington Post* y demás medios, se autoproclaman como los únicos capaces de proteger las fronteras del mundo civilizado de los poderosos "cárteles" y los "narcogobiernos" latinoamericanos corrompidos. Para ello han puesto en circulación lo que la criminóloga Diana Gordon llamó *drugspeak*, retomando el lenguaje orwelliano, para conducir la opinión pública en el supuesto combate al narcotráfico nacional e internacional. Es un lenguaje que designa a "las clases peligrosas" —un concepto originado en el siglo XIX para criminalizar la pobreza y facilitar el control social— que amenazan la seguridad de Estados Unidos y que deben ser erradicadas por cualquier medio:

> El éxito del *drugspeak* se basa en su habilidad para hacer que las élites y el público en general sientan que están apoyando —y a veces participando activamente en— un movimiento social de gran importancia. Imágenes de lucha y unidad se combinan con descripciones de enemigos y aliados para ritualizar el discurso público sobre el tema.[10]

Lo extraordinario de este ritual discursivo es que lleva a cabo un borramiento de las numerosas y constantes invasiones militares, bombardeos, ejecuciones extrajudiciales, secuestro, tortura y acoso que las instituciones estadounidenses realizan cotidianamente en decenas de países del mundo. Como apunta Solomon, el colectivo Costs of War (Costos de la Guerra) de la Universidad de Brown contabilizó cientos de acciones militares estadounidenses posteriores a los ataques terroristas del 11 de septiembre de 2001, que incluyen ataques con drones, combate terrestre, entrenamiento y operaciones conjuntas con fuerzas armadas extranjeras en países como Afganistán, Pakistán, Irak, Siria y Yemen.

Como resultado directo de estas acciones militares, se estima el asesinato de entre 905 mil y 940 mil personas, además de causar indirectamente la muerte de entre 4.5 y 4.7 millones de personas. En su conjunto, el militarismo estadounidense desde 2001 ha desplazado a unos 38 millones de personas y ha

[10] Diana R. Gordon, *The Return of the Dangerous Classes: Drug Prohibition and Policy Politics*, Nueva York, W. W. Norton & Company, 1994, p. 185.

tenido un costo económico de 8 billones de dólares.[11] Este proceso, lejos de atenuarse, se exacerba: solamente entre 2018 y 2020, el colectivo de.Brown ha registrado acciones militares estadounidenses —supuestamente contra el terrorismo— en 85 países del mundo. Lo paradójico de este estremecedor recuento del militarismo que encabeza Estados Unidos a nivel planetario es que con frecuencia queda inadvertido. Las pocas acciones militares que sí llegan a los medios de comunicación se narran como parte de los objetivos de "seguridad nacional" de Estados Unidos y de sus países aliados.

Hagamos ahora un deslinde conceptual para atajar esa pregunta recurrente sobre el presente libro: al decir "los cárteles no existen", no quiero decir al mismo tiempo que el tráfico de drogas no sea real o que la violencia atribuida a ese fenómeno no sea preocupante. Me interesa, más bien, suspender el nexo entre la narrativa dominante en torno al narcotráfico y la experiencia de la violencia sin precedentes que actualmente lastima a la sociedad mexicana. Por ello, deliberadamente, considero como secundario el esfuerzo por comprender la vida, trayectoria, familias y genealogías de los traficantes. Conocer la biografía de un traficante es importante para entender la producción y contrabando de narcóticos, pero para entender la violencia estatal de la "guerra contra el narco" hay que investigar los alcances discursivos del lenguaje securitario porque en esas narrativas se configura la lógica de exterminio que luego se despliega en el país como "guerra", pero que las más de las veces opera como desaparición forzada, juvenicidio, feminicidio y limpieza social.

Vale la pena detenerse en el trabajo del politólogo Andreas Schedler:

> Hemos movilizado muchos recursos lingüísticos para convertir el horror extraordinario en un hecho trivial. [...] Absorbiendo este universo de eufemismos y falsos tecnicismos, hemos creado un mundo donde la violencia es un fenómeno delimitado, comprensible, esperado. La categoría amplia de "los narcos" y el uso extensivo del prefijo correspondiente (la narcoviolencia, la narcofosa,

[11] Véase el sitio de Internet del colectivo Costs of War del Watson Institute of International and Public Affairs de la Universidad de Brown, en el que participan alrededor de 60 académicos de distintos campos, expertos en asuntos internacionales, activistas de derechos humanos y médicos de distintas partes del mundo: http://watson.brown.edu/costsofwar/.

la narcomanta, el narcopolicía, el narcopolítico, la narcofiesta, la narcovivienda) sirven el mismo propósito: crean una distancia simbólica entre nuestro mundo civilizado y el mundo de barbarie donde la violencia es normal.[12]

Paradójicamente, según una encuesta nacional de opinión que recoge Schedler en su libro, solo alrededor de una quinta parte de los encuestados recordó el nombre o incluso el sobrenombre de un asesino convicto durante la llamada "guerra contra el narco" en México. Los identificados eran en realidad un puñado de presuntos jefes de organizaciones criminales popularizadas por los medios de comunicación y los incontables productos culturales: Joaquín "El Chapo" Guzmán, Rafael Caro Quintero, los hermanos Arellano Félix, entre otros. En general, señala Schedler, "los líderes y los asesinos de esta guerra han sido fantasmas, signos de interrogación, personajes abstractos. No tienen nombre, ni identidad, ni historia, ni lugar social. No son actores personales, son abstracciones". El público cree en la guerra contra y entre criminales despiadados, pero sin nombre, que solo están presentes a través de la radicalidad de sus acciones descritas en los medios de comunicación, en películas y series de televisión, en la música popular y en el recurrente apodo que remite a una amenaza y no a una persona real.[13] El consumidor individual de estos productos se conforma con una subjetividad basada en el miedo derivada de lo que llamo "narconarrativa": el campo disperso pero correlacionado de productos culturales, representaciones mediáticas, discurso oficial, percepciones de organizaciones de la sociedad civil, enunciados y relatos fundados en torno al significante central del "narco" y su narrativa dominante.

El ciudadano consumidor está condicionado por este discurso tanto como los propios traficantes, pero ambos ocupan lados opuestos de la narconarrativa. El ciudadano consumidor puede asustarse por el "narco" imaginado, mientras que el traficante interioriza su supuesta relevancia, su agencia aspiracional. A veces se encuentran en la misma habitación, como durante el juicio en Nueva York a "El Chapo" Guzmán en 2018, cuando los miembros del jurado y hasta los guardias que lo custodiaban confesaron su miedo inducido por la

---

[12] Andreas Schedler, *En la niebla de la guerra. Los ciudadanos ante la violencia criminal organizada*, México, Centro de Investigación y Docencia Económicas, 2018, p. 17.

[13] *Ibid.*, p. 114.

serie de Netflix sobre él, al grado de que las medidas de seguridad consideraban el juzgado en Nueva York posible blanco de un ataque terrorista con bombas nucleares o biológicas.

Los Angeles Times

SUBSCRIBE

WORLD & NATION

'El Chapo' trial is treated as a nuclear and conventional terrorism target

A police officer outside the courthouse in Brooklyn, N.Y., where Joaquin "El Chapo" Guzman is on trial. (Don Emmert / AFP-Getty Images)

By Sonja Sharp

Nov. 23, 2018 3 AM PT

Subscribers are Reading ›

Nota del periódico *Los Angeles Times* sobre cómo el juicio al traficante Joaquín "El Chapo" Guzmán fue planeado siguiendo protocolos de seguridad similares a los que se utilizan en Estados Unidos para prevenir un ataque terrorista con armas nucleares o biológicas.

El ciudadano y el traficante están atados por el miedo como mecanismo político desplegado por la narconarrativa. La académica Sara Ahmed estudia el lenguaje del miedo como un subproducto del proceso que separa "a los amenazados y a los que amenazan" en narrativas constituidas por relaciones de poder externas a ambos sujetos. El miedo moviliza a algunos cuerpos a la agencia, explica Ahmed, pero simultáneamente contiene el movimiento de otros porque no reside en ningún cuerpo en particular, sino en una plataforma epistémica que lo propaga. Ahmed analiza cómo este proceso hace que el cuerpo de aquellos externos al relato de nación sea una amenaza indistinguible. Las figuras del terrorista y el migrante refugiado, por ejemplo, a menudo se combinan con las narrativas criminalizadoras de la "seguridad nacional" en los Estados Unidos.[14]

---

[14] Sara Ahmed, *The Cultural Politics of Emotion*, Edimburgo, Edinburgh University Press, 2014, pp. 72, 79.

En el mismo horizonte de expectativas, el "narco" mexicano provoca un temor similar entre quienes perciben al traficante como la máxima amenaza y el traficante que se cree protagonista de una gran epopeya criminal y que, en consecuencia, también teme por su propia vida. A medida que el miedo se narrativiza, se transfiere a la realidad simulada. Poco a poco, la política del miedo da paso a una política de normalización afectiva, de consumismo simbólico aceptable en ambos extremos. El terrorista, como el "narco", puede ser percibido primero por un miedo incontrolable que rápidamente se convierte en miedo regulado, miedo predecible, incluso miedo entretenido y hasta deseable. Está en los cuerpos de los actores latinos (Diego Luna, Tenoch Huerta, Benicio del Toro, Wagner Moura, Javier Bardem, entre tantos otros, incluyendo al cantante puertorriqueño Bad Bunny) que se prestan para encarnar la fantasía del "narco" y confundirla con la fantasía sexual, con la rebeldía, con la masculinidad racializada, con lo estético como experiencia criminal al sur del río Bravo.

Los ejecutores de este discurso están en todas partes. Podemos encontrarlos en el cuerpo del político que defiende la violenta ocupación militar del territorio, en las decisiones de los legisladores que agrandan el aparato de seguridad del Estado, en la violencia extrajudicial perpetrada por soldados y policías, entrenados y armados con el explícito respaldo político y económico del gobierno de Estados Unidos, en buena medida como brazo armado al servicio de la razón de guerra estadounidense.

Y, en última instancia, en el consenso aprobatorio de los ciudadanos que legitiman la violencia estatal precisamente por su eficiencia: se cuentan 476 mil 481 asesinatos y 125 mil 287 desapariciones forzadas entre el comienzo del despliegue militar en 2006 y 2024, el último año del gobierno del presidente Andrés Manuel López Obrador.[15] El mayor riesgo de homicidio ha sido consistentemente para hombres entre 18 y 29 años de edad, mientras que la desaparición forzada se concentró en víctimas aún más jóvenes, entre 13 y 18 años, todos ellos con escasa educación, que nacieron pobres y que murieron pobres.[16] Un estudio académico demostró cómo las Fuerzas

---

[15] David Saúl Vela, "Sexenio de AMLO cerró con récord de 199,952 asesinatos", *El Financiero*, 23 de octubre de 2024; Patricia San Juan Flores y Beatriz Guillén, "México, el país que desaparece: sin rastro de 125.000 personas", *El País*, 22 de marzo de 2025.

[16] Mariana Betanzos y Laura Jiménez, "Matan o desaparecen a 46 jóvenes cada día", *El*

Publicidad del estreno de la tercera temporada de la serie *Narcos: México*, con el cantante puertorriqueño Bad Bunny (a la derecha en la imagen) interpretando el papel del traficante Arturo "Kitty" Páez, miembro de la organización de los hermanos Arellano Félix en Tijuana. El anuncio apareció en la cuenta de fans @badbunny_global en X el 5 de noviembre de 2021.

Armadas mexicanas superaron el índice de letalidad de cualquier otra nación latinoamericana, con el mayor número de asesinatos en enfrentamientos con presuntos grupos criminales.[17] Entre 2007 y 2011, el mismo estudio mostró que el 84% de esos enfrentamientos fueron provocados por agentes estatales. Solo el 7% se inició por ataques directos a las Fuerzas Armadas.[18] La narconarrativa consolida la hegemonía securitaria, diseñada para internalizar la violencia como una expectativa común, incluso emocionante, que hace que la militarización del país y el asesinato de los jóvenes pobres sean reconocibles dentro del propósito mayor de la épica, de la causa justa, de la guerra. Mientras que la película de 1985 *Invasion U.S.A.* jugó con los temores de una invasión soviética a Estados Unidos, o la serie de televisión *24* con los terroristas islámicos, celebrando la masculinidad blanca, la "guerra contra las drogas" censura la masculinidad tóxica del traficante mexicano que, como propone la película *Emilia Pérez* (Jacques Audiard, 2024), solo puede redimirse si literalmente renuncia a su sexo y se transforma en mujer.

Universal, 14 de septiembre de 2024.

[17] Leticia Ramírez de Alba, "Indicadores de víctimas visibles e invisibles de homicidio", México Evalúa, Centro de Análisis de Políticas Públicas, noviembre de 2012, pp. 37-38.

[18] Manuel Hernández Borbolla, "Guerra contra el narco 'perfeccionó' letalidad de Fuerzas Armadas", *The Huffington Post*, 1 de febrero de 2017.

Pósteres publicitarios de la película *Invasion U.S.A.* (Joseph Zito, 1985), sobre una imaginada invasión soviética en Estados Unidos; la serie de televisión *24* (Robert Cochran y Joel Surnow, 2001-2010), sobre frenéticos ataques terroristas en territorio estadounidense que deben contrarrestarse en un plazo de 24 horas; y la película musical *Emilia Pérez* (Jacques Audiard, 2024), sobre un traficante que decide convertirse en mujer mediante una cirugía para cambiar de género que también transforma al personaje moralmente.

Tras el regreso de Donald Trump a la presidencia de Estados Unidos por segundo periodo, en 2025, la narconarrativa ha vuelto con más fuerza que nunca. Es cierto que el presidente Andrés Manuel López Obrador (AMLO) consiguió imponer restricciones a los agentes de la DEA operando en México e incluso ridiculizó la desaseada investigación estadounidense que señalaba al exsecretario de Defensa Salvador Cienfuegos como el "padrino" de un supuesto "cártel".[19] Al final de su gobierno, sin embargo, AMLO había prácticamente reactivado la lógica empleada por el presidente Felipe Calderón de la *kingpin strategy* para detener a líderes de grupos de traficantes, incluyendo al notorio hijo de Joaquín "El Chapo" Guzmán, capturado el 5 de enero de 2023, tres días antes de una visita a México del presidente estadounidense Joe Biden para participar en la Cumbre de Líderes de América del Norte, durante la cual se discutiría el tráfico de fentanilo.[20] (Como discutiré más adelante, el

---

[19] Luis Méndez Urich, "AMLO acusa a la DEA de 'fabricar' acusación contra el general Cienfuegos", *France 24*, 15 de enero de 2021.

[20] "AMLO niega que la captura de Ovidio Guzmán tenga que ver con la llegada de Biden", *CNN Español*, 6 de enero de 2023.

presidente Enrique Peña Nieto produjo la detención de "El Chapo" Guzmán el 22 de febrero de 2014, tres días después de la visita del presidente Obama a México para asistir a la misma cumbre).[21] Pese a la defensa de la soberanía mexicana, la presidenta Claudia Sheinbaum no ha variado significativamente esa política de seguridad: su gobierno, presionado por Washington, hace alarde de detenciones de traficantes y decomisos de droga, e incluso ordenó la extradición, en algunos casos claramente ilegal, de traficantes mexicanos —incluyendo la del conocido traficante Rafael Caro Quintero— a Estados Unidos.[22] Al mismo tiempo, Trump designó a varios "cárteles" como organizaciones terroristas y desplegó un fuerte contingente militar a la frontera sur para detener lo que según él es una "invasión" de cuerpos morenos, violentos y desposeídos, y consideró el uso de drones armados para realizar ataques en territorio mexicano.[23] Ante la desesperación de migrantes indocumentados y de familias enteras en busca de asilo político, el gobierno de Trump (2017-2021; 2025-2029), como el de Joe Biden (2021-2025) y el de Barack Obama (2009-2017) antes que él, dispone de inhumanas políticas de deportación en flagrante violación del derecho internacional y los derechos humanos, así como también ha incrementado consistentemente el gasto público en seguridad fronteriza: el presupuesto de la Border Patrol, por ejemplo, ascendió dramáticamente de 400 millones de dólares en 1994 a 7 mil 300 millones en 2024.[24] En la frontera México-Estados Unidos, el presidente Donald Trump ha incrementado radicalmente el despliegue de soldados y ordenado la ocupación militar de la llamada Reservación Roosevelt, una franja federal de 18 metros de ancho que recorre el territorio fronterizo desde California hasta Nuevo México.[25] Del lado mexicano de la frontera, no

---

[21] Juan Carlos Pérez Salazar, "Así fue la captura de 'El Chapo' Guzmán", *BBC Mundo*, 23 de febrero de 2014.

[22] "México envía a EE.UU. a 29 detenidos vinculados con el narcotráfico en una de las mayores extradiciones de su historia", *BBC Mundo*, 27 de febrero de 2025.

[23] Dan De Luce, Ken Dilanian y Courtney Kube, "Trump Administration Weighs Drone Strikes on Mexican Cartels", *NBC News*, 8 de abril de 2025.

[24] American Immigration Council, "The Cost of Immigration Enforcement and Border Security", 14 de agosto de 2024.

[25] Melissa del Bosque, Pablo de la Rosa y Todd Miller, "Under Trump Military Expansion, Soldiers May Soon Police Civilians at the Border", *The Border Chronicle*, 17 de abril de 2025.

obstante, seguimos creyendo que el poder de los traficantes mexicanos es superior al de los gobiernos militarizados de México y Estados Unidos juntos, aunque los traficantes mismos sean encarcelados o asesinados.

En ese mismo 2018, una tarde después de otra presentación de *Los cárteles no existen*, ya sin la ironía de una ridícula amenaza virtual de "narcos" por WhatsApp, mi hija Ximena, que por entonces cruzaba los seis años, me deslizó un reclamo memorable: si los cárteles no existen, ¿por qué seguimos hablando de ellos? Porque el lenguaje securitario no depende de lo real, porque la palabra "cártel" no está vinculada a ninguna cosa o persona y por eso flota indeterminada y volátil en nuestro vocabulario, como un globo de helio que impresiona y divierte a los niños. Es una palabra vacía que se apoya en otras palabras vacías para permanecer vigente entre nosotros. Y seguiremos hablando de "cárteles" porque su presencia espectral justifica no solo un campo cultural que lucra con prejuicios, miedos y la espectacularización de la violencia, sino porque ese lenguaje se ha internalizado y se ha confundido con las demás amenazas discursivas que colonizan nuestra imaginación securitaria: desde el guerrillero comunista hasta el "narcoterrorista" fabricado por las narrativas oficiales que militarizan México en el nombre de nuestra seguridad.

Quise escribir este libro para contribuir a la desarticulación de ese mito. Para desnaturalizarlo, para mostrar su artificialidad, su inmaterialidad. Quise escribir este libro para avanzar hacia el día en que dejemos de hablar de los "cárteles" para reorientar nuestra crítica a quienes confeccionaron ese discurso y quienes lo mantienen en circulación para beneficiarse de la percepción de una guerra permanente: el Estado de seguridad, las Fuerzas Armadas, las agencias de inteligencia, el complejo militar-industrial que genera ganancias desmedidas con los conflictos armados, la industria del entretenimiento, el trabajo académico basado en el folklore del traficante como el responsable absoluto de la violencia, el periodismo especializado en reportar la "guerra contra el narco" como la disputa entre gobierno y crimen organizado, los expertos en seguridad, la proliferación de sitios de internet, programas de YouTube, los *influencers*, la comentocracia que parasita la narrativa oficial, sus repeticiones y sus variaciones. Quise, en suma, que *Los cárteles no existen* fuera un libro de intervención intelectual y periodística que mostrara una forma de leer críticamente el discurso oficial, el periodismo y los productos culturales que colaboran en la consolidación y legitimación de la "guerra contra el narco".

En 2022 publiqué el libro *La guerra en las palabras. Una historia intelectual del "narco" en México (1975-2020)* como un intento por reconstruir cuatro décadas de narrativas securitarias, desde la llamada Operación Cóndor (el primer gran operativo militar antidrogas entre Estados Unidos y México) hasta el problemático intento por replantear la "guerra contra el narco" del presidente López Obrador. Para esta nueva edición de *Los cárteles no existen*, me he dado a la tarea de actualizar sus argumentos centrales, incorporando a la discusión eventos políticos y objetos culturales recientes que permiten reflexionar con mayor claridad y certeza lo enunciado en la primera edición de 2018. Estos dos libros pueden leerse como herramientas complementarias de una misma agenda crítica de la gubernamentalidad securitaria, como la llamaría el filósofo francés Michel Foucault, que explica en gran parte el trágico saldo de violencia y destrucción que a la fecha continúa descargándose sobre todo en contra de los más vulnerables en México.

Terminaré con una reflexión que empata el contexto de violencia en ciudades como Juárez con los procesos de militarización en zonas como Gaza, donde cuerpos pobres y racializados son asesinados las más de las veces por armas manufacturadas por las mismas empresas trasnacionales que operan por todo el planeta. Entre Gaza y Ciudad Juárez, como veremos, se construyen también regímenes de vigilancia y hostigamiento que transforman el militarismo en un permanente estado de excepción en contra de comunidades enteras y que, aunque se narre como "guerra", solo puede comprenderse como un continuo proceso de exterminio.

Seguimos hablando de los "cárteles" en México y Estados Unidos, sin embargo. Continuamos atrapados en la cámara de ecos del lenguaje securitario. Pero el lenguaje es un campo en disputa y el mito del "cártel" que domina entre nosotros puede resquebrajarse y colapsar porque, como sabemos, nada real lo sustenta. Llegará el momento en que repetir esa palabra resulte un despropósito, un anacronismo, una vieja broma, una pesadilla mal recordada, una política de gobierno fallida y definitivamente desmantelada. Con suerte, la generación de mi hija, o la que le sigue, no tendrá necesidad de volver a pronunciarla.

Nueva York, 1 de diciembre de 2025

INTRODUCCIÓN

La invención de un enemigo formidable

El 19 de febrero de 2012, el todavía presidente Felipe Calderón ofreció el último discurso de su gobierno con motivo del Día del Ejército y la Fuerza Aérea Mexicana. En el programa de eventos ocurrió algo extraordinario que el sociólogo Luis Astorga, experto en temas de narcotráfico y seguridad, rescató de la cobertura periodística de ese día. Es el momento en el que un grupo de soldados simuló la revisión de un automóvil para ilustrar al presidente los procedimientos para detectar droga. Anota Astorga:

> En un vehículo donde se ocultaba la misma, presuntamente mariguana, el militar que interpretaba el papel de traficante estaba vestido según la imagen arquetípica que se tiene de ellos, incluso en el museo de la Sedena dedicado al tema del tráfico de drogas, es decir, con botas, sombrero y escuchando corridos de traficantes: "Escena que arrancó risas a Calderón, su esposa Margarita Zavala y los secretarios de Defensa Nacional y Marina, general Guillermo Galván y almirante Francisco Saynez", de acuerdo con la nota periodística que dio cuenta del acto.[1]

Los militares protagonizaron un *performance* de sus actividades contra el tráfico de drogas personificando la figura del traficante que el sistema político mexicano ha construido con fines específicos: un hombre vestido de vaquero escuchando narcocorridos. Esa imagen, como recuerda Astorga, ha

[1] Luis Astorga, *¿Qué querían que hiciera? Inseguridad y delincuencia organizada en el gobierno de Felipe Calderón*, México, Grijalbo, 2015, p. 139.

sido incorporada al Museo del Enervante, de la Secretaría de la Defensa Nacional (Sedena). Ahí se encuentra un maniquí vestido igual que ese mismo "narco" que improvisaron los militares: un ranchero ostentando vulgarmente la repentina riqueza que le genera el tráfico de drogas y que él inevitablemente incorpora a su imagen personal con camisas Versace, botas de piel de cocodrilo y ese infaltable sombrero sin el cual no sería reconocible. A esa imagen, el museo suma objetos que confirman el perfil del mítico "narco" mexicano: armas con chapas de oro, diamantes incrustados, todo con las iniciales grabadas del capo en turno.[2]

Maniquí de un "narco" con fotografías de traficantes en el fondo. Museo del Enervante. Fotografía cortesía de la Secretaría de la Defensa Nacional.

El *performance* de los militares nos permite un raro avistamiento a la manera en que el sistema político mexicano ha creado un enemigo formidable en estos tiempos de permanente crisis de "seguridad nacional". El "narco" imaginado por los militares es, en teoría, todo lo opuesto del soldado: indisciplinado, vulgar, ignorante, violento. En las antípodas del Ejército, sin embargo, el "narco"

[2] En el museo se encuentra, por ejemplo, una pistola chapeada en oro con las iniciales "AFC", que la Sedena atribuye a Amado Carrillo Fuentes, el supuesto jefe del "Cártel de Juárez". La pistola, se informa en el museo, fue un regalo de Carrillo Fuentes a Joaquín "El Chapo" Guzmán, a quien le fue decomisada cuando fue detenido por primera vez en 1993. Véase Jesús Aranda, "Museo del Enervante exhibe 'trofeos' del Ejército en su lucha contra el *narco*", *La Jornada*, 12 de marzo de 2017, p. 10.

requiere, si bien no de un uniforme, sí de una *uniformidad* que lo distinga de los soldados que en nombre del gobierno lo ajusticiarán.

Astorga observa que la indumentaria arquetípica del "narco" modelo coincide con la de muchos de los habitantes de las regiones rurales de México. ¿Cómo logran identificar los militares a los delincuentes entre los rancheros del país? Durante la llamada "guerra contra el narco" ordenada por el presidente Calderón fueron asesinados, según datos oficiales, alrededor de 121 mil 683 personas.[3] Pero, si el "narcotraficante" puesto en escena por los militares provocó la risa del presidente, de su esposa y de los secretarios de Defensa y de Marina, esto se debió a la caricaturización del fenómeno, en correspondencia con la manera en que se imagina a los traficantes en películas o series de televisión.

En la realidad, la apariencia promedio de victimarios y víctimas de la supuesta guerra es radicalmente distinta. Como demostró un estudio realizado en noviembre de 2012, el perfil recurrente entre las víctimas de homicidios dolosos durante el sexenio de Calderón era el de hombres de entre 18 y 29 años, solteros, pobres y con escasa o ninguna escolaridad, que, lejos de las rancherías y su ropa vaquera, residían en urbes como Ciudad Juárez, Monterrey o Tijuana. El perfil de los victimarios durante las supuestas confrontaciones entre "cárteles" tampoco coincidía con el "narco" representado por los militares. No era el traficante ranchero que mataba a su enemigo con botas y sombrero texano mientras escuchaba corridos de Los Tigres del Norte como *soundtrack* de una película de bajo presupuesto de los hermanos Almada. Reaparecía, en cambio, el mismo hombre pobre y sin educación que malvivía en las ciudades del norte del país con una única diferencia sustancial: era con frecuencia cinco años más joven que su víctima.[4]

Ante Calderón, los militares montaron una suerte de representación teatral actuando simultáneamente el papel del héroe y el del violento enemigo del Estado y la sociedad civil. Tuvieron que actuarlo porque el héroe y el enemigo, en realidad, no existen en los términos escenificados. ¿De dónde

---

[3] Esta cifra es del Instituto Nacional de Estadística y Geografía (Inegi), que recolectó la información proveniente de 4 mil 700 oficialías del Registro Civil y mil 107 agencias del Ministerio Público. Véase "Más de 121 mil muertos, el saldo de la narcoguerra de Calderón", *Proceso*, 30 de julio de 2013.

[4] Ramírez de Alba, *op. cit.*, pp. 37-38.

proviene entonces ese arquetipo tan recurrente en la imaginación colectiva sobre el "narco"?

Es necesario retroceder en el tiempo para articular una primera respuesta. En 1989, justo al final de la Guerra Fría, la politóloga Waltraud Morales escribió un artículo fundamental para comprender el nuevo orden mundial posterior a la caída del muro de Berlín: "The War on Drugs: A New U.S. National Security Doctrine?". Durante medio siglo, el anticomunismo ocupó el centro de la política de "seguridad nacional" de Estados Unidos.[5] La Ley de Seguridad Nacional (National Security Act), promulgada en 1947, fue el mecanismo por medio del cual el Congreso estadounidense dio sustento legal a la estrategia global que polarizó el planeta después de la Segunda Guerra Mundial. La Guerra Fría, desde luego, involucró directamente al Estado mexicano. Durante el mismo año de 1947 se crearon dos instituciones claves de la nueva era securitaria: en Estados Unidos, la Central Intelligence Agency (CIA), y en México, la Dirección Federal de Seguridad (DFS). A lo largo de las siguientes tres décadas, ambas agencias entrelazaron esfuerzos para contener la supuesta amenaza comunista en el hemisferio. Su colaboración se profundizó con la llamada Operación Cóndor, por medio de la cual el gobierno de Estados Unidos desplegó una agresiva política intervencionista en el continente a mediados de la década de 1970. La versión mexicana de la Operación Cóndor, sin embargo, fue la única que se enfocó en el tráfico de drogas y no en el combate al comunismo. Los miles de soldados y agentes de policía federales que destruyeron los sembradíos de droga entre 1975 y 1978 produjeron también el desplazamiento en masa de campesinos y de los productores y traficantes de droga. Al cerrar la década, un notorio grupo del "narco" mexicano no solo seguía existiendo, sino que había trasladado su central de operaciones a la ciudad de Guadalajara y ahora dominaba en el panorama internacional cobrando a las organizaciones colombianas hasta 50% de las ganancias del tráfico de cocaína que pasaba por el territorio nacional.[6]

---

[5] Waltraud Morales, "The War on Drugs: A New U.S. National Security Doctrine?", *Third World Quarterly*, vol. 11, núm. 3, 1989, pp. 147-169.

[6] Miguel Ángel Félix Gallardo, Ernesto Fonseca y Rafael Caro Quintero eran parte integral de una estructura trasnacional sancionada por "altos funcionarios de la DFS, la Policía Federal y los bancos mexicanos y estadounidenses responsables de lavar las ganancias". Véase Peter Watt y Roberto Zepeda, *Drug War Mexico: Politics, Neoliberalism and Violence in the New Narcoeconomy*, Londres, Zed Books, 2012, p. 83.

Las figuras de los traficantes más temidos de esa época, Miguel Ángel Félix Gallardo, Ernesto Fonseca Carrillo, alias "Don Neto", y Rafael Caro Quintero, fueron magnificadas hasta el grado de adquirir una condición mítica. Félix Gallardo, por ejemplo, había sido agente de la Policía Judicial de Sinaloa y llevaba hasta mediados de los ochenta una vida pública muy visible en compañía de reconocidos personajes de la clase política. Siguiendo la inercia estadounidense, los medios de comunicación pronto se acostumbraron a llamar "cárteles" a las organizaciones que encabezaban estos personajes. Pero la palabra "cártel", como prácticamente todo el vocabulario asociado al "narco", tiene un origen oficial. Luis Astorga subraya la contradicción de referirse a los grupos de traficantes como "cárteles" a pesar de que, según la inteligencia oficial, lejos de colaborar horizontalmente para potenciar sus ganancias, los "cárteles" actúan como rivales en pugna dispuestos a eliminarse unos a otros.

En su libro *El siglo de las drogas* (1996), Astorga registra otro episodio revelador de la historia política del "narco". Es una entrevista que la revista *Time* le hizo en 1994 a Gilberto Rodríguez Orejuela, el traficante colombiano que supuestamente lideraba, junto a su hermano Miguel, el "Cártel de Cali". El traficante declara: el "Cártel de Cali" simplemente no existe. "Es una invención de la DEA. [...] Hay muchos grupos, no solo un cártel. La policía lo sabe. También la DEA. Pero prefieren inventar un enemigo monolítico".[7] El periodista británico Ioan Grillo obtuvo una declaración similar al entrevistar en Colombia al "narcoabogado" Gustavo Salazar, el representante legal del supuesto "Cártel de Medellín". El abogado repite esencialmente lo dicho por Rodríguez Orejuela: "Los cárteles no existen. Lo que hay es una colección de traficantes de droga. Algunas veces ellos trabajan juntos, otras no. Los fiscales estadounidenses los llaman cárteles para hacer más fáciles sus casos. Todo es parte del juego".[8] En 2023, los hijos de Joaquín "El Chapo" Guzmán, publicaron una carta en la que negaban ser líderes del llamado "Cártel de

[7] Luis Astorga, *El siglo de las drogas*, México, Espasa, 1996, p. 160.

[8] Ioan Grillo, *El Narco. Inside Mexico's Criminal Insurgency*, Nueva York, Bloomsbury Press, 2011, p. 61. Irónicamente, después de registrar esta reveladora declaración, Grillo prosigue a recordar los flujos de cocaína del "Cártel de Medellín" en la década de 1980 sin considerar problemático seguir llamándolo así. Tres décadas más tarde, escribe Grillo, los "cárteles" mexicanos, con su extraordinario poder delictivo, merecerían una nueva entrada en los diccionarios para definir el "cártel de droga" o el "cártel criminal" moderno.

Sinaloa" y afirmaban que en realidad esa organización solo existe como un nombre que utilizan grupos independientes que no trabajan para ellos y que no forman realmente un "cártel".

> La manera de operar de estos grupos independientes muchas veces se basa en usar el nombre de nuestro padre o en casos más recientes el nombre de nosotros, Los Chapitos, como nos han denominado. Por ejemplo, para poder trabajar con total impunidad, les hacen creer a sus proveedores y a sus clientes que son nuestros socios o intermediarios para tener una mejor negociación.[9]

El uso del nombre de "El Chapo" no solo reditúa a los falsos miembros del "cártel", aseguraron, sino también a quienes lucran desde la sociedad civil como expertos en el tema, productores de películas, series de televisión, música y hasta los *influencers* en plataformas de internet y redes sociales.

> Incontables son los corridos o canciones que los músicos componen con información falsa y sin autorización para hacerse famosos a nivel nacional e internacional. Empresas usan nuestro nombre para establecerse en lugares, fabrican ropa, bebidas, accesorios y muchos productos más con alusión de nuestro nombre o de nuestro padre para vender más y obtener un beneficio económico. *Youtubers* invitan a sus canales a supuestos expertos en el narcotráfico, que opinan sobre nosotros y sobre nuestra forma de operar, sin tener la más mínima idea de lo que están hablando, el pueblo lo ve, lo cree y nos juzga. Los beneficios son incalculables para las personas y empresas que hoy en día usan nuestro nombre y apellido; sin embargo, los perjudicados somos nosotros.[10]

Lo que describen los llamados "Chapitos", independientemente de su culpabilidad en el tráfico de drogas, es un fenómeno que ha sido pensado desde la sociología, la lingüística, la ciencia política y los estudios de medios y culturales: la construcción de discursos hegemónicos en torno a la criminalidad que guían la opinión pública, justifican las políticas policiales y los presupuestos

---

[9] "'No somos la cabeza': Esto dice la carta de 'Los Chapitos' contra acusaciones de EU por fentanilo", *Milenio*, 4 de mayo de 2023.

[10] *Idem*.

de las instituciones de seguridad y finalmente criminalizan los cuerpos racializados de minorías y sociedades vulnerables de países del sur global.

El título del presente libro proviene en parte de las declaraciones de esos traficantes, pero sobre todo de una reflexión crítica en torno al lenguaje oficial que insiste en hablar míticamente del crimen organizado. *Los cárteles no existen*: esa es la temprana lección aprendida por los propios traficantes. Existe el mercado de las drogas ilegales y quienes están dispuestos a trabajar en él. Pero no existe la división que según las autoridades mexicanas y estadounidenses separa a esos grupos de la sociedad civil y de las estructuras de gobierno. Existe también la violencia *atribuida* a los supuestos "cárteles", pero, como discutiré a lo largo de estas páginas, esa violencia obedece más a las estrategias disciplinarias de las propias estructuras del Estado que a la acción criminal de los supuestos "narcos".

Antes que académico y ensayista, fui reportero. Mi agenda de investigación es el producto de un largo trayecto intelectual que comenzó en la década de los noventa en la redacción del *Diario de Juárez* (actualmente conocido solo como *El Diario*), uno de los principales periódicos del norte de México. Ahí tuve la suerte de completar mi educación profesional bajo el mentorazgo del reportero de investigación Ignacio Alvarado y el fotoperiodista Julián Cardona. Durante décadas, mucho antes de que yo pudiera siquiera intuir las ideas de este libro, ellos habían iniciado un fuerte descentramiento simbólico de las coberturas periodísticas sobre el "narco". Para ambos, los "cárteles" son un dispositivo simbólico cuya función principal consiste en ocultar las verdaderas redes del poder oficial que determinan los flujos del tráfico de drogas y que legitiman la violenta política militarista. Su trabajo fue y sigue siendo revolucionario y ha tenido ya una repercusión clara en varias generaciones de periodistas y académicos mexicanos y extranjeros que han seguido con cuidado sus aportaciones. El notable periodismo de Alvarado y Cardona ha sido imprescindible a lo largo de mi carrera como reportero y académico. Gracias a su capacidad crítica he podido desarrollar las ideas centrales de este libro que he ido corroborando en años de investigación sobre el tema con otras fuentes que por separado han llegado a conclusiones similares.[11]

---

11 Entre otras contribuciones, Alvarado fue de los primeros en reportar las causas reales de la violencia en estados como Coahuila y Tamaulipas. Ahí donde supuestamente se disputan

Otra de las fuentes fundamentales de mi investigación ha sido, como ya lo he mencionado, el trabajo crucial del sociólogo mexicano Luis Astorga. En su temprano libro *Mitología del "narcotraficante" en México* (1995), Astorga fue quien observó primero la construcción simbólica de lo que creemos que sabemos sobre el tráfico de drogas. Su libro nos enseña cómo la figura del traficante es un mito basado en una "matriz" de lenguaje por medio de la cual el Estado determina las reglas de enunciación de eso que acostumbramos a llamar "narco".[12] Esa matriz no explica a la ciudadanía las actividades reales de los traficantes, sino que codifica simbólicamente los límites epistemológicos en los que, involuntariamente, habríamos de *representar* a los traficantes y al tráfico de drogas. Explica Astorga: "La distancia entre los traficantes reales y su mundo y la producción simbólica que habla de ellos es tan grande que no parece haber otra forma, actual y factible, de referirse al tema sino de manera mitológica".[13] La importancia de la conclusión de Astorga no puede exagerarse: del fenómeno del tráfico de drogas sabemos poco o nada, pues a su espacio social y a la esfera pública los separa una densa estructura de significado que ha sido concebida con fines políticos de ocultamiento y no de entendimiento. Pero si, por el contrario, nuestra impresión es que conocemos demasiado bien la vida y muerte de los "narcos", sus relaciones de familia, su ambición descontrolada y su violencia psicópata, es porque durante décadas hemos sido habituados a ese sistema de representación oficial que contradictoriamente dice conocer los organigramas íntimos de los "cárteles", pero se declara incompetente para detenerlos. Ese sistema de representación oficial sustenta a su vez la proliferación de objetos culturales que, como analizaré más adelante, incorpora la mitología del "narco" como algo dado en innumerables variaciones en el cine, la televisión, la música popular, la literatura de ficción, el periodismo narrativo y el arte conceptual.

---

el territorio grupos de traficantes como "Los Zetas" o el "Cártel del Golfo" es donde se concentran recursos naturales a punto de ser explotados por las oligarquías locales en contubernio con conglomerados trasnacionales. "Pero como con mucha de la violencia en México en años recientes", escribe Alvarado, "la Policía, el Ejército y funcionarios públicos están con frecuencia involucrados en desapariciones forzadas, secuestro, tortura y asesinato de miles de ciudadanos". Véase Ignacio Alvarado, "Terror in Coahuila: Up to 300 Disappeared in Mexico's Forgotten Massacre", *Al Jazeera*, 9 de marzo de 2015.

[12] Luis Astorga, *Mitología del "narcotraficante" en México*, México, Plaza y Valdés, 1995, p. 10.

[13] *Ibid.*, p. 12.

Ahora bien, es preciso subrayar que desde su inicio esta matriz discursiva del "narco" tuvo su origen en la compleja relación binacional entre México y Estados Unidos. Como recuerda Waltraud Morales, cuando la política antidrogas estadounidense desplazó al comunismo como la nueva doctrina de "seguridad nacional", el público de ese país ya estaba preparado para confirmar la irrupción de los "cárteles de la droga": una encuesta conducida en 1988 por la cadena televisiva CBS mostró que los estadounidenses creían que el tráfico y consumo de drogas prohibidas suponía una amenaza mayor para la "seguridad nacional" que el terrorismo o el tráfico de armas.[14]

Este cambio de percepción en el público estadounidense no fue resultado de un correcto entendimiento de la cuestión del narcotráfico. Por el contrario, la creencia en los "cárteles de la droga" como la nueva amenaza de "seguridad nacional" fue efecto directo de la implantación de una política de Estado basada en parte en la concepción de un enemigo permanente que permite justificar acciones que de otro modo resultarían ilegales e incluso inmorales. Para dar forma legal a este giro securitario, el presidente Ronald Reagan firmó en 1986 la National Security Decision Directive 221, que desde entonces designó las drogas ilegales como la nueva amenaza a la "seguridad nacional" estadounidense. La "guerra contra las drogas", que había comenzado en la década de 1970 durante la presidencia de Richard Nixon como una estrategia doméstica para combatir la disidencia de izquierda, ahora tomaría el lugar del comunismo para legitimar la política intervencionista de Estados Unidos. Todavía resulta asombrosa la predicción de la politóloga Waltraud Morales en su artículo de 1989, tan pertinente y urgente en el contexto contemporáneo como en el de entonces:

> El "malvado imperio de las drogas" tiene el potencial de evocar ese miedo del enemigo tan básico y tan poderoso en la doctrina del anticomunismo. El peligro, por lo tanto, es que una generación más de política exterior en Estados Unidos estará enraizada en el odio de un enemigo mítico, en conspiración y no en democracia, y en doctrinas ideológicas de seguridad nacional.[15]

[14] Morales, *op. cit.*, p. 148.

[15] *Ibid.*, p. 167.

La política antidrogas como la nueva doctrina de seguridad social a finales de los ochenta produjo uno de los escándalos políticos más significativos de la historia moderna de Estados Unidos. Aunque algunos periodistas se habían acercado al tema, la revelación fue realizada con toda su fuerza, ante la conmoción nacional e internacional, por el periodista de investigación Gary Webb en una serie de tres reportajes publicados en el periódico *San Jose Mercury News* entre el 18 y 20 de agosto de 1996. Webb demostró vínculos directos entre la llamada "epidemia de la cocaína crack" en los barrios negros de la zona South-Central de la ciudad de Los Ángeles y la estrategia de contrainsurgencia respaldada por la CIA en Nicaragua para derrocar al gobierno sandinista. Según el reportaje de Webb, la CIA permitió que operadores de la Fuerza Democrática Nicaragüense (FDN), los llamados "contras", financiaran su guerrilla con las ganancias obtenidas por la venta de cocaína crack en California:

> Mientas que la guerra de la FDN es apenas recordada hoy, la América negra todavía está confrontando sus venenosos efectos colaterales. Los barrios urbanos están luchando con legiones de indigentes adictos al crack. Miles de jóvenes negros están purgando largas sentencias en prisión por vender cocaína, una droga virtualmente inaccesible en los barrios negros antes de que los miembros del ejército de la CIA comenzaran a traerla a South-Central en los ochenta a precios de rebaja.[16]

Los reportajes de Webb dañaron profundamente la credibilidad de las operaciones de contrainsurgencia de la CIA en Centroamérica. En respuesta, el gobierno de Reagan desató una efectiva campaña de desprestigio en contra del periodista, campaña que fue respaldada por los principales medios de comunicación del país, entre ellos *The New York Times, The Washington Post* y *Los Angeles Times*, que prefirieron privilegiar a las fuentes oficiales que cuestionaban a Webb antes que dar crédito al arriesgado trabajo de un colega. Con mezquindad, los periódicos nacionales se rehusaron a investigar simplemente porque el trabajo de Webb se había realizado para otro medio. La campaña

---

[16] Gary Webb, "America's 'Crack' Plague Has Roots in Nicaragua War", *San Jose Mercury News*, 18 de Agosto de 1996. La serie de los tres reportajes, tal y como aparecieron en el periódico, está disponible en su formato original dispuesto por ese periódico en el Archivo de Internet: <http://web.archive.org/web/19961220021036/http://www.sjmercury.com:80/drugs/start.htm>.

de ataques acabó con la carrera periodística de Webb cuando incluso su propio periódico se retractó de sus reportajes. Finalmente terminó con su vida cuando Webb, desempleado, marginado y traicionado por el gremio periodístico de su país, se suicidó en 2004.[17]

En 1998 la CIA admitió en un reporte de su inspector general que la agencia "había no solo trabajado con 58 contras implicados en el tráfico de cocaína, sino que también había ocultado sus actividades criminales al Congreso [de Estados Unidos]", según consigna el ya clásico estudio académico de Alfred McCoy, *The Politics of Heroin: CIA Complicity in the Global Drug Trade* (2003).[18] Ese mismo año de 1998 el celebrado periodista Charles Bowden se encontró con Webb en la ciudad de Sacramento, California. Bowden subraya la confianza resuelta con la que Webb defendió la validez informativa de su reportaje cuando le mencionó que su trabajo había sido asociado con teorías de la conspiración: "No creo en jodidas teorías de la conspiración", dijo Webb. "Estoy hablando de una jodida conspiración".[19]

El presente libro busca recuperar el potencial crítico del valiente trabajo de reporteros como Webb. Junto con el suyo, a lo largo de estos años de investigación he encontrado investigaciones de otros reporteros que, sin la celebridad de premios o de jugosas becas de fundaciones extranjeras, han advertido la misma responsabilidad del Estado en la supuesta "guerra contra las drogas". Uno de ellos, Terrence E. Poppa, escribió un libro fundamental para mi reflexión: *Druglord: The Life and Death of a Mexican Kingpin* (1990).

---

[17] El periodista Nick Schou, autor de una meticulosa investigación sobre los explosivos reportajes de Webb, señala que la muerte de Webb fue confirmada como un suicidio por una autopsia que fue analizada y aceptada por la propia familia del periodista. No tienen sentido las sospechas de un asesinato por obvios motivos políticos dado que la carrera de Webb había sido efectivamente destruida y su trabajo había sido desacreditado por los principales medios de comunicación de Estados Unidos. Su muerte ocurrió cuando los artículos denunciando los vínculos de la CIA con el tráfico de cocaína a California habían sido desestimados por la opinión pública en general, pese a más evidencia que fue apareciendo en años subsecuentes. Véase Nick Schou, *Kill the Messenger: How the CIA's Crack-Cocaine Controversy Destroyed Journalist Gary Webb*, Nueva York, Nation Books, 2006.

[18] Alfred McCoy, *The Politics of Heroin: CIA Complicity in the Global Drug Trade. Afghanistan, Southeast Asia, Central America, Colombia*, Nueva York, HarperCollins Publishers, 2003, pp. 495-496.

[19] Schou, *op. cit.*, p. 8.

Como ha notado Charles Bowden, ese libro puede leerse como un manual de instrucciones para aproximarse a los "cárteles de la droga". Reportero de *El Paso Herald-Post*, Poppa se embarcó en un largo reportaje sobre el narcotráfico en la frontera cuando un colega fotógrafo fue secuestrado después de tomar imágenes de la construcción de un hotel en Ciudad Juárez supuestamente propiedad de un traficante local. A través de un reporteo riguroso, Poppa logró trazar el control que el sistema político mexicano estableció sobre el crimen organizado, sometiéndolo a su estructura de poder. Ese control se expresa, por ejemplo, en la noción de "plaza". La mayoría de los reporteros en México imagina la idea de "plaza" como el lugar de dominio de un traficante. La investigación de Poppa, al seguir la vida del traficante Pablo Acosta en la ciudad de Ojinaga, descubrió algo mucho más complejo:

> Traficantes como Pablo Acosta operaban bajo un sistema que era casi como una franquicia. Tenían que pagar una cuota mensual a sus gerentes por el derecho de trabajar una zona específica. Era una forma de impuesto privado basado en el volumen de ventas, con el dinero yendo hacia la gente en el poder. Como se nota en el libro [*Druglord*], los traficantes con frecuencia recibían placas de la Policía Federal. El Ejército, el procurador general de México y su Policía Federal, la Secretaría de Gobernación y su policía secreta, varios gobernadores y mucha gente poderosa más estaban involucrados.[20]

Poppa llevó a cabo su investigación a finales de la década de los ochenta, en el momento mismo en el que el sistema político mexicano entraba en la transformación securitaria que advirtió Waltraud Morales. Entre 1975 y 1985, es decir, entre la Operación Cóndor y el asesinato de Enrique Camarena, el agente de la DEA secuestrado en Guadalajara, el sistema político sometió de forma absoluta al crimen organizado, limitando sus lugares de operación a ciudades específicas, determinando sus rutas de tráfico y, todavía más importante, marginándolo del poder político, civil y militar. A partir de la adopción abierta del discurso de "seguridad nacional" estadounidense en la siguiente década, sobre todo con la creación del Centro de Investigación y Seguridad

---

[20] Terrence E. Poppa, *Druglord: The Life and Death of a Mexican Kingpin*, El Paso, Cinco Puntos Press, 2010, p. XIX.

Nacional (Cisen) en 1989, el sistema político incrementó gradualmente una violenta estrategia militarista que culminó, como todos los mexicanos pudimos atestiguar en el horror cotidiano de Ciudad Juárez, Monterrey o Tampico, con los crímenes de lesa humanidad cometidos a partir de la presidencia de Felipe Calderón.

La supuesta "crisis de seguridad nacional" que según Calderón justificó la "guerra contra las drogas" está sustentada principalmente en una estrategia discursiva sin fundamento material. El sociólogo Fernando Escalante Gonzalbo mostró en esos años, con un simple análisis de las cifras de homicidio basado en fuentes oficiales, que los altos índices de violencia en el país comenzaron *después* de la militarización ordenada por Calderón el 1 de diciembre de 2006.[21] En la década anterior, entre 1997 y 2007, el índice de homicidios de hecho iba a la baja en las principales ciudades del país, incluyendo Ciudad Juárez. La violencia solo repuntó en las zonas del país donde se concentraron los miles de soldados y los agentes federales enviados por el presidente Calderón.[22] Su gobierno quiso militarizar el país para contener una supuesta "guerra de cárteles" que no producía violencia. El Ejército y los agentes federales tomaron ciudades donde no había ninguna emergencia. El gobierno federal fue a detener una guerra de cárteles inexistente porque los cárteles no existen.

En 2007, uno año después de que comenzara la "guerra" de Calderón, Luis Astorga publicó uno de sus libros más importantes, *Seguridad, traficantes y militares*. Durante esos primeros años del siglo XXI, la "seguridad nacional" se había vuelto un tema central de las discusiones sobre la política antidrogas en México. Sorprende que fuera así porque, una vez más, no existía en el país ninguna razón válida para suponer que los traficantes significaran una amenaza a la sociedad civil o a la viabilidad del Estado. Un año antes de que comenzaran los "operativos conjuntos" de militares y policías federales en

---

[21] "Sé que restablecer la seguridad no será fácil ni rápido, que tomará tiempo, que costará mucho dinero e incluso, por desgracia, vidas humanas [...]. Pero ténganlo por seguro: esta es una batalla en la que yo estaré al frente, es una batalla que debemos librar y que unidos los mexicanos vamos a ganar a la delincuencia". "Presidente Calderón: discurso completo en el auditorio", *El Universal*, 1 de diciembre, 2006.

[22] Fernando Escalante Gonzalbo, "Homicidios 2008-2009. La muerte tiene permiso", *Nexos*, 3 de enero de 2011.

los estados de Chihuahua, Nuevo León, Guerrero y Veracruz, entre otros, Astorga escribió:

> En el campo del poder, los traficantes han estado históricamente subordinados al poder político, no han competido con este ni han intentado hacerlo creando asociaciones o partidos políticos; tampoco han desarrollado una estrategia de "infiltración" de largo alcance para invertir la relación de subordinación. Hay corrupción puntual, especialmente en corporaciones policiacas, no un plan consensuado de organizaciones criminales ni un complot para impulsar una modificación sistémica o "probar" al presidente. En otras palabras, los traficantes son algunos de los agentes sociales cuyas actividades y acciones dificultan sin duda la gobernabilidad, pero no disputan el poder político ni la dirección del Estado.[23]

Si los traficantes, como explica Astorga, no tenían ni la capacidad histórica ni el deseo político de disputar la soberanía del Estado, ¿qué motivaba entonces la "guerra contra el narco" y de dónde provenía la violencia atribuida a los supuestos "cárteles de la droga"? Escuchemos al periodista Ignacio Alvarado para comenzar a responder a esta pregunta:

> La violencia en México no se explica a partir de una guerra entre narcos ni es una disputa por la plaza. Es más: no existe un solo narcotraficante con capacidad para desafiar a instituciones como el Ejército, la Marina o la Policía Federal. Ni siquiera el recientemente detenido Joaquín Chapo Guzmán. Más allá de las versiones del propio gobierno, nada sustenta la verdad de lo que se afirma. En el núcleo de la violencia, la droga es solo el pretexto. La influencia del Departamento de Estado estadounidense en este tema es la clave. Es en el seno del sistema de gobierno estadounidense donde nace el impulso de las reformas judicial, energética, fiscal y educativa que se llevan adelante en México. Todo con un propósito de interés capital, en el que el Plan Mérida es el instrumento perfecto para la manipulación social y política del país. El sistema de terror tiene un propósito de destierro, un objetivo para despoblar territorios inmensos, ricos en hidrocarburos, minerales y agua. Existe un antes y un después de las reformas estructurales, como la ener-

[23] Luis Astorga, *Seguridad, traficantes y militares*, México, Tusquets, 2007, p. 54.

gética, que hoy permiten la participación de capitales privados y extranjeros en la explotación de los recursos, pero cuya idea existe desde dos décadas anteriores.[24]

Las importantes investigaciones del periodista italiano Federico Mastrogiovanni y de la periodista canadiense Dawn Paley han llegado por separado a la misma conclusión: la explotación de energéticos —petróleo, gas natural, minería— y el avance del capitalismo trasnacional en México son dos de los principales motores que explican la violencia en el país. Escribe Mastrogiovanni: "Ambos procesos —la apertura paulatina del sector energético a los capitales privados y la agudización de la violencia y el terror— se han desarrollado en forma paralela".[25] Por su parte, Paley examina la política antidrogas en Estados Unidos y México como una expresión directa del capitalismo en la era neoliberal para beneficiar al sector energético global, pero también para expandir las oportunidades mercantiles de las industrias de manufactura y transportistas, desde la explotación de minas e hidrocarburos hasta la apertura de nuevas sucursales de Walmart. Escribe Paley:

> La guerra contra las drogas es una solución a largo plazo de los problemas del capitalismo, combinando el terror con la política pública en una experimentada mezcla neoliberal, forzando la apertura de mundos sociales y territorios antes cerrados al capitalismo global. Este proyecto [el libro de Paley] es para repensar lo que se hace llamar guerra contra las drogas: no es acerca del prohibicionismo ni sobre la política antidroga. En cambio, estudia cómo, en esta guerra, el terror se usa en contra de las poblaciones en ciudades y zonas rurales, y cómo, paralelo a este terror que conduce al pánico, se ponen en vigor políticas que facilitan directamente la inversión extranjera y el crecimiento económico. Esto es el capitalismo de la guerra contra las drogas.[26]

---

[24] Óscar Castelnovo, "México: entrevista con Ignacio 'Nacho' Alvarado, periodista especializado en violencia", *Red Eco Alternativo*, 3 de marzo de 2016. Más adelante discutiré la importancia de la Iniciativa Mérida, el paquete de ayuda de 3 mil millones de dólares de Estados Unidos a México acordado entre Felipe Calderón y George W. Bush en 2008 para equipo y entrenamiento en la "guerra contra el narco".

[25] Federico Mastrogiovanni, *Ni vivos ni muertos. La desaparición forzada en México como estrategia de terror*, México, Grijalbo, 2016, p. 40.

[26] Dawn Paley, *Drug War Capitalism*, Oakland, AK Press, 2014, p. 16.

Sin conocerse, Alvarado, Paley y Mastrogiovanni se concentraron en una agenda de investigación periodística que condujo a una misma conclusión: la "guerra contra las drogas" funciona en parte como el nombre público de estrategias políticas para el desplazamiento de comunidades enteras y la apropiación y explotación de recursos naturales que de otro modo permanecerían inalcanzables para el capital nacional y trasnacional.

En una de sus columnas periodísticas, Juan Villoro analizó la tensión binacional entre México y Estados Unidos generada a partir de la primera e inesperada elección de Donald Trump como presidente de ese país en 2016. Ahí Villoro recuerda, a propósito del infame muro fronterizo propuesto por Trump, un episodio de la serie de televisión *Los Soprano*. Como se sabe, Tony Soprano, el protagonista, es un gánster de Nueva Jersey al que vemos enfrentar los desafíos de la vida diaria para él y su familia, inmersos en la complicada sociedad estadounidense a la vez que conduce sus violentas actividades ilegales. En el episodio en cuestión, sus vecinos en el suburbio de Nueva Jersey no pueden esconder la fascinación y el temor que les provoca la convivencia forzada con un criminal viviendo a unos pasos de su puerta. Y nota Villoro:

> Para satisfacer el morbo de la casa de junto, Tony Soprano llena una caja de arena, la envuelve y en tono cómplice pide a sus vecinos que se la guarden. Ellos no pueden negarse; aceptan la caja pensando que contiene algo comprometedor sin saber que se trata de arena. En un solo gesto, Tony se congracia con ellos y envenena su vida.[27]

El episodio me hizo recordar un momento trascendental en la vida de Vito Corleone, el gánster siciliano que migra a Nueva York y que se convierte en el mítico jefe de una familia de mafiosos en la trilogía fílmica *El padrino*, de Francis Ford Coppola. En la segunda parte, un vecino desconocido pide a Vito que le guarde un bulto envuelto en un pañuelo y le ordena no mirar su contenido. Vito desobedece y descubre que su vecino le ha dado a esconder una pistola, pero decide ayudarlo y así forjar una alianza con quien será su cómplice criminal de por vida. En *Los Soprano*, sin embargo, Tony no procura reclutar a un aliado, sino imponer un régimen de terror cuyo objetivo es

[27] Juan Villoro, "Inventando al enemigo", *El País*, 13 de enero de 2017.

intimidar a su vecino y mantenerlo dominado por el miedo. El "narco" entre Estados Unidos y México funciona como ese inteligente y perverso ardid de Tony Soprano. El "narco" aparece en nuestra sociedad como una temible caja que nos han ordenado guardar y que, de ser abierta, desataría un ciclo de muerte y destrucción. Si pudiéramos vencer el miedo y confrontar al "narco" que nos aterra abriendo por fin la caja, no encontraríamos en ella evidencia del peligroso poder de los "cárteles", sino el lenguaje oficial que los inventa: en su interior flotan palabras sin objeto, tan frágiles y maleables como la arena.

Abramos, pues, la caja.

PRIMERA PARTE

La despolitización de la narcocultura

Cadáveres sin historia

LA NOVELA NEGRA Y EL INEXISTENTE REINO DEL "NARCO"

Yescka, "La última cena", grabado en madera.

En 2018 vi en el Museo de Arte Contemporáneo de Oaxaca una versión del grabado arriba mostrado, uno de las más conocidos del artista callejero conocido como Yescka, el cual resume el imaginario dominante sobre el "narco" en México. Se trata de una mordaz variación de la última cena: la élite de la clase política y empresarial se sienta alrededor de un narcotraficante de rostro oscurecido que ocupa el lugar de Cristo empuñando un AK-47 dorado, el "cuerno de chivo", arma predilecta por igual entre traficantes y militares. A la izquierda del "narcocristo" con sombrero aparece el expresidente Felipe Calderón. Entre otros invitados a la cena están el dueño de Televisa, Emilio Azcárraga Jean; el expresidente Carlos Salinas de Gortari; el empresario mexicano considerado alguna vez el más rico del mundo, Carlos Slim; la expresidenta del Sindicato Nacional de Trabajadores de la Educación (SNTE), en su momento en prisión, Elba Esther Gordillo; y el exgobernador del Banco de México y exsecretario de Hacienda de Calderón, Agustín Carstens. Al centro de la mesa, y sobre una bandeja, descansa la cabeza de Benito Juárez como si fuera la de Juan Bautista. En otra bandeja en el suelo está la cabeza del expresidente Andrés Manuel López Obrador. En la esquina superior derecha, un general del Ejército y el Tío Sam —ícono del gobierno de Estados Unidos— observan con beneplácito. Sentada en el extremo derecho, una prostituta con antifaz voltea hacia nosotros con una sonrisa que también podría ser una mueca de disgusto o repulsión.[1] El grabado puede interpretarse, en primera instancia, como la sumisión de los poderes oficiales y fácticos ante un "narco" que se impone como la autoridad máxima en el territorio nacional. En la reunión final, la cofradía criminal ha elegido a su salvador y ha adoptado el dogma de sus enseñanzas y ejemplos, un orden teológico pospolítico extremo atravesado por la implacable lógica de la globalización. Así, el "narco" sobrepasa las estructuras del Estado mexicano y, amparado en el flujo transterritorial del capital y el poder imperial estadounidense, se impone con violencia por encima del desvencijado orden político estatal.

La propuesta crítica de Yescka es desde luego consecuente con el modo en que se representa el "narco" en México desde prácticamente cualquier discurso de conocimiento. Periodistas, cineastas, músicos, narradores y artistas plásticos comparten por igual la misma plataforma epistemológica que posiciona al "narco" en el centro de un pacto horizontal de poder postsoberano. Tras el sangriento saldo de violencia atribuida al "narco" (476 mil 481 asesinatos y 125 mil 287 desapariciones forzadas desde que comenzó el

---

[1] Imágenes de este mural y otras obras de Yescka están disponibles en esta página de Facebook: <https://www.facebook.com/photo.php?fbid=273728449379318&id=141094579309373&set=a.273727752712721>. Existen al menos otras dos versiones de la misma obra. No pude encontrar información precisa sobre cuál de las imágenes es la original.

despliegue militar en 2006 y hasta el último año del gobierno de AMLO en 2024),[2] ¿cómo no imaginar que los capos se sientan al centro de la mesa de la oligarquía? Si creemos que los "cárteles de la droga" actúan en un territorio nacional donde se nos dice que el Estado ha perdido toda posibilidad de soberanía, donde las estructuras oficiales de gobierno han sido desplazadas por el poder del capital global que opera de modo impersonal, privado y despolitizado, ¿cómo no creer en el ubicuo e implacable reino del "narco" en México?

Las nociones de Estado y de soberanía y la división de lo político aparecen en ciertos debates académicos como obstáculos para comprender la emergencia del narcotráfico en México. El libro *The Mexican Exception* (2011), de Gareth Williams, es un ejemplo sintomático de esta problemática. Ahí se argumenta que "la guerra contra las drogas es un conflicto interno al capital, más que un conflicto entre dominios soberanos externos o ideas distintas de organización social".[3] Según Williams, el "narco" es esencialmente un fenómeno *interno* a la lógica del capitalismo económico, lo que presupone su posición *exterior* a la estructura y poder del Estado. Su análisis es consistente con los trabajos de críticos académicos, periodistas e intelectuales dentro y fuera de México, como es el caso de Sergio González Rodríguez, Rossana Reguillo y Gabriela Polit, entre otros, quienes elucidan al narcotráfico como un fenómeno impredecible y adaptable que constantemente transforma el mercado trasnacional clandestino de sustancias ilegales y que solo puede ser descrito desde un orden posestatal.

En el campo literario, la corriente más comercial de la novela negra representa consecuentemente la visión de un México postsoberano en el que una multiplicidad de "cárteles" controla regiones enteras por encima de las disminuidas configuraciones estatales, vulneradas por el poder corruptor del capital global clandestino. Al igual que la gran mayoría de investigaciones periodísticas, canciones, películas y piezas de arte conceptual sobre el "narco", este tipo de novela se enfoca en la violencia inscrita en los cadáveres a través de estrategias narrativas ahistóricas y mitológicas, en suma, despolitizadas. En ese sentido, me interesa discutir aquí cómo algunas de las novelas negras más

---

[2] Vela, *op. cit.*; San Juan Flores y Guillén, *op. cit.*

[3] Gareth Williams, *The Mexican Exception: Sovereignty, Police, and Democracy*, Nueva York, Palgrave, 2011, p. 154.

celebradas radicalizan la condición pospolítica al privilegiar el cuerpo de la víctima como el reducto de su representación del "narco". El cadáver se encuentra en la línea narrativa principal de estas novelas, construidas como un desmedido ejercicio de semiosis que transforma el cuerpo victimado en un significante vacío. En él se deposita todo tipo de interpretación voluntarista que se aleja de las condiciones históricas del narcotráfico para, en cambio, producir una fantasía narrativa despolitizada. Finalmente, y a contracorriente de la crítica pospolítica, me interesa señalar cómo el fenómeno del "narco" en México continúa siendo decididamente político —siguiendo aquí el término conceptualizado por el politólogo alemán Carl Schmitt, como discutiré más adelante—, con las nociones de Estado y soberanía más relevantes que nunca.

* * *

La novela negra mexicana es dependiente de las convenciones del modelo policial británico (Arthur Conan Doyle, Agatha Christie), del *hard boiled* estadounidense (Dashiell Hammett, Raymond Chandler) y de bestsellers policiales de generaciones de escritores más recientes (Henning Mankell, Rubem Fonseca). Para adquirir el capital simbólico de esas convenciones y fórmulas, sin embargo, la narconarrativa mexicana de la última década ha debido desembarazarse de los contextos políticos domésticos y producir personajes arquetípicos con tramas trasladables a espacios culturales extranjeros. Transformando la dimensión histórica y política del narcotráfico en una serie de atributos mitológicos que naturalizan la violencia y moralizan las acciones criminales, estas novelas ofrecen una caricatura descontextualizada del fenómeno que minimiza o incluso borra sus elementos más complejos y de mayor interés literario.

La otra influencia en la escritura de estas novelas proviene, en mi opinión, de la popular práctica de la crónica periodística en México. Como discutiré con detalle en el siguiente ensayo, el trabajo de reconocidos reporteros como Diego Osorno, Anabel Hernández y Alejandro Almazán ha propulsado una forma narrativa que vuelve exótica la violencia y la sordidez tremendista atribuidas al "narco". Con frecuencia, utilizando recursos de los cuadros costumbristas decimonónicos, estas crónicas han creado toda una boga entre periodistas jóvenes que buscan hacerse de un nombre alejándose de las coordenadas del periodismo para ir en busca del alarmista parte policiaco, de la indignación del activista y de la subjetividad relajada del cronista narrativo que tergiversa el legado del *new journalism* estadounidense. Véase, por ejemplo, la antología de crónicas *¡Generación Bang!* (2012), compilada por Juan Pablo Meneses, cuyo título sensacionalista expresa elocuentemente la frívola superficialidad de esta curiosa corriente del periodismo actual. De ese modo, entre el efectismo predecible de los bestsellers policiales y un dudoso entendimiento de la crónica periodística, la novela negra mexicana apuesta por retener la atención del lector mitologizando una violencia cuya historia política es simplemente ignorada.

La trayectoria de Élmer Mendoza explica por sí misma este proceso. En sus primeras novelas, *Un asesino solitario* (1999) y *El amante de Janis Joplin* (2001), Mendoza inscribe la acción en el turbio contexto político y policial del México de los años noventa. Sus personajes confrontan al principal facilitador del crimen en el país: el poder oficial. Narcotraficantes, sicarios de la mafia o del gobierno, criminales comunes y aun de cuello blanco, son todos peones en el tablero de juego que dirige la élite política, policial y militar. Las elaboradas tramas de estas primeras novelas de Mendoza están protagonizadas por personajes innovadores que poco tienen que ver con los mitológicos "narcos" de sus novelas posteriores. Jorge Macías, protagonista de *Un asesino solitario*, por ejemplo, es un matón profesional que trabaja para una opaca agencia de gobierno. Lejos de tomar tequila y escuchar corridos a cualquier hora del día, "El Yorch" sorprende al lector al preferir la Coca-Cola y las galletas saladas Pancrema mientras escucha el clásico del rock "Have You Ever Seen the Rain", de la banda estadounidense Creedence Clearwater Revival.

Al alcanzar una mayor visibilidad editorial, sin embargo, Élmer Mendoza dio un giro a su proyecto literario con novelas policiales protagonizadas ahora por el agente Édgar "El Zurdo" Mendieta, cuyas pintorescas aventuras explotan para el público nacional y extranjero las sanguinarias muertes del "narco". Me basta un ejemplo de *Balas de plata* (2008), la novela con la que obtuvo el reconocimiento internacional a través del premio Tusquets y con la que presenta el primer caso del agente Mendieta. Temprano en la novela, el protagonista acude al sitio donde han encontrado un cadáver envuelto en una cobija:

> La cobija era café y se hallaba empapada, con un alce entre riscos estampado en el centro, sobre el que yacía el cuerpo del hombre, cuarenta y cinco a cincuenta años, calculó el detective, uno ochenta de estatura, camisa Versace, descalzo, castrado y con un balazo en el corazón. Uno de los polis que inspeccionaba el lugar regresó con una bota vaquera de piel de avestruz, Mendieta hizo una mueca. Pasemos el caso a Narcóticos, mandó a su pareja, varios celulares sonaban. No necesitamos su nombre para saber a qué se dedicaba. No solo lo han castrado, también le cortaron la lengua, aclaró Gris, no hemos localizado casquillos, lo que hace pensar que lo mataron en otro lugar y lo trajeron aquí. Es igual, cualquier asunto con narcos de por medio ya ha sido resuelto.[4]

El "encobijado" lleva una vestimenta estándar en la mitología del "narco" (camisa Versace, botas de avestruz) y la violencia del oficio marcada sobre su cuerpo (genitales y lengua cercenados, un tiro de gracia en el corazón). El cadáver aquí no es metonimia del "narco", sino su condición de posibilidad: el cuerpo mutilado es la manifestación más tangible de un fenómeno que difícilmente sería reconocible fuera de estas formas de representación. El lector no necesita más para concluir y, con Mendieta, juzga innecesario investigar. El caso ha sido resuelto aun sin conocer el nombre de la víctima. Es, evidentemente, un "narco" ejecutado por otros "narcos".

Hacia el final de la novela otro "narco" ejecutado y encobijado parece haber surtido su guardarropa en compañía del anterior: "… yacía cocido [*sic*] a balazos con su camisa Versace y su cinturón de piel de avestruz".[5] La novela se resuelve con dos ejecuciones más que los sicarios llevan a cabo como siguiendo un riguroso manual de instrucciones: "… entraron dos desconocidos, se veían curtidos, uno llevaba un cuerno de chivo. Voy por unas cobijas, gruñó el otro subiendo al piso superior donde debía encontrarse la alcoba".[6] Vivos, los "narcos" imaginados por Mendoza mantienen esa precisa igualdad entre sí: "… camisas Versace, cadenas de oro, gorras de beisbol, se encontraban recargados en su Lobo negra doble cabina. De seguro las compran por lotes, reflexionó el detective".[7] Con humor involuntariamente crítico, incluso el

---

[4] Élmer Mendoza, *Balas de plata*, México, Tusquets, 2008, p. 20.

[5] *Ibid.*, p. 227.

[6] *Ibid.*, p. 253.

[7] *Ibid.*, p. 200.

agente Mendieta repara en el propagado cliché de los "narcos" que aparecen en la novela vistiendo siempre la misma ropa y circulando en los mismos vehículos. Que el lector esté informado o no es irrelevante: los rasgos universales de los traficantes, vivos o muertos, se repiten en las crónicas de Diego Osorno, Anabel Hernández y Alejandro Almazán; en películas como *El infierno* (2010) o en *Salvando al soldado Pérez* (2011) —como inteligente parodia—; en series de televisión como *Narcos: México* (2018); en el jefe del "cártel" en la película *Emilia Pérez* (2024) —antes de convertirse en mujer, desde luego—; en los narcocorridos de Los Tigres del Norte, incluso en la pretendida sofisticación del arte conceptual de Teresa Margolles.[8] Cualquier "narco" es "todos los narcos".

Un segundo crimen, el eje de *Balas de plata*, reitera el problemático imaginario de Élmer Mendoza. Bruno Canizales, hijo del exministro de

---

[8] La obra de Margolles puede pensarse como la condensación simbólica de la mitología del "narco". En la exposición "¿De qué otra cosa podríamos hablar?" del pabellón de México en la Bienal de Venecia de 2009, Margolles presentó cinco objetos: una bandera teñida con sangre obtenida en lugares donde se cometieron asesinatos, telas marcadas con figuras humanas de personas asesinadas como con los "encobijados", telas bordadas con hilo de oro con supuestos "narcomensajes", sangre mezclada con agua para trapear un piso del pabellón y "tarjetas para picar cocaína" con imágenes de cadáveres, todo proveniente de ciudades del norte del país. Ese mismo año Margolles dio a conocer una pieza que ahora forma parte de la colección del Museo Tamayo en la Ciudad de México: una pared agujerada con "intervenciones de bala" traída de Ciudad Juárez. En toda esta parafernalia, la violencia se relaciona directamente con el narcotráfico, y la poca información adicional que la acompaña se limita a una vaga asociación con los símbolos y el vocabulario oficial utilizado para explicar las "guerras entre cárteles". Aunque por falta de espacio no puedo ahondar en esta interpretación, baste con recordar que la obra de Margolles, iniciada desde la década de 1990, solo alcanzó celebridad internacional cuando la violencia atribuida al "narco" durante el gobierno de Calderón se convirtió en el contexto inmediato para que sus piezas conceptuales fueran legibles en un contexto global. Y aunque sorprendió que el pabellón de México en la Bienal de Venecia, financiado con dinero público desde 2007, se dedicara a la obra de Margolles, es importante comprender que la exposición no refutó en modo alguno la explicación oficial que la presidencia de Felipe Calderón hizo prevalecer sobre la violencia del "narco". Lejos de una crítica al gobierno de Calderón y su estrategia de combate al crimen organizado, las piezas conceptuales de Margolles consolidaron el imaginario hegemónico al culpar de la violencia a los traficantes de droga. El título "¿De qué otra cosa podríamos hablar?" puede entenderse como una abdicación intelectual ante la poderosa narrativa oficial que nos conmina a repetir que los "narcos" son los principales responsables de la violencia en México.

Agricultura y probable candidato presidencial, es asesinado de un tiro en la cabeza con una bala de plata, que, como se recuerda en la misma novela, es el material usualmente requerido para matar hombres lobo y vampiros, según el folklore europeo. Reparando en lo estrafalario del crimen, la agente compañera de Mendieta, Gris Toledo, conjetura sobre el perfil del asesino: "Sabe qué creo, que solo los narcos podrían usar balas de plata, si se ponen dientes de diamante y lucen esas joyas tan estrambóticas, ¿por qué no usarían balas de plata?".[9] La pregunta que formula la agente Toledo es menos el resultado de una brillante deducción detectivesca que de la más básica imaginación popular sobre el "narco" en México. Sin entrenamiento policiaco de por medio, para la mayoría de los lectores tendrá sentido suponer que los "narcos" son capaces de utilizar balas de plata y que disparan con pistolas de oro macizo, todo mientras sonríen con una dentadura con incrustaciones de diamantes. Tan obvia es esta suposición que Mendoza la utiliza como estrategia para hacer dudar al lector sobre la identidad del posible asesino.

La novela, sin embargo, concluye de manera todavía más disparatada: una pareja admite haber matado a Canizales en una absurda trama de sexualidad desenfrenada con un tono que roza la homofobia: el hijo del político presidenciable, asiduo al *role playing* y fascinado por la idea de morir con una bala de plata, es asesinado por sus propios compañeros de juegos bisexuales. La novela termina contradiciendo su propia lógica narrativa cuando Samantha Valdés, hija del poderoso capo Marcelo Valdés, venga la muerte de Bruno Canizales (quien había sido su pareja) ordenando el asesinato de los responsables a pesar de que al principio de la novela ella misma había considerado asesinar a Canizales.

La novelística de Élmer Mendoza, como la de los más reconocidos escritores mexicanos que abordan el tema del narcotráfico, se vio afectada profundamente por el insólito éxito de *La reina del sur* (2002), del español Arturo Pérez-Reverte. La increíble historia de una bella sinaloense que pasa de ser la amante de un traficante local a comandar su propio "cártel" internacional de la droga estimuló la imaginación de los novelistas mexicanos dispuestos a explotar el tema sin ningún límite conceptual o narrativo. Las novelas escritas después de *La reina del sur* se abocaron a reproducir un personaje tan atractivo y

[9] Mendoza, *op. cit.*, p. 62.

fantasioso como la protagonista de Pérez-Reverte, deliberadamente imitando los aspectos más inauditos de los supuestos "narcos". La cercanía al modelo establecido por Pérez-Reverte garantizó el éxito de numerosas novelas publicadas en la siguiente década: Yuri Herrera narra la vida de un compositor de narcocorridos y de un mitológico "Señor" de la droga en *Trabajos del reino* (2004); Heriberto Yépez inventa un nuevo tipo de droga para su violenta y marginal Ciudad de Paso en *Al otro lado* (2008); Orfa Alarcón cuenta la educación criminal, al ritmo de reggaetón, de una juvenil amante de un sicario en *Perra brava* (2010); Bernardo Fernández, BEF, sigue la vida de una privilegiada mexicana que interrumpe sus estudios de arte visual en el extranjero para heredar un "cártel de la droga" en *Hielo negro* (2011).

En su reseña de *Hielo negro*, el crítico Geney Beltrán Félix subraya la contradicción estructural de este tipo de novela negra: "... pareciera que ciertos autores, al tiempo que exigen para sí un estatuto artístico, no hallan indigno perpetrar libros que refuerzan estereotipos machistas, hacen un menesteroso uso de la lengua y reciclan convenciones narrativas que reducen la visión de la realidad".[10] De ese modo puede leerse también la biografía imaginada de un poderoso "narco" llamado "El Chalo Gaitán" en *El más buscado* (2012), de Alejandro Almazán. El historiador Froylán Enciso ofrece un comentario ambiguamente elogioso de esta última novela que puede aplicarse por igual a las otras: "... cuando de leer se trata, habrá que sincerarse con que nos gusta la narcomitología y el poder. Y el Alex [Almazán] sabe cómo alimentar ese placer culposo".[11]

En ciertas novelas escritas antes de la enorme influencia del modelo establecido por Pérez-Reverte, la caracterización mitológica de los personajes se elude decididamente. Esto se debe en parte a que antes de *La reina del sur* el tema del narcotráfico gozaba de un dudoso prestigio en el campo literario. La imagen del traficante de droga, originalmente asociada con el precario sector rural de los estados del norte del país, fue por décadas un motivo explotado principalmente por películas de acción de bajo presupuesto, como las protagonizadas por los hermanos Mario y Fernando Almada, y por la música popular

---

[10] Geney Beltrán Félix, "Hilo negro de Bernardo Fernández, BEF", *Letras Libres*, julio de 2011, p. 86.

[11] Froylán Enciso, "Periodismo y narcoficción: *El más buscado*, de Alejandro Almazán", *Vice*, 21 de mayo de 2012).

norteña, como en el caso de la celebérrima banda Los Tigres del Norte. Pero la ausencia de una mitología sobre el "narco" se compensa en esas novelas de otras formas. Hasta que *La reina del sur* convirtiera el tema en un redituable motivo literario que relocalizó la figura del "narco" mexicano en un contexto urbano y cosmopolita de interés para los lectores de clase media alta, los escritores que se proponían abordar el tema recurrían a múltiples referencias de alta cultura para validar el sentido de sus narraciones. En numerosas novelas sobre el tráfico de droga son frecuentes las citas intertextuales tomadas de autores canónicos para convalidar las tramas policiales adaptadas en un ambiente mexicano, la mayoría de las veces en ciudades del norte del país como Culiacán, Tijuana o Ciudad Juárez.

El caso de *Mi nombre es Casablanca* (2003), de Juan José Rodríguez, es relevante porque, aunque consigue desmitificar a sus personajes traficantes, transfiere esa necesidad de mitología a sus referentes intertextuales tomados de novelas y películas policiacas canónicas. El arranque de la novela es sintomático en este respecto: mientras detienen a un delincuente, un personaje lanza una pregunta ocurrente al protagonista, el agente del Ministerio Público de Sinaloa Luis Ayala Marsella: "¿Has leído *El padrino*?". Conforme se desarrolla la investigación de una serie de asesinatos que parecen no guardar relación alguna entre sí, el agente Marsella (con frecuencia se refieren a él por su segundo apellido) constantemente interpola comentarios sobre novelas policiales y *thrillers*, mencionando las obras de Arthur Conan Doyle, Agatha Christie y Mario Puzo. Es también significativo el énfasis puesto en las narrativas de las célebres mafias de Estados Unidos a través de películas como *El padrino* (*The Godfather —1990—*), *Buenos muchachos* (*Goodfellas —1990—*) y *Casablanca (1942)*, que da título a la novela. Estas referencias se utilizan en la novela como marcadores de validación narrativa que distinguen a traficantes y contrabandistas con códigos éticos benignos (*El padrino* y *Casablanca*) o con mayor propensión a la brutalidad sin escrúpulos (*Buenos muchachos*). Al mismo tiempo, los recursos intertextuales autorizan al autor mexicano para establecer una continuidad entre el prestigio de esos referentes y su obra, como si solo así pudiera su relato considerarse alta literatura.

Resulta productivo contrastar la inserción de esas referencias con la estrategia desmitificadora del "narco" que Rodríguez utiliza en sus personajes traficantes. Cuando comienzan a ocurrir los asesinatos, Marsella se entrevista con los jefes de los dos principales grupos de traficantes, que en ningún momento se hacen llamar "cárteles". El primero de ellos, don Armando Ibarra Borbón, se identifica a sí mismo como un humilde provinciano de campo: "Los hombres de este oficio antes de tener camionetas o aviones repartimos leche a caballo, leña de encino o mariguana en costales".[12] En la hacienda del traficante, como nota Marsella, no hay armas a la vista ni guardaespaldas de actitud amenazante. Y, aunque en su cochera exhibe varios autos de lujo (incluyendo las obligadas camionetas Lobo de *Balas de plata*), el ranchero traficante prefiere una pequeña camioneta Nissan de pintura desgastada. Explica Ibarra Borbón: "Me gusta. Cómoda, gasta poca gasolina y es discreta. Adondequiera voy con un acompañante y nadie me mira; creen que soy un proveedor que se dirige al mercado de abastos, la discreción es vital".[13] Por el contrario, el jefe del otro grupo de traficantes, don Genaro Barreto, sí aspira a una vida urbana de alta cultura, por lo que ha invertido grandes cantidades de dinero en una colección de costosas piezas de arte. Pero, como nota Marsella, su pésimo gusto y su profunda ignorancia lo han llevado a comprar falsas obras maestras, como el cuadro de una manzana geométrica "firmado por un pintor llamado Pissaco".[14] Entre estos aspectos humorísticos, sin embargo, Rodríguez se cuida de no caricaturizar a su personaje, quien habita en una mansión sobria y discretamente edificada "gracias a la prudencia de un joven arquitecto de Monterrey, que no había fatigado la vista con los domos y cristalerías típicas de aquella zona residencial".[15] Entre esos dos personajes, Rodríguez consigue un retrato verosímil del traficante común: hombres de escasa educación, originarios de comunidades rurales que pueden mantener su inercia de vida provinciana, como en el caso de Ibarra Borbón, o aspirar problemáticamente a un estatus cultural de nuevo rico como en el caso de Barreto.

Otro importante logro de *Mi nombre es Casablanca* consiste en la íntima relación que establece entre el crimen organizado y las corporaciones policiales. Marsella conoce de cerca y ubica en todo momento a los dos capos, estableciendo con ellos un vínculo de cordialidad y de relativa confianza.

---

[12] Juan José Rodríguez, *Mi nombre es Casablanca*, México, Plaza & Janés 2005, p. 30.

[13] *Ibid.*, p. 80.

[14] *Ibid.*, p. 52.

[15] *Idem.*

El agente observa como algo positivo que los traficantes no se propongan "enfrentar todo el sistema" rompiendo "las reglas del juego".[16] Por "el sistema" Marsella entiende al poder oficial que tarde o temprano se impone al del crimen organizado. Así se lo hace ver a Jorge Maytorena, pistolero al servicio de don Armando Ibarra Borbón, a quien relata una anécdota en la que el legendario policía estadounidense Eliot Ness —que confrontó y encarceló al famoso gánster Al Capone en Chicago— arrasa con el sector más pobre de una ciudad para detener a un asesino serial. Con esa historia, Marsella envía una advertencia tácita a los traficantes que, de no someterse, "el poder institucional se irá con ellos a fondo: revisión de cuentas bancarias, detenciones preventivas, toda la maquinaria del sistema policial mexicano, la Interpol o quien se arrime a la balacera".[17]

Aunque *Mi nombre es Casablanca* se publicó un año después de *La reina del sur*, es claro que los recursos mitológicos de esta última no influyeron en modo alguno en la escritura de Juan José Rodríguez. No obstante, es también evidente que la novela no puede eludir del todo las trampas impuestas por las inercias de representación oficial del mundo del narcotráfico: el responsable de los crímenes en apariencia azarosos es un poderoso traficante colombiano que intenta crear una guerra entre los dos grupos rivales para tomar el control de la "plaza" sinaloense. Rodríguez comete aquí la inevitable interpolación de un típico recurso de las novelas policiales canónicas: el psicópata de brillante mente criminal que, como en las novelas de Conan Doyle, es el único a la altura de un detective de la talla de Sherlock Holmes. El traficante colombiano explica a Marsella cómo cada uno de los asesinatos sugiere la figura de una pieza del ajedrez: entre las víctimas hay albañiles que simbolizan peones, torres incendiadas, caballos degollados. En el centro del tablero está, sin saberlo, el propio Marsella, que según el "narco" ocupa el lugar de un alfil. La fantástica figura de este criminal que carece de la profundidad de los demás personajes es en parte el efecto de un discurso sobre el narcotráfico que ni siquiera una novela tan inteligentemente pensada como *Mi nombre es Casablanca* consiguió sortear. El *mal absoluto* que proyecta este personaje abre una maniquea división entre el bien y el mal que hasta su aparición la novela había

[16] *Ibid.*, p. 53.
[17] *Ibid.*, pp. 111-112.

conseguido esquivar con destreza. El "narco" colombiano, inverosímilmente, está más interesado en una compleja trama detectivesca que en hacer funcionar el negocio de la droga. Como era predecible, el "narco" cae abatido por una implacable redada policial después de que una fichera de un "téibol" alerta a las autoridades que Marsella y otros agentes han sido secuestrados. La novela demerita sus logros con ese desenlace apresurado y saturado de acción, más propio de esas películas de los hermanos Almada que de la cuidadosa trama que hasta ese momento había construido. En el saldo final, el heroico agente Marsella restablece el orden social que había suspendido el enloquecido genio criminal, vencido no por la perniciosa red de inteligencia policial del "sistema mexicano", sino por la mirada oportuna de una fichera que se desnuda sin dejar de estar alerta de lo que pasa a su alrededor en el cabaret.

***

Más allá de las problemáticas representaciones del "narco" discutidas hasta ahora, es importante reparar en la notable excepción de unos cuantos narradores que han conseguido abordar críticamente el tema. Me refiero en particular a Víctor Hugo Rascón Banda (1948-2008), César López Cuadras (1951-2013), Daniel Sada (1953-2011), Roberto Bolaño (1953-2003) y Juan Villoro (1956), cuyas obras analizaré más adelante. Por ahora, es imperioso señalar que el trabajo de estos escritores ha abierto en México una valiosa avenida crítica que, aunque infrecuente y anómala, ha permitido reformular la manera de imaginar el "narco" desde lo literario. Pese a ello, la mitología que manifiesta la mayoría de las novelas negras que he citado en este ensayo domina en el campo literario. Esto es el resultado directo de ese discurso que ha permeado en la sociedad durante décadas y que posiciona al crimen organizado como un enemigo que permanentemente desafía la dimensión soberana del Estado con la amenaza latente de construir un interregno pospolítico. Esta narrativa, como ha demostrado el trabajo de Luis Astorga, fue originada en una matriz ideológica construida por el mismo Estado, que impone un sentido unívoco sobre el "narco" con pretensiones "universales" y que marca las coordenadas básicas de su representación *inventando* dicha mitología.[18] En

[18] Astorga, *Mitología del "narcotraficante"*, pp. 10-11.

la misma dirección, Fernando Escalante Gonzalbo analiza el lenguaje oficial activado por el Estado como el generador de un "'conocimiento estándar' sobre el crimen organizado, capaz de explicar todo el proceso, y cada episodio, con dos o tres trazos muy fáciles de entender".[19] El monopolio discursivo oficial sobre el "narco" es posible porque la historia del tráfico de drogas en México es derivativa de la historia de las prohibiciones de Estado. Dicho de otro modo, el prohibicionismo estatal es la condición de posibilidad de la existencia y desarrollo del crimen organizado, con mayor razón del lenguaje que utilizamos para describirlo. Astorga ha documentado con suficiencia cómo el Estado mexicano disciplinó y subordinó a las organizaciones criminales durante la segunda mitad del siglo XX, forzándolas a operar bajo el control del poder político del PRI hasta mediados de la década de 1990. Como un asunto de "seguridad nacional" y bajo el dominio político absoluto del Estado, soldados y agentes policiales concibieron un fluido y ordenado sistema de tráfico con un reducido índice de violencia.

Con la caída del PRI, el Estado policial fue gradualmente desmantelado durante la presidencia de Vicente Fox, cuya incapacidad para articular una política de "seguridad nacional" permitió nuevas asociaciones criminales entre gobernadores, empresarios locales y traficantes en estados como Chihuahua, Michoacán, Nuevo León y Tamaulipas. Fue en ese contexto que la presidencia de Felipe Calderón apostó por una supuesta "guerra contra las drogas". Para comprender la "guerra" de Calderón retomo la teoría sobre la soberanía articulada por el politólogo alemán Carl Schmitt. Corrigiendo a Max Weber y su célebre definición del Estado como "la forma de comunidad humana que detenta el monopolio de la violencia física",[20] Schmitt explica que el Estado detenta en realidad el monopolio de la *excepción*, el cual define:

> no como el monopolio para cooptar o para gobernar, sino como el monopolio para decidir. La excepción revela con mayor claridad la esencia de la autoridad del Estado. La decisión se distancia aquí de la norma legal y (para formularlo

[19] Fernando Escalante Gonzalbo, *El crimen como realidad y representación*, México, El Colegio de México, 2012, p. 56.

[20] Max Weber, *The Vocation Lectures*, eds. David Owen y Tracy B. Strong, trad. Rodney Livingstone, Indianapolis, Hackett Publishing Company, 2004, p. 33.

paradójicamente) la autoridad comprueba que para producir la ley no es necesario basarse en la ley.[21]

Los niveles de violencia sin precedentes en México durante la presidencia de Calderón, sobre todo en el norte del país, deben entenderse como el intento desesperado por reconstituir el poder soberano del Estado. Calderón se propuso disciplinar a los grupos criminales adheridos a los poderes estatales que constituyeron sus propios fueros de excepción y autorregulación con respecto del gobierno federal. Y, aunque varios analistas dentro y fuera de México hablan de un "Estado fallido", Escalante Gonzalbo afirma que los controles disciplinarios de Estado de hecho están más que nunca presentes en las más recientes configuraciones de políticas de "seguridad nacional" tanto en México como en Estados Unidos. Aquí el punto exige una relectura cuidadosa del pensamiento schmitteano y un *caveat* decidido ante las corrientes más radicales del pensamiento pospolítico. El narcotráfico se imagina con frecuencia como una actividad clandestina derivada de un capitalismo global que ha rebasado las fronteras nacionales. En franca resonancia con los argumentos neoconservadores de libros como *The End of History and The Last Man* (1992), de Francis Fukuyama, se piensa con demasiada facilidad que el "narco", como el capitalismo trasnacional, ha triunfado por encima de cualquier control estatal. Pero recordemos que incluso el propio Fukuyama ya se ha distanciado de su celebración del libre mercado, considerando en una obra más reciente que el supuesto "crepúsculo de la soberanía" producto de la globalización no es sino, llanamente, "una exageración".[22] La soberanía del Estado sobre el "narco", quiero subrayar, está muy lejos de agotarse.

A principios de 2014 tres eventos separados por unos cuantos días entre sí me permiten justificar el punto anterior. En su conjunto, esos eventos dejaron entrever la manera en la que el "narco" sigue siendo objeto del poder oficial. Primero, el 13 de febrero de ese año la revista *Time* puso en la portada de su edición internacional al presidente Enrique Peña Nieto con el encabezado

---

[21] Carl Schmitt, *Political Theology*, trad. George Schwab, Chicago, University of Chicago Press, 2005, p. 13.

[22] Francis Fukuyama, *The Origins of Political Order*, Nueva York, Farrar, Straus and Giroux, 2011, p. 477.

Portada de la revista *Time* del 24 de febrero de 2014 (vol. 138, núm. 7) celebrando las reformas propulsadas por el presidente Enrique Peña Nieto que según el reportaje estaban "salvando a México".

"Saving Mexico", atribuyéndole haber cambiado "la narrativa de su nación manchada por el narco".[23]

Seis días después, el presidente Barack Obama sostuvo un encuentro privado con Peña Nieto en México durante la Cumbre de Líderes de América del Norte. En una rueda de prensa ese 19 de febrero, Obama elogió las mismas reformas que la revista *Time* celebró en el gobierno de Peña Nieto y se dijo particularmente interesado en las estrategias mexicanas "en materia de justicia penal, en materia de seguridad".[24] Tres días después, esas estrategias cobrarían una materialidad efectiva irrefutable: la mañana del 22 de febrero, marinos de la Armada de México y agentes de la Policía Federal detuvieron a Joaquín "El Chapo" Guzmán, el jefe del "Cártel de Sinaloa" que, si confiamos en las autoridades de Estados Unidos y México, lideraba un imperio multimillonario a nivel global con presencia en decenas de países. Y, aunque según cables diplomáticos filtrados a los medios "El Chapo" usualmente se rodeaba de 300 guardias para su protección, fue detenido sin un solo disparo. Así lo consignan los sorprendidos corresponsales del *New York Times*:

---

[23] Carolina Moreno, "Enrique Pena Nieto's *Time* Cover Sparks Outrage in Mexico", *The Huffington Post*, 17 de febrero de 2014.

[24] "¿Qué acordaron Peña-Obama-Harper en la Cumbre del TLCAN?", *Animal Político*, 19 de febrero de 2014.

> Esta vez el señor Guzmán [...] no se escurrió por una puerta, no desapareció en las famosas montañas de su casa en el noroeste de México, ni tampoco consiguió estar ausente como lo había hecho en tantos otros intentos por aprehenderlo. Aparentemente no tuvo tiempo para alcanzar el arsenal de pistolas y granadas que había amasado o entrar a toda velocidad en una alcantarilla o un túnel, como las autoridades dicen que hizo recientemente minutos antes que sus perseguidores.[25]

Antes que especular, como hizo en su momento la gran mayoría de analistas y periodistas, con la inverosímil detención de un doble o con el nombre de su sucesor al mando del "cártel", es necesario comprender que esa detención de "El Chapo" —la segunda de tres hasta su extradición a Estados Unidos— fue una clara demostración política de la soberanía del Estado por sobre cualquier organización criminal.

El ascenso y la caída de "Los Zetas" o el conflicto armado en Tierra Caliente deben entenderse en esa misma clave. Como ocurrió con "El Chapo", Heriberto Lazcano, el sanguinario jefe de "Los Zetas", fue asesinado en octubre de 2012 mientras disfrutaba de un juego de beisbol en compañía de un guardaespaldas. En el caso de Michoacán, la derrota del grupo criminal autodenominado "Los Caballeros Templarios" y la conversión de

Portada de la revista *Proceso*, núm. 1941 del 12 de enero de 2014, sobre el conflicto armado de las llamadas "autodefensas" en Michoacán y el respaldo que recibieron del gobierno del entonces presidente Enrique Peña Nieto.

---

[25] Randal C. Archibold y Ginger Thompson, "El Chapo, Most-Wanted Drug Lord, Is Captured in Mexico", *The New York Times*, 22 de febrero, 2014.

las autodefensas comunitarias en una policía rural por orden del gobierno federal convalida una portada significativa de la revista *Proceso*: en el número fechado el 12 de enero de 2014, el encabezado describe el conflicto como "La guerra de Peña Nieto", explicitando la manipulación de las autodefensas por parte del gobierno federal para diezmar al crimen organizado y a los poderes fácticos en la región.

Aquí aparece el mayor punto ciego de las despolitizadas novelas negras: el "narco" en México es reducible a las estrategias de seguridad del Estado. Ese es el *verdadero* poder —a la vez legal e ilegal en un país en permanente estado de excepción— que debemos someter a examen. Para ello debemos dejar de lado la reiteración sin límites de las fantasiosas historias de ascenso y caída de los capos, de sus "cárteles", de sus "plazas". No comprender o no aceptar esta afirmación nos impide articular una crítica efectiva del poder oficial, cuya brutalidad criminal se esconde en la falsa narrativa de los "cárteles" y su supuesto reino sin fin.

Vuelvo a la última cena de Yescka y encuentro ahora una lectura distinta e inquietante en la disposición del grabado: el "narco" sin rostro en el lugar de Cristo es un arquetipo de "*todos* los narcos" que a lo largo de décadas ha fabricado el poder oficial. Sus falsos apóstoles —que en realidad lo manipulan y lo entregan al sacrificio— se mantendrán discretos en un segundo plano para utilizar el martirologio de su supuesto señor. Lo traicionarán y lo negarán; lo dejarán ser crucificado. Después de su más humillante tortura y muerte, sus amos disfrazados de apóstoles y seguidores —los funcionarios de gobierno, el Ejército, los presidentes, Estados Unidos— predicarán para siempre la victoria de su resurrección y su inverosímil poder por encima del César y el Imperio romano, por encima de todos los césares y todos los imperios. El sacrificio literal y simbólico de quien solo muerto puede significar el triunfo es la fábula operativa del narcotráfico en México y su inagotable genealogía de jefes que mueren y reencarnan conforme el Estado lo requiere. Es también la fuente inagotable de la mayoría de las narconovelas negras. Pero el rostro oscurecido del "narco" permanece anónimo en el mural porque es la metáfora fluida de "todos los narcos" que indistintamente pueden y ocuparán su lugar en la narrativa que ya predispone su ascenso y caída. Conocer la verdadera identidad de ese cadáver para siempre resucitado es la consigna aún pendiente de nuestra mejor literatura todavía por escribirse.

Crónicas neutralizadas

LOS IMAGINARIOS PERIODÍSTICOS SOBRE EL TRÁFICO DE DROGAS

> La prensa demuestra cada día que el sentido no existe sin la forma y que toda forma es una imposición de sentido. No hay formas neutras ni universales. Hoy la ideología es no solo la forma, sino la materia prima de la información, ya que de prensa *política* en su gestación, la que hoy tenemos es sobre todo prensa *publicitaria*.
>
> JESÚS MARTÍN-BARBERO, *Oficio de cartógrafo*

En la primera década del siglo XXI se produjo en México un debate nacional sobre una supuesta crisis de violencia que, según el gobierno federal, afectaba ciudades enteras en las que se habían establecido diferentes modalidades del crimen organizado. El tema del narcotráfico desbordó el imaginario popular que lo localizaba tradicionalmente en las zonas rurales del norte del país, con escasa relevancia para los grandes centros urbanos, pero que gradualmente cobró vigencia en ciudades como Monterrey, Tijuana, Culiacán y Ciudad Juárez. Al finalizar la década de 2010 era ya extraordinaria la aparición de intervenciones sobre el narcotráfico desde prácticamente todas las disciplinas. Junto con numerosas novelas, películas, canciones y arte conceptual, los libros de crónicas periodísticas como *El cártel de Sinaloa* (2009), de Diego Enrique Osorno; *Los señores del narco* (2010), de Anabel Hernández, y *El hombre sin cabeza* (2009), de Sergio González Rodríguez, entre los más visibles, han ocupado un lugar central. Entre esta abundante producción, lo que se ha dado en llamar "periodismo narrativo" ha tenido una relevancia particular como herramienta de interpretación cultural para entender —y en muchos casos proyectar— las políticas de representación de la violencia actual.

Propongo ahora revisar esas formas periodísticas como intervenciones intelectuales que, en más de un modo, han reposicionado las coordenadas del discurso crítico sobre la violencia en México con hondas repercusiones en el campo de producción cultural contemporáneo. En mi análisis, la crónica periodística se leerá como síntoma de un complejo problema epistemológico que neutraliza al periodismo en general convirtiéndolo en fuente del imaginario dominante sobre la violencia. Finalmente, señalaré cómo la obra de periodistas como Diego Osorno, Anabel Hernández y Sergio González Rodríguez, entre otros, está fundada en una práctica radical de interpretación cultural que merma nuestra comprensión de las transformaciones históricas de los discursos oficiales de la violencia y que despolitiza las discusiones más urgentes sobre desigualdad social, la criminalización de la pobreza y el advenimiento de una disciplina policial y militar inscrita en un permanente estado de excepción sin precedentes en la historia moderna de México. Así, este ejercicio de la crónica tiene implicaciones directas en los regímenes de representación del crimen organizado en general, pues se asume como el acceso material a lo *real* del "narco" que aparece en las simbolizaciones de novelistas, músicos, cineastas y artistas conceptuales que asimilan la condición mitológica y despolitizada del imaginario dominante sobre los traficantes de droga.

I. La invención de la crisis de "seguridad nacional"

Antes de examinar las limitaciones del periodismo narrativo es importante entender que el discurso sobre la violencia que impera en el imaginario dominante en las producciones culturales de la última década es de reciente invención. Como explican Brian Bow y Arturo Santa-Cruz, la "seguridad nacional" no ha sido históricamente un tema destacado en la política mexicana moderna, pues a lo largo del periodo posrevolucionario y hasta finales del siglo XX "la seguridad de la nación se veía como esencialmente equivalente a la seguridad del régimen gobernante".[1] Sin controversia doméstica sustancial y con el Ejército subordinado al poder político, durante las siete décadas de

[1] Brian Bow y Arturo Santa-Cruz, eds., *The State and Security in Mexico: Transformation and Crisis in Regional Perspective*, Nueva York, Routledge, 2013, p. 7.

gobiernos sucesivos del Partido Revolucionario Institucional "no se percibía un enemigo interno al cual resistir".[2] Desde luego, durante los turbulentos años de 1968 a 1971 el Estado agredió a los distintos grupos de izquierda radical y la resistencia organizada de los movimientos estudiantiles, magisteriales y campesinos, pero esa violencia no se articuló como una estrategia permanente de control disciplinario social, sino como acciones contingentes cuya lógica era esencialmente política. De ningún modo es mi intención aquí minimizar la política de exterminio y brutalidad conducida por el Estado mexicano y corporaciones como la Dirección Federal de Seguridad entre finales de la década de 1960 y principios de 1980, que dejó un catastrófico saldo de víctimas. Mi propósito aquí es más bien señalar la marca decididamente política que distinguió la manera de operar de la violencia de Estado en aquella época. Así lo explica el análisis de Carlos Montemayor:

> … la violencia de Estado en los movimientos sociales mexicanos del siglo XX se desplegó en una amplia gama de regiones y sectores sociales tanto en los contextos de prevención, contención, represión o persecución de procesos de inconformidad social, como en su canalización contra núcleos sociales vulnerables, sectores gremiales, regiones aisladas, comarcas, partidos políticos, movimientos subversivos, manifestaciones populares.[3]

El principal punto a comprender aquí es que la violencia de Estado, sobre todo en las décadas de los sesenta, setenta y ochenta, fue ejecutada mediante aparatos represores bajo la égida de conflictos políticos que amenazaban la integridad de la élite gobernante. Todavía hasta mediados de la década de 1990 el Estado mexicano confrontó los conflictos domésticos como problemas de oposición y resistencia de raíz estrictamente política, y no como la permanente amenaza y desafío a la seguridad del Estado que ahora supone el crimen organizado. Así, como registra Julio Scherer, a los movimientos estudiantiles y guerrilleros se los acusaba de "disolución social",[4] una figura

[2] *Idem.*

[3] Carlos Montemayor, *La violencia de Estado en México. Antes y después de 1968*, México, Debate, 2010, p. 179.

[4] Julio Scherer y Carlos Monsiváis, *Los patriotas. De Tlatelolco a la guerra sucia*, México, Aguilar, 2004, p. 11.

tipificada por el Código Penal Federal durante la presidencia de Manuel Ávila Camacho en medio de la Segunda Guerra Mundial, o bien, como recuerda Carlos Monsiváis, se los acusaba de "subversivos"[5] en el contexto de la Guerra Fría. Todo esto ocurrió en el marco de la lógica de la seguridad en Estados Unidos, preocupada por las incursiones de movimientos armados comunistas que potencialmente alterarían el orden democrático del capitalismo y el libre mercado.

En ese mismo horizonte de representación política todavía aparecen los principales hitos de finales del siglo XX: el alzamiento armado del Ejército de Liberación Nacional (EZLN) en Chiapas y su reclamo por la injusticia social y marginación histórica de las comunidades indígenas excluidas por el proyecto modernizador del PRI; los asesinatos de alto perfil del cardenal Juan Jesús Posadas Ocampo en 1993 y luego del candidato presidencial Luis Donaldo Colosio y el presidente del PRI, José Francisco Ruiz Massieu, ambos en 1994, que aunque tocaron tangencialmente el tema del narcotráfico tenían un trasfondo político evidente que se impuso a cualquier otra tesis que explicara el crimen; y, finalmente, es también una trama política —los supuestos "errores de diciembre" acusados por Carlos Salinas de Gortari en la presidencia de Ernesto Zedillo— la que define la profunda crisis económica de 1994 que conllevó la drástica devaluación del peso mexicano. Entre estas contingencias políticas, el tema del narcotráfico no solo no figuraba como una emergencia nacional, sino que hasta ese momento había sido, como anota Luis Astorga, "un fenómeno que se desarrolló protegido desde distintas esferas del poder político y policiaco, como parte de una estructura de poder, pero en posición subordinada, y cuyos agentes principales fueron desde un inicio marginados del poder político".[6] Es decir, mientras que los más impactantes problemas que confrontó el Estado durante la década de los noventa fueron de naturaleza política, el narcotráfico había sido sometido y neutralizado políticamente por la clase gobernante.

Astorga recuerda que la incorporación de una agenda securitaria antidrogas en México respondió a la influencia de la hegemonía estadounidense que tipificó el tráfico de estupefacientes como amenaza para la "seguridad

---

[5] *Ibid.*, p. 147.

[6] Astorga, *Seguridad, traficantes y militares*, p. 31.

nacional" en 1986, con una directiva presidencial firmada por Ronald Reagan. El primer efecto importante de esa hegemonía fue la desaparición de la Dirección Federal de Seguridad, que el presidente Miguel de la Madrid (1982-1988) consideraba como una "policía política".[7] En su lugar se creó en 1989 el Centro de Investigación y Seguridad Nacional (Cisen), durante el primer año de gobierno de Carlos Salinas de Gortari (1988-1994), el primer presidente en afirmar públicamente, sin presentar evidencia, que el tráfico de drogas representaba una amenaza a la "seguridad nacional" del país.[8] Y, aunque este último optó por no hacerlo, durante la presidencia de Ernesto Zedillo (1994-2000) se comienza a utilizar gradualmente a las Fuerzas Armadas para la erradicación del tráfico de drogas bajo la lógica securitaria. Este proceso de transformación culminó con la presidencia de Vicente Fox (2000-2006): en ese sexenio, bajo la presión de alto nivel ejercida por el gobierno de Estados Unidos en el panorama geopolítico posterior a los ataques terroristas del 11 de septiembre de 2001, el Estado mexicano adoptó abiertamente una política de "seguridad nacional" que ubicaba al crimen organizado en el centro de una crisis de gobernabilidad que reclamaba una acción inmediata. Emulando las estrategias disciplinarias primero sobre el "narco" y después sobre el terrorismo y la inmigración en Estados Unidos, el tráfico de drogas se articuló en México como la mayor amenaza para la soberanía nacional. El equipo de transición de Fox había considerado inicialmente que el narcotráfico era "un asunto meramente policiaco"[9] que, a diferencia del caso de Colombia, no tenía ni la capacidad ni la pretensión de desestabilizar al Estado. No obstante, y tras una serie de reuniones de alto nivel con funcionarios estadounidenses, Adolfo Aguilar Zínser, entonces consejero de "seguridad nacional" —un cargo creado por la presidencia de Fox—, comenzó a referirse al "narco"

---

[7] Jorge Castañeda, *La herencia. Arqueología de la sucesión presidencial en México*, México, Alfaguara, 1999, p. 207.

[8] "Especial mención reclaman las acciones del Estado para combatir el problema del narcotráfico. Es un *problema de seguridad nacional*, salud y solidaridad internacional de primer orden, frente al que seguiremos actuando con toda energía". Véase Poder Ejecutivo Federal, "Plan Nacional de Desarrollo 1989-1994", *Diario Oficial*, 31 de mayo de 1989, p. 21. El énfasis es mío.

[9] Jorge Alejandro Medellín, "El narco es solo un problema policiaco", *El Universal*, 25 de julio de 2000).

excluyendo "los nexos entre grupos políticos priistas y traficantes"[10] para resaltar, en cambio, la supuesta amenaza a la soberanía nacional que, según el nuevo gobierno, ahora implicaba el tráfico de drogas.

Esta transformación en materia de seguridad produjo dos efectos de importancia capital: primero, permitió la despolitización de los conflictos domésticos inmediatos como la marcada desigualdad económica y social, la endémica corrupción oficial o la creación de fortunas privadas como resultado de la política neoliberal; y, segundo, hizo virar el discurso oficial hacia las supuestas emergencias permanentes y sin coordenadas políticas específicas del crimen organizado. El "narco" se convirtió entonces en un objeto primario de la "seguridad nacional": un enemigo permanente, sin objetivos políticos reales y solo interesado en su dominio económico por medio de la ilegalidad y la violencia. De ese modo, el Estado convenientemente dejó de reconocer la especificidad política de movimientos de oposición y resistencia para, en cambio, construir y diseminar discursos de "seguridad nacional" sobre el crimen organizado que amenazaría a la sociedad civil en general y ya no solo a la élite gobernante. Dicho de modo más directo: para dejar de considerar como relevantes los reclamos políticos, el Estado optó por una estrategia *sin contenido político* alrededor del tema de la "seguridad nacional".

Esta nueva definición del "narco", como sabemos, no produjo la violenta movilización militar y policial en zonas urbanas del país sino a partir de la política de seguridad de la presidencia de Felipe Calderón (2006-2012). El estado de excepción creado por Calderón entre 2007 y 2012 fue justificado por su gobierno como reacción a una supuesta escalada de violencia atribuida al crimen organizado. Pero, como ha revelado Fernando Escalante Gonzalbo, los índices de homicidios a nivel nacional se habían desplazado consistentemente en un "descenso lento y sostenido" durante los últimos 20 años antes de la estrategia antidrogas de Calderón.[11] Por ello, esa "explicación de la gran violencia de los años noventa fue, según los números que conocemos, una fantasía".[12] Escalante Gonzalbo analiza este falaz discurso de "seguridad nacional" como la articulación del "crimen como fantasma", fenómeno "hecho

[10] Astorga, *Seguridad, traficantes y militares*, p. 36.

[11] Escalante Gonzalbo, "Homicidios 2008-2009. La muerte tiene permiso".

[12] Escalante Gonzalbo, *El crimen como realidad y representación*, p. 240.

en buena medida a base de invenciones, prejuicios, imaginaciones, conjeturas infundadas, información incompleta, imposible de comprobar o directamente falsa".[13] La política antidrogas de Calderón evidencia una relación causal distinta a la que defendió públicamente. No solo no se había registrado una escalada de violencia atribuida al narcotráfico, sino que el descenso en la tasa de homicidios sostenido durante dos décadas se revirtió justamente en las zonas donde se reconcentraron las fuerzas militares y policiales de la estrategia federal. Ese fue exactamente el caso de Ciudad Juárez: todavía en 2007 se registraron ahí 320 asesinatos, cifra consecuente con el promedio sostenido entre 1993 y 2007, con 0.7 asesinatos por día. Después de la llegada del Ejército y la Policía Federal el 28 de marzo de 2008, los asesinatos se incrementaron a más de mil 623 en 2008 (4.4 diarios), 2 mil 754 en 2009 (7.5 diarios), 3 mil 622 en 2010 (9.9 diarios) y finalmente con un descenso a 2 mil 086 en 2011 (5.7 diarios).[14] La cifra total de asesinatos en todo el país en esos años, como mencioné antes, fue exorbitante: 121 mil 683 asesinatos registrados por el Instituto Nacional de Estadística y Geografía, más de cuatro veces el número de víctimas de la llamada "guerra sucia" de las dictaduras militares de Argentina en las décadas de 1970 y 1980; y casi 30 mil desaparecidos registrados por la Secretaría de Gobernación.

En el plano discursivo, la noción del "narco" en México como una amenaza real al Estado y a la "seguridad nacional" permeó decididamente en el imaginario nacional. Así lo observa Astorga: "La invención de un enemigo monolítico, organizado de manera jerárquica, con una racionalidad burocrática y económica, que denomina todas las fases del negocio y está por lo menos en posición de controlar el mercado y los precios, fascinó a políticos, policías y periodistas".[15] Cuando esa fascinación se convirtió en discurso hegemónico, la cuestión de la "seguridad nacional" se estableció con coordenadas epistemológicas que desde entonces condicionan *a priori* toda reflexión sobre el "narco", primordialmente en el periodismo.

---

[13] *Idem.*

[14] Estas cifras provienen de *Frontera List*, el sitio de información sobre narcotráfico y violencia dirigido por la investigadora Molly Molloy: <http://fronteralist.org/category/murder-rate/>.

[15] Astorga, *Seguridad, traficantes y militares,* p. 276.

II. La neutralización política del periodismo narrativo

Como en prácticamente todas las disciplinas que se aproximan al fenómeno del narcotráfico en México, el periodismo está profundamente mediado por discursos hegemónicos articulados por el poder oficial. Antes de referir el caso de Sergio González Rodríguez, Alejandro Almazán, Diego Enrique Osorno o Anabel Hernández, es preciso señalar que la despolitización de la crónica del "narco" está también presente en la obra de los periodistas más experimentados y establecidos, incluso en aquellos con mayor compromiso político. Acaso el ejemplo más visible puede advertirse en las crónicas de Carlos Monsiváis. Como señala Ricardo Gutiérrez Mouat, las crónicas sobre la violencia que Monsiváis publica a finales de la década de 1990 "representan un nuevo capítulo del secular enfrentamiento en Latinoamérica entre el intelectual y la violencia",[16] cuyo objetivo es intervenir en los procesos sociopolíticos más urgentes del presente inmediato, con la fuerza represiva del Estado como problema central. En un texto publicado en 1999, por ejemplo, Monsiváis incluye en la definición de violencia urbana:

> ... los conflictos, las tragedias, las conductas límite propiciadas por la crisis del Estado de derecho, el perpetuo estallido —económico, social y demográfico— de las ciudades y la imposibilidad de una efectiva seguridad pública, sea por la ineficiencia de los cuerpos encargados o por la "feudalización" imperante en barrios y colonias. Violencia urbana es el amplio espectro de situaciones delincuenciales, ejercicios de supremacía machista, ignorancia y desprecio de los derechos humanos, tradiciones de indiferencia aterrada ante los desmanes, anarquía salvaje y desconocimiento de la norma.[17]

Se destaca de esta amplia definición la condición eminentemente sistémica de la violencia, donde el delito común se agrava por condiciones políticas, económicas y culturales específicas. En 2013, sin embargo, al reeditar su libro *Los mil y un velorios. Crónica de la nota roja en México*, que cubre los primeros

---

[16] Ricardo Gutiérrez Mouat, "Monsiváis y la crónica de la violencia", en *El arte de la ironía. Carlos Monsiváis ante la crítica*, eds. Mabel Moraña e Ignacio Sánchez Prado, México, Era, 2007, p. 239.

[17] Carlos Monsiváis, "Notas sobre la violencia urbana", *Letras Libres*, mayo de 1999, p. 35

años de la década del 2000, el análisis de Monsiváis aparece mediado por el imperante discurso oficial que para entonces ya ha consolidado la agenda de "seguridad nacional" que señala al narcotráfico como la mayor emergencia criminal en México. Escribe Monsiváis: "De golpe, el narcotráfico resulta el magno espectáculo lateral que la sociedad ve con terror y morbo, con alivio ('Hoy no me mataron') y depresión ('Hoy siguieron matando')".[18] Luego resume: "Desde la década de 1990 la presunción de un narco-Estado ha crecido en medio del viaje circular del miedo al terror, de la suspicacia al pánico, de la resignación a la paranoia".[19] Y, aunque por momentos el texto señala la corrupta relación entre el Estado y los grupos de traficantes, Monsiváis principalmente se limita a consignar la impresión de una emergencia nacional protagonizada por los traficantes: "Se desata la guerra entre los cárteles, con un costo altísimo de vidas";[20] "Se afirman los grupos: Los Zetas, La Familia de Michoacán, el Cártel del Golfo, La Línea";[21] "Tres años de enfrentamientos entre narcos y Ejército, entre narcos y judiciales, entre narcos y policías".[22] La narrativa expuesta por Monsiváis coincide con la versión oficial, la reiterada explicación que el presidente Calderón ofreció sobre la escalada de asesinatos durante su sexenio: "La gran mayoría de la violencia que estamos viviendo es la gran virulencia de unos cárteles contra otros".[23] En este punto aparece con mayor claridad el problema central de la crónica del "narco" en México: se trata de textos dependientes de fuentes oficiales que hacen circular una narrativa configurada y diseminada originalmente desde múltiples agencias y voceros de Estado, asimilada acríticamente por la gran mayoría de los medios de comunicación y reiterada después por los campos de producción cultural, sobre todo por la televisión, el cine, la música y la literatura.

Como estudia Susana Rotker, desde finales del siglo XIX la "definición del género crónica como lugar de encuentro del discurso literario y el periodístico

---

18 Carlos Monsiváis, *Los mil y un velorios. Crónica de la nota roja en México*, México, Grijalbo/Ediciones Proceso, 2013, p. 212. Su análisis

19 *Ibid.*, pp. 214-215.

20 *Ibid.*, p. 216.

21 *Ibid.*, p. 217.

22 *Ibid.*, p. 219.

23 Presidencia de la República, "El presidente Calderón habló con Denise Mearker [*sic*]", 6 de septiembre de 2010.

es tan central como los aportes a la renovación de la prosa hispanoamericana que hicieron los modernistas desde la prensa escrita".[24] Pero, como también advierte Rotker, privilegiar los recursos narrativos de la crónica desde un punto de vista subjetivo desde luego no implicaba que el género fuera políticamente neutral, sino que hacía prevalecer una marca de distinción frente al periodismo estrictamente noticioso hecho por reporteros. Al emerger en Estados Unidos la oleada del *new journalism* en la obra de periodistas y escritores como Truman Capote, Norman Mailer y Gay Talese, entre otros, reaparece con mayor vigor el uso de recursos literarios desde una óptica íntima y personal. Pero, como subraya Tom Wolfe, la innovación no solo radicaba en la técnica, sino en los propios procedimientos reporteriles:

> La forma de recoger material que estaban desarrollando se les aparecía también como mucho más ambiciosa. Era más intensa, más detallada, y ciertamente consumía más tiempo del que los reporteros de periódico o de revista, incluyendo los reporteros de investigación, empleaban habitualmente. Fomentaron la costumbre de pasarse días enteros con la gente sobre la que estaban escribiendo, semanas en algunos casos. Tenían que reunir todo el material que un periodista persigue... y luego ir más allá todavía.[25]

En México la tradición de la crónica periodística ha evolucionado combinando el legado fundacional de la crónica modernista con la posterior influencia del *new journalism* estadounidense. En la década de 1970 el periodismo narrativo alcanzó una nueva altura con su relevante agencia política en la obra de figuras como José Pagés Llergo (fundador de la revista *Siempre!*), Julio Scherer (fundador de la revista *Proceso*), Miguel Ángel Granados Chapa, Elena Poniatowska y Carlos Monsiváis, entre otros. Sobra decir que sin el agudo poder crítico de ese periodismo tendríamos un entendimiento mucho más pobre ante las crisis políticas de las décadas de los sesenta, setenta y ochenta, desde la responsabilidad oficial en la matanza de Tlatelolco, la evolución y debacle del presidencialismo y el centralismo, hasta la incompetencia oficial

---

[24] Susana Rotker, *La invención de la crónica*, México, Fondo de Cultura Económica/Fondo Nuevo Periodismo Iberoamericano, 2005, pp. 133-134.

[25] Tom Wolfe, *El nuevo periodismo*, Barcelona, Anagrama, 1977, p. 34.

en la emergencia del terremoto de 1985. En el presente, la influencia de ese periodismo narrativo puede claramente constatarse en el trabajo de cronistas nacidos en la segunda mitad del siglo XX, como es el caso notable de José Joaquín Blanco, Juan Villoro y Fabrizio Mejía Madrid, quienes han asimilado la pulsión crítica y política de sus precedentes genealógicos. Villoro, por ejemplo, define la crónica como una forma que, al estar "[c]omprometida con los hechos, lo está con la verdad",[26] mientras que para Mejía Madrid la crónica representa "el encuentro de una mirada con una fecha, un estado de ánimo con el fluir del tiempo".[27] En ambos se establece una demanda de rigor y compromiso con el presente inmediato independientemente de los recursos formales de sus crónicas.

Mediada por el pernicioso discurso hegemónico que relocaliza al tráfico de drogas en el centro de una crisis de "seguridad nacional", sin embargo, la crónica sobre el "narco" de las primeras dos décadas del siglo XXI se aleja de la tradición crítica que confrontó históricamente al periodismo con el poder oficial en México. Esa crónica se inscribe así alrededor de un objeto configurado políticamente por discursos oficiales y no como resultado de una reflexión periodística independiente. Al ahondar sobre un tema cuyas coordenadas epistemológicas han sido marcadas por el Estado, este tipo de crónica está de entrada limitado al análisis de los supuestos "cárteles" como el principal factor de criminalidad, dejando por fuera la histórica relación entre la clase política mexicana, la presión estadounidense para adoptar la política trasnacional antidrogas y la delincuencia organizada.

La neutralización de la crónica del "narco" es así el efecto derivado de un *habitus*, es decir, siguiendo al sociólogo Pierre Bourdieu, un sistema de principios que generan y organizan determinadas prácticas y formas de representación en un entorno dado. El *habitus* oficial esencialmente renuncia a producir una analítica de las condiciones de posibilidad del "narco", en particular su aparición como economía disciplinada por una geopolítica de Estado. El problema del periodismo radica entonces en lo que Bourdieu conceptualizó como una forma de "pensamiento estatal", es decir, la limitación epistemológica que explica por qué "las propias estructuras de conciencia por medio de

---

26 Juan Villoro, *Safari accidental*, México, Joaquín Mortiz, 2005, p. 14.
27 Fabrizio Mejía Madrid, *Salida de emergencia*, México, Grijalbo, 2007, p. 11.

las cuales construimos el mundo social y el particular objeto que es el Estado son muy probablemente producto del Estado mismo".[28] El análisis de Bourdieu expande luego la célebre definición de Max Weber al considerar el Estado como el "monopolio de la violencia física y *simbólica*, en tanto que el monopolio de la violencia simbólica es la condición para poseer el ejercicio mismo del monopolio de la violencia física".[29] Al examinar la influencia de Bourdieu en Latinoamérica, la académica Mabel Moraña subraya cómo ese monopolio estatal de la violencia simbólica penetra todos los espacios de lo social, desde lo doméstico y lo laboral, hasta las producciones culturales y las instituciones que normalizan todo lugar ciudadano. Explica Moraña:

> Como ya se indicara, para su implementación, la violencia simbólica cuenta con frecuencia con la aquiescencia y lealtad del dominado hacia el dominador y se apoya, en muchos casos, en el hecho de que ambos comparten una misma forma de conocimiento e interpretación de la realidad social que impide un pensamiento emancipado en aquel que es sometido al poder del más fuerte.[30]

En este punto, Moraña nota cómo, a pesar de que admite la posibilidad de una resistencia artística ante el monopolio estatal de la violencia simbólica, Bourdieu es más bien pesimista al considerar a los medios de comunicación "mecanismos de opresión y de dominación social".[31]

En la misma dirección, Jesús Martín-Barbero analiza las funciones ideológicas de los medios de comunicación y recuerda el papel crucial que la prensa jugó en las distintas transformaciones históricas de las sociedades modernas. Menos que denunciar los procesos políticos de cada época, la prensa fue instrumental en la construcción misma de esos procesos. Con su lenguaje en apariencia neutro, la prensa operó y sigue operando como un referente de la realidad inmediata que, sin embargo, encubre lo real con significados anteriormente establecidos. Explica Martín-Barbero:

---

[28] Pierre Bourdieu, *On the State. Lectures at the Collège de France, 1989-1992*, Cambridge, Polity, 2014, p. 3.

[29] *Ibid.*, p. 4.

[30] Mabel Moraña, *Bourdieu en la periferia. Capital simbólico y campo cultural en América Latina*, Santiago de Chile, Cuatro Propio, 2014, p. 123.

[31] *Idem.*

> ... me refiero a esas "fórmulas" mediante las cuales las palabras se ponen a significar independientemente tanto del contexto como del contenido. Los contextos son siempre particulares, parciales, temporales; son las formas o, mejor, las fórmulas de la jerga las que introducen la pretensión de la universalidad, de estar por encima del espacio y el tiempo. Las fórmulas son "limpias" con la pureza que proporciona la nueva religión secularizada de la "objetividad". La *conversión de la forma en fórmula* es la operación mediante la cual se plasma, se hace lenguaje la exigencia que el consumo plantea en términos de público-masa: la operación de conformización, de banalización, de despolitización.[32]

El discurso dominante sobre el "narco" ha producido una fórmula cuyo léxico y significado sedimentado permiten por sí solos un sentido narrativo específico. Escribimos "narcotraficante", "sicario", "plaza", "guerra" y "cártel", y con esas palabras reaparece de inmediato el mismo universo de violencia, corrupción y poder que puebla por igual las páginas de una novela y las planas de un periódico, la letra de un corrido, la vestimenta de un "narco" actuando en una película de acción. El lenguaje para describir esa realidad está fatalmente colonizado por ese *habitus* de origen oficial que solo en contadas ocasiones es posible fisurar.

Sin avanzar hacia una crítica del poder estatal por estar condicionadas por ese mismo poder, las crónicas sobre el "narco" operan entonces un desplazamiento simbólico en dos direcciones: primero, hacia genealogías de traficantes y la supuesta crisis de "seguridad nacional" que producen una narrativa, como hemos, visto creada y diseminada por fuentes oficiales; y, segundo, hacia una reiteración del cuerpo (re)significado de las víctimas de su violencia, reduciendo el complejo fenómeno del "narco" a una continuidad artificial y ahistórica de muerte y destrucción. Ambos desplazamientos mantienen formalmente el legado de la crónica modernista, el impulso combativo del periodismo mexicano de la segunda mitad del siglo XX y los recursos literarios del *new journalism* estadounidense, pero excluyendo la dimensión política y el rigor periodístico de esos precedentes. Con esto no pretendo afirmar que no haya un trasfondo político en la crónica del "narco", sino que su voluntad crítica

---

[32] Jesús Martín-Barbero, *Oficio de cartógrafo. Travesías latinoamericanas de la comunicación en la cultura*, México, Fondo de Cultura Económica, 2002, pp. 82-83. Énfasis original.

aparece de inicio neutralizada por la influencia del discurso oficial sobre el tráfico de drogas. Al enfocarse narrativamente en los reductos de la violencia atribuida a una lucha permanente entre "cárteles", los cronistas examinan superficialmente la violenta e ilegal política de seguridad emprendida por el poder oficial.

Consideremos la ensayística de Sergio González Rodríguez, uno de los más prominentes periodistas e intelectuales en México hasta su repentina muerte en 2017.[33] Su obra opera como un ejercicio desmedido de imaginación narrativa condicionado por ese ideológico fantasma del crimen que promueve el discurso oficial del Estado mexicano. Más que un fenómeno circunscrito a vectores políticos, en la perspectiva de González Rodríguez la violencia se reduce a un significante vacío que opera un borramiento de la materialidad concreta que la produce. Es esta interpretación la que da forma y sentido a sus textos más visibles sobre la violencia: *Huesos en el desierto* (2002) y *El hombre sin cabeza* (2009). Ignacio Sánchez Prado señala una diferencia entre esos libros y el resto de la producción ensayística de González Rodríguez, como *El centauro en el paisaje* (1992) y *De sangre y sol* (2006). Estos últimos, según Sánchez Prado, representan "el núcleo central de su obra: una práctica cosmopolita y erudita del ensayo, que busca utilizar un vasto y peculiar archivo cultural como repositorio de lenguajes para la figuración de una contemporaneidad cuya incertidumbre resiste la representación".[34] Por el contrario, considero que no existe una diferencia sustancial entre las reflexiones de González Rodríguez sobre la violencia y el resto de su producción ensayística. Sánchez Prado describe, por ejemplo, *El centauro en el paisaje* como una exploración de "la relación entre ciudad y literatura; la interacción entre lo sagrado y la técnica; la relación entre arte, memoria y deseo; y el tropo del monstruo en conexión con la norma moderna".[35] Pero esa lectura se encuentra también

[33] Sergio González Rodríguez falleció el 3 de abril de 2017 mientras el presente libro se encontraba en el proceso final de su primera edición. Aunque mi análisis discrepa de su interpretación de la violencia atribuida al narcotráfico, quisiera refrendar mi admiración por su obra ensayística y literaria, la cual ha tenido un merecido lugar central en las últimas tres décadas de debates intelectuales en México.

[34] Ignacio Sánchez Prado, "Sergio González Rodríguez: literatura y pensamiento en la edad de la catástrofe", *Hispanic Review*, vol. 82, núm. 3, 2014, p. 287.

[35] *Ibid.*, p. 290.

esencialmente en *Huesos en el desierto* y *El hombre sin cabeza*. De hecho, el mayor problema de estos dos libros es precisamente que están estructurados como sus ensayos de interpretación cultural. Renunciando a examinar la violencia en su inmediatez histórica y política, González Rodríguez ensaya como si la violencia fuera un objeto cultural más esperando un dilatado comentario hermenéutico. Tales estrategias son recurrentes e incluso predecibles después de la lectura de cualquiera de sus libros. En este punto tiene razón Sánchez Prado cuando afirma que la obra de González Rodríguez es "una nueva afirmación de la literatura como territorio epistemológicamente privilegiado para descifrar la contemporaneidad, ante el agotamiento de los paradigmas que han definido a la intelectualidad mexicana desde los años ochenta, en la llamada 'transición a la democracia'".[36] Pero, más que la restitución de lo literario como vehículo de interpretación de la violencia, la obra de González Rodríguez asume el fenómeno del "narco" como objeto de significación cultural a costa de eliminar su especificidad política e histórica.

A partir de una correspondencia artificial de significados extraídos del periodismo, expedientes oficiales, el *memoir*, las estrategias narrativas de la novela policiaca y *misreadings* de múltiples referentes históricos, económicos, literarios y filosóficos, González Rodríguez se posicionó en el campo literario como uno de los intérpretes culturales de la violencia más relevantes en México. Su visión apela sobre todo a cierto público extranjero lector de la editorial trasnacional Anagrama, pero también entra en plena congruencia con los debates sobre "seguridad nacional" propulsados por las políticas de gobierno. Su celebridad es explicable en ese sentido por el prestigio simbólico de haber escrito dos de los libros más representativos del cambio de mentalidad oficial sobre el tema de "seguridad nacional". En ambos, *Huesos en el desierto* y *El hombre sin cabeza*, se sugieren prácticas culturales supuestamente endémicas de una sociedad contemporánea permisiva (asesinos seriales, violencia de género extrema, el auge y predominio del crimen organizado), que, aunque se relacionan tangencialmente con fenómenos políticos y económicos domésticos y globales, implican una amenaza permanente de "seguridad nacional" para el tejido social cuyo contenido político ha sido borrado por la élite gobernante.

[36] *Ibid.*, p. 286.

Analicemos por ahora *El hombre sin cabeza*, pues más adelante me ocuparé de *Huesos en el desierto*. El catálogo de anécdotas imprecisas que recoge González Rodríguez solo consigna a los narcotraficantes identificados por el Estado y cuyos nombres vemos repetidos constantemente en los medios de comunicación: "El Chapo" Guzmán, Heriberto Lazcano, el "Cártel de Sinaloa", "Los Zetas", etcétera. Estos referentes coinciden puntualmente con los provistos por el Estado, y de hecho repite al pie de la letra la explicación oficial de lo que había ocurrido en México durante la primera década del nuevo siglo: el país había sido tomado por intrusos familiares, los "narcos", y eran ellos los responsables de la oleada de violencia que la estrategia del presidente Calderón se propuso confrontar. La estructura narrativa concebida por González Rodríguez produce de este modo lo que en apariencia funciona como una historia intelectual de las decapitaciones y un comentario más o menos de índole periodística. El eje del libro es la violencia relacionada con "la guerra de los traficantes de droga", fenómeno que, según González Rodríguez, "llegó a su clímax aquí cuando aparecieron restos de cuerpos descuartizados y las decapitaciones".[37] Sin incluir ninguna investigación periodística sobre decapitaciones concretas, el libro se entretiene en los múltiples niveles de significación que inspira el motivo de la decapitación, produciendo una red de explicaciones suplementarias que van desde las prácticas de brujería prehispánica hasta las historias de "las cruzadas, Ricardo Corazón de León y el sultán Saladino".[38]

Deslumbrado por la "compleja" mezcla de referentes del libro, el escritor Bernardo Esquinca anota que perder la cabeza es para González Rodríguez la metáfora inequívoca que indica cómo la sociedad en México "ha extraviado el rumbo en un mundo saturado de estímulos, donde cada vez es más difícil separar la realidad de la ficción".[39] Frente a la incapacidad de esa separación, la representación del narcotráfico de González Rodríguez implica más bien suplementar la realidad con un ejercicio de ficción narrativa que produce dos falacias: la primera indica que el narcotráfico opera como una entidad por *afuera* del Estado y que el gobierno mexicano es su principal enemigo,

---

[37] Sergio González Rodríguez, *El hombre sin cabeza*, México, Anagrama, 2009, p. 15.
[38] *Ibid.*, p. 71.
[39] Bernardo Esquinca, "Mensajeros del lado oscuro", *Letras Libres*, mayo de 2009, p. 84.

planteando una contingencia inaplazable para la "seguridad nacional"; la segunda, que la violencia del narcotráfico, para ser comprendida, requiere de un denso marco teórico de interpretación cultural que sobrepasa la coyuntura histórica inmediata. Ambas falacias producen un vaciamiento de lo político que imposibilita una crítica a la causalidad histórica del Estado en relación al narcotráfico.

La ensayística de González Rodríguez está de ese modo problemáticamente sustentada en una doble paradoja: primero, para intentar desentrañar el fenómeno de la violencia contemporánea se propone lo que inicia como un esfuerzo de historización y documentación que pronto se revela como la suplementación sobreinterpretativa de esos mismos actos de violencia; después, las distintas capas de significado que derivan de esa sobreinterpretación se observan como prácticas culturales transhistóricas que desbordan la coyuntura inmediata del "narco" en México y que, organizadas como una narrativa de ficción, sirven para explicar tanto la invención de la guillotina, la letra Z que "un grupo delincuencial"[40] marca en la frente de sus víctimas, como los excesos de los soldados estadounidenses en las guerras de Vietnam e Irak. La estructura narrativa del ensayo se contradice a sí misma entre un ansia de describir la actualidad del "narco" y la compulsión de insertarlo en las resonancias de un contexto cultural global.

Es precisamente la despolitización que González Rodríguez efectúa en su análisis de la violencia lo que permite transformar la *discontinuidad* de la historia en la *continuidad* de una naturaleza imaginada. Consideremos el siguiente fragmento del libro:

> Así la historia mexicana tiene tres iconos vinculados con la decapitación: los *tzompantli* o empalizadas aztecas que sostenían cráneos de víctimas sacrificadas a los dioses con cuchillos de obsidiana; la cabeza mutilada del clérigo Miguel Hidalgo y Costilla que proclama la guerra independentista a principios del ochocientos y fue puesta dentro de una jaula de hierro por la tropa española para escarmiento de los rebeldes; el bandido revolucionario Francisco Villa del siglo pasado, de quien violaron su tumba y cortaron la cabeza pocos años después de muerto. Se rumora que el cráneo forma parte de una colección de la secta universitaria Skull

[40] González Rodríguez, *op. cit.*, p. 22.

and Bones en Estados Unidos. O continúa enterrada en una montaña mexicana. En todo caso, su recuerdo flota y transcurre de aquí hacia allá en la imaginación de muchos.[41]

Los sacrificios aztecas, las ejecuciones de los insurgentes de 1810, el asesinato de los revolucionarios de 1910 y las decapitaciones atribuidas al "narco" son aquí producto de una única pulsión de muerte y destrucción que al parecer se activa como un principio de inmanencia en la historia de México. En este punto, González Rodríguez es el más fiel continuador de la aporía que Octavio Paz formuló al considerar la "doble realidad" del 2 de octubre de 1968, que consistía, según Paz, en "ser un hecho histórico y ser una representación simbólica de nuestra historia subterránea o invisible".[42] Tanto en la "guerra contra el narco" como en la masacre de Tlatelolco, la dimensión política queda borrada por la interpretación culturalista que busca repartir culpas en esa historia "subterránea o invisible" de la violencia mexicana antes que en las condiciones históricas precisas que la contextualizan, como la intervención estadounidense en ambos casos.[43]

En *Los límites de la interpretación*, Umberto Eco argumenta que uno de los más perniciosos regímenes de interpretación, que él denomina "semiosis hermética", estructuró el pensamiento occidental desde del medievo para promover un paradigma de la semejanza, es decir, "esa práctica interpretativa del mundo y de los textos basada en la determinación de relaciones de simpatía que vinculan recíprocamente micro y macrocosmos".[44] Según Eco, esta metafísica de las correspondencias continúa activa en el pensamiento moderno en ciertas teorías críticas contemporáneas que inscriben la realidad a un sistema orgánico determinado por la analogía. La ensayística de González

---

[41] *Ibid.*, pp. 27-28.

[42] Octavio Paz, *Postdata*, México, Siglo XXI, 1971, p. 114.

[43] Véase, por ejemplo, el trabajo de Sergio Aguayo sobre el 2 de octubre de 1968. "El jefe de la estación de la CIA tuvo una responsabilidad directa por lo acontecido en Tlatelolco. No es un caso aislado; forma parte de un patrón. Washington jamás ha reconocido el papel que ha jugado, en buena medida porque el gobierno mexicano tampoco le ha recordado la corresponsabilidad". Sergio Aguayo Quezada, *El 68. Los estudiantes, el presidente y la CIA*, México, Ediciones Proceso, 2014, p. 130.

[44] Umberto Eco, *Los límites de la interpretación*, trad. Helera Lozano, Barcelona, Lumen, 1992, p. 15.

Rodríguez recurre a procedimientos narrativos similares en su representación de la violencia. A partir de una saturación de significados análogos, sus reflexiones trabajan sobre interpretaciones de interpretaciones, produciendo cadenas de significados que se distancian de la inmediatez de los referentes hacia símbolos culturales que solo cobran un sentido remoto bajo el sistema de libre asociación que los reúne en el esquema general de los ensayos.

El caso de González Rodríguez es ciertamente singular en cuanto que su doble perfil como periodista e intelectual con proyección internacional se sustenta en su capacidad de desbordar los parámetros del periodismo por medio de referentes literarios y filosóficos. Pero es precisamente su singular éxito internacional lo que ha constatado el redituable valor de sus estrategias de representación periodística. Es en ese horizonte de significación que aparecen las crónicas de Diego Enrique Osorno, Anabel Hernández, Marcela Turati y Alejandro Almazán, entre los más visibles. El caso del primero es tal vez el más significativo: en su libro más conocido, *El cártel de Sinaloa* (2009), Osorno retoma la consabida historia del narcotráfico en el llamado Triángulo Dorado en la era del prohibicionismo en las primeras décadas del siglo XX, basándose, entre otros, en el trabajo de investigación de Luis Astorga. Cuando escribe sobre el presente del "narco" en México, sin embargo, Osorno reproduce con fidelidad el relato de Estado sobre la ya asumida crisis de "seguridad nacional". En el primer capítulo de su libro aborda la violencia generalizada en la ciudad de Monterrey y escribe:

> Hasta ahora, lo que mejor parece explicar la situación desbordada de Monterrey es lo que dicen en corto algunos asesores en materia de seguridad que suelen visitar la residencia oficial de Los Pinos: que dos grupos, el cártel de Sinaloa y el del Golfo, empezaron a disputarse la ciudad a sangre y plomo y que en medio de esa batalla quedaron desde pequeños vendedores de droga hasta políticos que habían sido alcanzados por el tentador manto del narcotráfico.[45]

Al aceptar la explicación oficial de la violencia, el libro de Osorno solo puede proceder de dos maneras: ahondando narrativamente en esa supuesta

[45] Diego Enrique Osorno, *El cártel de Sinaloa. Una historia del uso político del narco*, México, Grijalbo, 2009, pp. 41-42.

lucha de "cárteles" y articulando una crítica a la estrategia del Estado para confrontarla. El principal problema es que ambos procedimientos favorecen y legitiman las acciones del Estado ante el narcotráfico, justificando su necesidad, pero también su limitado éxito, pues finalmente el poder de los "cárteles" se imagina siempre superior al del Estado.

Para narrar la anticipada lucha de "cárteles", Osorno privilegia las fuentes oficiales que corroboran la pretendida confrontación entre narcotraficantes siguiendo el desarrollo de una lógica narrativa. Un ejemplo revelador ilustra este punto: en 2013, Guillermo Valdés Castellanos, director del Cisen durante cinco de los seis años de la presidencia de Felipe Calderón, publicó el ensayo *Historia del narcotráfico en México*. En la introducción anota que la escalada de la violencia durante el gobierno de Calderón "ha sido generada y realizada principalmente por las organizaciones criminales que participan en el mercado ilegal de las drogas" y que además "hay suficiente evidencia de eso".[46] Para probarlo, Valdés afirma haber utilizado tanto información oficial como otras fuentes independientes que corroborarían su investigación. Entre esas fuentes está el reconocido trabajo de sociólogos como Luis Astorga y de periodistas como Terrence Poppa, cuyo análisis Valdés acepta y convalida cuando se trata del recuento histórico de la relación entre el Estado priista y el "narco" de esa época:

> La plaza no existe sin la complicidad de las autoridades. No se trata solo de narcotraficantes corrompiendo a policías y soldados, sino de un esquema de convivencia de un sistema político con el crimen organizado, ideado avalado y operado por autoridades federales de alto nivel. Aunque en el ámbito local el capo es intocable y una figura pública que no se esconde e incluso puede ser el jefe de los representantes de las agencias estatales y mandar sobre ellos, sabe que frente al gobierno federal es un subordinado y su poder depende de que le mantengan la concesión de la plaza.[47]

[46] Guillermo Valdés Castellanos, *Historia del narcotráfico en México*, México, Aguilar, 2013, p. 15.

[47] *Ibid.*, p. 131.

Entre 1990 y 2006, sin embargo, Valdés registra "la desaparición de las barreras políticas de entrada al mercado, por lo que "[e]l mapa del narcotráfico se extendió por más territorios de la amplia geografía nacional'"[48] permitiendo "un crimen organizado crecientemente fragmentado, y confrontado entre sí, pero extremadamente extendido, poderoso y violento".[49] Esto ocurrió, según su análisis, por tres razones: *1)* el crecimiento y diversificación del mercado de consumo en Estados Unidos, *2)* la desaparición del "'consejo de administración' del narcotráfico que ejercía la Dirección Federal de Seguridad",[50] lo que conllevó *3)* la fragmentación de la "federación", como se denominaba al monopolio de capos originarios de Sinaloa encabezado por Miguel Ángel Félix Gallardo. Es en este contexto, según Valdés, que se producen las numerosas guerras entre "cárteles" y su abierto desafío al Estado mexicano. La investigación de Valdés, no obstante, está basada en una circularidad engañosa: aunque cita fuentes académicas y periodísticas externas al Cisen, es importante señalar que las fuentes primarias de esos académicos y periodistas son principalmente oficiales. Valdés atribuye gran parte de su información al trabajo periodístico de Diego Enrique Osorno, pero basta consultar las fuentes de ambos para advertir que la información proviene de agencias de Estado. Al dar cuenta de los primeros roces entre el "Cártel de Sinaloa" y "Los Zetas", Valdés anota, por ejemplo, que Osorno "ubicó a tres operadores de la organización de Sinaloa en Tamaulipas que cruzaban droga en el territorio",[51] pero en su libro *El cártel de Sinaloa* Osorno consiga que esa información proviene del Ejército y la PGR. La circularidad de la información tiene un uso político fundamental: convalida la narrativa oficial al atribuirla al reporteo que se quisiera independiente de periodistas como Osorno, cuyo trabajo, reducible a la transcripción de informes oficiales, se transforma en un involuntario objeto del poder.

La asimilación del discurso hegemónico en el periodismo es también visible en la elaboración de las genealogías de narcotraficantes que cobran una centralidad en las estructuras narrativas de las crónicas. El ejemplo más inmediato aquí es la biografía de Joaquín "El Chapo" Guzmán. Los trabajos

[48] *Ibid.*, p. 222.

[49] *Ibid.*, p. 466.

[50] *Ibid.*, p. 211.

[51] *Ibid.*, p. 305.

de Anabel Hernández y Alejandro Almazán avanzan la tesis más recurrente en el periodismo narrativo sobre "El Chapo". En *Los señores del narco*, Hernández resume esta tesis así:

> La historia sobre cómo se convirtió Joaquín Guzmán Loera en un gran capo, en el rey de la traición y el soborno, en el jefe de los principales comandantes de la Policía Federal [...] se retirará del negocio cuando le dé la gana, no cuando la autoridad quiera o pueda, incluso hay quienes dicen que ya está preparando su despedida.[52]

Según Hernández, "El Chapo" fue protegido por las presidencias de Vicente Fox y Felipe Calderón para llevar a cabo su guerra con los "cárteles" rivales, pero, al hacerlo, "El Chapo" no estaba ya en la posición subordinada en la que históricamente el Estado mexicano mantuvo a los traficantes, sino en una posición de supremacía y liderazgo. A tal grado llegó su poder, "que la AFI comenzó a operar de lleno como el ejército de El Chapo".[53] En un abierto desafío al poder oficial y desplegando una indiscutible superioridad, a la organización de "El Chapo" Hernández le atribuye por ejemplo el avionazo de 2008 en el que murió el entonces secretario de Gobernación, Juan Camilo Mouriño. Hernández concluye que "El Chapo" y los principales capos de su organización, Ismael "El Mayo" Zambada y Juan José Esparragoza Moreno, "El Azul", "están sentados en el trono de su imperio. Juntos han formado prácticamente un monopolio del narcotráfico en México y Estados Unidos".[54]

En primera instancia, el trabajo de Hernández aparece como un ejercicio de periodismo combativo y crítico del poder oficial, pero su neutralización política ocurre por dos razones esenciales: la primera se debe a su interpretación que categoriza el poder de "El Chapo" del mismo modo en que lo hacen las fuentes oficiales. Así, Hernández señala a "El Chapo" como uno de los principales responsables de la violencia del sexenio de Calderón tal como lo analiza el exdirector del Cisen. Fue este tipo de análisis que el gobierno

[52] Anabel Hernández, *Los señores del narco*, México, Grijalbo, 2010, p. 16.
[53] *Ibid.*, p. 414.
[54] *Ibid.*, p. 583.

de Calderón utilizó para justificar la estrategia de su combate a las drogas y al mismo tiempo exculpar su fracaso. Valdés despliega esta lógica hasta sus últimas consecuencias:

> … en 2006, el gobierno de Felipe Calderón se encontró con un problema de seguridad nacional, no de seguridad pública. El síntoma más claro y evidente no era el preocupante incremento del consumo de drogas en México […]. Lo crucial era la expansión territorial de las organizaciones y de sus actividades criminales diversificadas, la creciente violencia de los enfrentamientos entre ellas y, sobre todo, la debilidad y el proceso de captura de las instituciones del Estado del área de seguridad y justicia. […] Hubo críticas a la decisión del presidente Calderón de emprender las acciones contra las organizaciones del narcotráfico en las condiciones en que estaban las instituciones. Sin embargo, un presidente no puede política ni legalmente argumentar la inacción del Estado y pedirles a las poblaciones sometidas a la violencia y la inseguridad que se esperen quince o veinte años a que se rehagan las instituciones.[55]

Como en las páginas más críticas del libro de Anabel Hernández, el exdirector del Cisen no duda en reconocer la vulnerabilidad del Estado e incluso anota que el supuesto empoderamiento de las organizaciones de traficantes "se dio de la mano con una larga historia de corrupción, complicidad e incapacidad de las instituciones estatales para impedir ese fortalecimiento".[56] La debilidad o captura del Estado es de hecho una parte imprescindible de la narrativa oficial.

La segunda razón por la cual el trabajo de Hernández queda políticamente neutralizado es de índole estrictamente periodística. Su falta de rigor en las fuentes de información que utiliza vuelve su investigación simplemente inverificable. Sus más graves acusaciones de corrupción oficial están en su mayoría atribuidas a "fuentes vivas de información" que solicitan del lector un pacto de fe sin sustento periodístico real. El activista y politólogo Andrés Lajous recuerda cómo en su célebre columna "Plaza Pública", el periodista Miguel Ángel Granados Chapa comentó en su momento la versión de la fuga de "El

---

[55] Valdés, *op. cit.*, pp. 467-468.
[56] *Ibid.*, p. 431.

Chapo" del penal de Puente Grande que Anabel Hernández atribuye a lo que el propio capo contó "a sus cercanos, e incluso a negociadores enviados por la Presidencia de la República". Ante tal vaguedad, Granados Chapa anotó: "Pueden los lectores del libro confiar en lo dicho por la investigadora o no". Y Lajous completa: "Pese a simpatizar con el argumento, Granados Chapa no se atrevió a tomar como propia la descripción detallada que da Hernández sobre cómo supuestamente salió El Chapo Guzmán del penal de Puente Grande".[57]

Son finalmente los hechos los que refutan el trabajo de Anabel Hernández y Osorno: el hipotético imperio de "El Chapo" se colapsó de un modo inesperado y en medio de un contexto político evidente. Luego de un largo periodo con el más afamado prófugo de la justicia internacional, "El Chapo" fue detenido por segunda vez el 22 de febrero de 2014, tres días después de la visita de Estado de Barack Obama, en la cual celebró la política de seguridad del presidente Enrique Peña Nieto. Su espectacular fuga el 11 de julio de 2015 mediante ese increíble túnel (que discutiré más adelante en otro ensayo) fue para muchos la confirmación de su inconmensurable poder. Pero su tercera y definitiva captura el 8 de enero de 2016 estuvo enmarcada, como sabemos, de una humillante entrevista con el actor estadounidense Sean Penn y la actriz mexicana Kate del Castillo en la revista *Rolling Stone* y un inapelable proceso de extradición hacia Estados Unidos.

Tres años más tarde, sin reparo alguno ante la evidente contradicción, Anabel Hernández publicó el libro *El traidor*, en el que declaraba que Ismael "El Mayo" Zambada era en realidad "el verdadero jefe de las drogas en México en el último medio siglo, el verdadero rey del narcotráfico que nunca ha pisado la cárcel".[58] La caída de este nuevo "supercapo" fue aún más estrepitosa: como sabemos, según su abogado, "El Mayo" Zambada fue secuestrado el 25 de julio de 2024 por Joaquín Guzmán López, uno de los hijos de "El Chapo".

"Fue emboscado, tirado al suelo y esposado por seis hombres con uniformes militares y Joaquín", declaró el abogado Frank Pérez. "Le ataron las piernas y le colocaron una bolsa negra en la cabeza".[59] El traficante fue

[57] Andrés Lajous, "El periodismo que el narco nos dejó", *Nexos*, 1 de julio de 2013.

[58] Anabel Hernández, *El traidor*, México, Grijalbo, 2019, p. 21.

[59] Rafael Romo, "Abogado del Mayo Zambada dice que su cliente fue 'secuestrado' por el hijo del Chapo", *CNN Español*, 28 de julio de 2024.

forzado a subir a un avión que lo llevó, junto con el hijo de "El Chapo", al aeropuerto de Santa Teresa, en la frontera con el estado de Nuevo México, a poco más de 20 kilómetros de El Paso, Texas. El abogado negó que Zambada se hubiera entregado voluntariamente, como fue reportado en varios medios, y el gobierno de AMLO dijo que la detención no fue parte de un operativo planeado por las autoridades mexicanas. El "verdadero rey del narcotráfico" perdió con engaños o renunció voluntariamente a su título nominal.

Del imperio de "El Chapo" y "El Mayo" solo quedan las crónicas periodísticas.

III. Menos periodismo y más narrativa

Los cronistas con frecuencia privilegian sus recursos narrativos por encima de su rigor periodístico. Sin someterse a una mayor crítica por parte de los medios de comunicación o las editoriales que los publican, Sergio González Rodríguez, Diego Enrique Osorno y Anabel Hernández recibieron en su momento numerosos premios, becas y atención mediática nacional e internacional. Dadas las condiciones epistemológicas en que se estructura el discurso hegemónico sobre el "narco", no sorprende que el campo de producción cultural premie las versiones más sintéticas y reiterativas de esa narrativa oficial. A pesar de haberse independizado del gobierno federal, el Premio Nacional de Periodismo ha consistentemente reconocido crónicas sobre el narcotráfico junto con la emergencia de "seguridad nacional" que promueve la versión oficial. Uno de los casos más excepcionales en ese respecto es el de Alejandro Almazán, por cuyas crónicas ha recibido tres veces esa distinción. En 2013 recibió también el Premio Gabriel García Márquez que otorga la Fundación para el Nuevo Periodismo Iberoamericano (FNPI), que en su constitución destaca precisamente la intersección entre la literatura y el periodismo en alusión al legado del *new journalism* estadounidense antes comentado. El caso de Almazán es significativo porque es quizá el más extremo: del periodismo narrativo Almazán ha incursionado directamente en la literatura con dos novelas sobre el "narco", *Entre perros* (2009) y *El más buscado* (2012). Esta última es una biografía imaginada de "El Chalo" Gaitán, cuyo poderío criminal sobrepasa al del Estado hasta fraguar su jubilación, como anunciaba Anabel

Hernández sobre "El Chapo", fingiendo su propia muerte al final de la novela. No debe sorprendernos que la fabulación de Almazán y el reporteo de Hernández se correspondan puntualmente: el poder de "El Chapo", por lo menos al nivel que le atribuyen periodistas como Almazán, Hernández y Osorno, puede mejor expresarse en las páginas de una novela. De hecho, es importante notar los cada vez más frecuentes cruces entre figuras literarias y periodísticas como estrategia de validación de ambos discursos. Observemos la publicación de libros de periodismo narrativo prologados por escritores de ficción. Entre otros están *La guerra de Los Zetas* (2012), de Diego Enrique Osorno, prologado por Juan Villoro; *Entre las cenizas. Historias de vida en tiempos de muerte* (2012), de Marcela Turati y Daniela Rea, prologado por Cristina Rivera Garza; y, finalmente, *Narcoleaks. La alianza México-Estados Unidos en la guerra contra el crimen organizado* (2013), de Wilbert Torre, prologado por Yuri Herrera. En 2012 la antes mencionada antología compilada por Juan Pablo Meneses dio un nombre elocuente a esta emergente forma de periodismo narrativo. El libro, que reunió textos de Almazán, Osorno, Turati y Rea, lleva por título, con involuntaria ironía, *¡Generación Bang! Los nuevos cronistas del narco mexicano.* El libro se abre con un epígrafe del novelista chileno Roberto Bolaño. Es comprensible y lógico que Osorno, en su libro *La guerra de Los Zetas*, describa su trabajo como "periodismo infrarrealista".[60]

La celebrada trayectoria de premios, reconocimientos, traducciones y atención mediática que ha recibido la obra de los cronistas del "narco" se compara con el desmesurado éxito que ha tenido en México la llamada "narcoliteratura" escrita por novelistas como Yuri Herrera, Juan Pablo Villalobos, Élmer Mendoza y Bernardo Fernández, BEF. Periodismo y literatura por igual se ofrecen como complementos textuales de una realidad para confirmar la violencia de los supuestos "cárteles de la droga" y la debilidad y victimización de un Estado al parecer vencido e incluso, para muchos, fallido. El eje en común

---

[60] Diego Enrique Osorno, *La guerra de Los Zetas*, México, Grijalbo, 2012, p. 34. Osorno ha escrito incluso un "Manifiesto del periodismo infrarrealista", que puede consultarse, con congruencia, en la página de la Fundación Gabriel García Márquez para el Nuevo Periodismo Iberoamericano, una de las principales instituciones periodísticas promotoras de los cronistas mexicanos que escriben sobre el "narco" utilizando estrategias literarias de narración: <http://nuevoscronistasdeindias.fnpi.org/el-manifiesto-del-periodismo-infrarrealista-de-diego-osorno/>.

de estos libros, periodísticos y de ficción, es la exhaustiva ansiedad de significación narrativa que sus autores elaboran para dar cuenta de un fenómeno que debería entenderse primordialmente dentro de parámetros políticos. Con esto me refiero a las posibilidades críticas que emergen al politizar las condiciones históricas de la violencia en espacios de vida precaria en lugares como Ciudad Juárez. Al dejar de lado las mitologías de la violencia que generan gran capital simbólico, pero un pobre entendimiento de sus condiciones de posibilidad, acaso la siguiente tarea de nuestra inteligencia crítica radique en el análisis de la vida precaria, en donde la agencia política aguarda paciente el momento de emerger.

He intentado subrayar en estas páginas la perniciosa influencia del discurso hegemónico de "seguridad nacional" en las estrategias de representación del periodismo narrativo más reciente que aborda el tema del narcotráfico en México. Pero el principal gesto crítico que me interesa promover no radica solo en señalar la neutralización política del periodismo narrativo, sino en acusar el hecho de que la imperante agenda de "seguridad nacional" es apenas el frente discursivo de una relocalización del crimen organizado en el centro del poder político. Como dimensión integral de un proyecto político nacional, la presidencia de Enrique Peña Nieto no hizo sino continuar con mayor efectividad la violenta restitución de la soberanía del poder oficial por encima del narcotráfico que desesperadamente intentó la presidencia de Felipe Calderón. No me refiero al verdadero combate a los supuestos "cárteles de la droga", sino a la incorporación de grupos de traficantes a propósitos políticos específicos. Más allá del despotismo corrompido y el enriquecimiento ilícito de políticos, policías y militares, lo que esta agenda ofreció al poder estatal es la ventaja de una vasta economía de guerra con capacidad de intervención militar esencial en el hemisferio con hondas implicaciones geopolíticas entre México y Estados Unidos primero, y en el resto de Latinoamérica después. Entendida así, la estrategia del Estado es operar un entramado político trasnacional que concede al gobierno federal mayor capacidad de decisión ante un laberinto de intereses que se oculta tras el falso discurso de la "seguridad nacional".

Ese laberinto con frecuencia coincide con la más reciente explotación de recursos naturales en las regiones donde se concentra la mayor violencia atribuida a los "cárteles", como ha demostrado el importante trabajo de periodistas como Ignacio Alvarado, Dawn Paley y Federico Mastrogiovanni. En ese sentido, lo que a mi modo de ver intentaron las presidencias de Calderón y de Peña Nieto fue utilizar el tema del narcotráfico como objeto redituable de una política internacional demarcada por y para los intereses particulares de la clase gobernante mexicana y la rapiña del capital trasnacional, como discutiré más adelante. Llevar hasta sus últimas consecuencias la crítica puntual de esta estrategia sigue siendo la consigna pendiente del periodismo nacional. Pensar *políticamente* desde el periodismo puede resultar una operación esencial para hacer visible y criticar el monopolio de la violencia simbólica y real de Estado. El periodismo puede significar el mundo global y las tensiones de representación propias del neoliberalismo, pero no podrá aspirar a una verdadera disidencia política hasta que no se deshaga de la hegemonía del discurso oficial sobre el crimen organizado. La mayoría de nuestros novelistas no está a la altura de ese reto. Nuestro periodismo no puede permitirse el mismo fracaso.

De *Narcos* a *Emilia Pérez*

EL DISCURSO DE "SEGURIDAD NACIONAL" EN EL CINE Y LA TELEVISIÓN GLOBAL

Uno de los eventos más sorprendentes en los últimos años relacionados con el narcotráfico en Latinoamérica fue sin duda la fuga de una prisión de alta seguridad de Joaquín "El Chapo" Guzmán, considerado por las autoridades de México como el jefe del "Cártel de Sinaloa". El traficante, como fue ampliamente reportado por la prensa nacional e internacional, escapó de su celda el 11 de julio de 2015 a través de un túnel de un kilómetro y medio de largo y de hasta 30 metros de profundidad que conducía a una casa en construcción. El túnel medía 1.70 metros de altura y 80 centímetros de ancho, lo suficientemente espacioso como para que el traficante lo recorriera sin necesidad de encorvarse. Estaba equipado con iluminación, tanques de oxígeno e incluso una motocicleta montada en rieles para agilizar el desplazamiento. Según la valoración de expertos consultados por un medio de comunicación, la obra debió costar alrededor de 5 millones de pesos (unos 317 mil dólares, al tipo de cambio de entonces) y requirió del trabajo de mineros, topógrafos e ingenieros civiles.[1]

Dos días después de la fuga, el escritor estadounidense Don Winslow presentó en Washington D. C. su más reciente novela *El cártel* (*The Cartel*). En una entrevista durante la coyuntura de esos días, Winslow atribuyó a "El Chapo" un lugar desmedido en las relaciones de poder en México:

---

[1] "¿Cómo hicieron el túnel por donde escapó 'El Chapo'?", *El Debate*, 17 de julio de 2015.

> [El Chapo] es un hombre muy inteligente, un sobreviviente, un hombre con miles de millones de dólares a su disposición, un hombre que puede tocar y matar a casi quien sea que quiera matar, mandar matar, y es un hombre que sabe secretos de altos niveles del gobierno mexicano. Hay una razón por la cual no lo extraditaron a los Estados Unidos, principalmente porque puede pagar abogados de alto nivel para impedirlo. [...] Pero también porque si fuera extraditado a los Estados Unidos, su única habilidad para negociar sería comenzar a contar esos secretos y esas historias.[2]

Más adelante en la misma entrevista, Winslow afirma que incluso el autoproclamado Estado Islámico (EI) está adoptando las estrategias de violencia de los "cárteles" mexicanos de la droga: "[Los cárteles mexicanos] son muy sofisticados. Saben lo que necesitan, no solo controlar la acción en el territorio, sino también la narrativa para controlar la historia. Creo que el EI está siguiendo a la letra [su] manual de estrategia".[3]

Unas semanas antes, el 28 de junio de 2015, Winslow había publicado en el periódico *The Washington Post* una "Carta abierta al Congreso y al presidente", en la que criticaba la actual política antidrogas de Estados Unidos. El novelista señalaba en ese texto que la llamada "guerra contra las drogas" —concebida de ese modo durante la presidencia de Richard Nixon (1969-1974)— estaba destruyendo el tejido social estadounidense con un sistema penitenciario masivo y racista, policías militarizadas y una política exterior disfuncional, todo mientras los consumidores estadounidenses continúan "financiando la matanza" en México. La carta abierta mantiene en general una postura progresista haciendo un llamado a la legalización de la droga. Al referirse a los traficantes mexicanos, sin embargo, Winslow vuelve a enfatizar el supuesto poder de los "cárteles":

> Están ustedes tan preocupados por terroristas a miles de millas de distancia, pero no ven a los terroristas al otro lado de nuestra frontera. Los cárteles son más sofisticados y pudientes que los yihadistas y ya tienen una presencia en 230 ciudades

---

[2] "'Cartel' Author Spins a Grand Tale of Mexico's Drug Wars", National Public Radio, 15 de julio de 2015.

[3] *Idem.*

de Estados Unidos. Los cárteles han estado usando el manual de operaciones del Estado Islámico —decapitaciones, inmolaciones, videos, redes sociales— desde hace 10 años.[4]

El análisis político de Winslow, desde luego, reaparece en su obra de ficción. Dos de sus libros anteriores a *El cártel* lo proyectaron a nivel internacional como un *connoisseur* del crimen organizado en México: *El poder del perro* (*The Power of the Dog,* 2005), que discutiré a fondo en el siguiente ensayo, y *Salvajes* (*Savages*, 2010), esta última llevada al cine por Oliver Stone en 2012. En ambas novelas, la capacidad de agencia de los narcotraficantes aparece delimitada por factores geopolíticos en los que el poder estatal —ya sea del Ejército y la Policía Federal de México, la DEA y la CIA estadounidenses— termina por imponerse. Con *El cártel*, sin embargo, Winslow propone un tratamiento muy distinto del tema. La novela narra la confrontación entre "cárteles" que, según la versión oficial, se agudizó durante la presidencia de Felipe Calderón (2006-2012). En el centro de la trama se encuentra Adán Barrera, un poderoso traficante —aparentemente protegido por el gobierno de Calderón— que confronta al "Cártel de Juárez" invadiendo esa ciudad fronteriza.[5] La guerra genera tal caos que ni aun los propios ejecutores entienden la lógica de las brutales matanzas que comienzan a perpetrarse a diario y cada vez con mayor crueldad. Sin embargo, Art Keller, el agente de la DEA protagonista de la novela —cuyo apellido remite a la figura del asesino o *killer*—, está convencido de que los "cárteles" mexicanos han extendido su negocio a varios países del hemisferio y aun de Europa.

La obra de ficción y las intervenciones políticas de Winslow, junto con la de otros escritores de comparable éxito editorial, se han convertido en

[4] Don Winslow, "An Open Letter to the Congress and the President", *The Washington Post*, 28 de junio de 2015.

[5] La acusación de que el gobierno de Felipe Calderón favoreció a la organización de Joaquín "El Chapo" Guzmán fue documentada en un reportaje de la National Public Radio estadounidense. El reportaje comprobó que los traficantes vinculados a "El Chapo" eran detenidos en números significativamente menores que los de cualquier otra organización criminal. Véase John Burnett, Marisa Peñaloza y Robert Benincasa, "Mexico Seems to Favor Sinaloa Cartel in Drug War", National Public Radio, 19 de mayo de 2010.

uno de los principales referentes culturales en Estados Unidos y México en temas de seguridad y crimen organizado. En medio de una oleada de novelas sobre el narcotráfico en la región, la visión de escritores como Winslow es sin duda emblemática también de un discurso hegemónico que *imagina* al narcotráfico como una permanente emergencia de "seguridad nacional" que se representa por igual en ficciones narrativas como en el propio análisis de los narradores del fenómeno. Con Art Keller, el vengador agente de la DEA obsesionado con capturar a Adán Barrera, "el más buscado" de los capos de la droga, Winslow reproduce una recurrente percepción sobre el narcotráfico como la causa primaria de la violencia en el país. Esta percepción, desde luego, es de reciente invención, pero sus ramificaciones tienen profundas implicaciones en la política antidrogas de México y Estados Unidos y ulteriormente en el imaginario trasnacional que informa a la mayoría de las producciones culturales sobre el "narco" en ambos países.

Quiero ahora examinar un cierto giro en las producciones culturales globales en torno al tráfico de drogas en tres objetos que irrumpieron a partir de 2015 en el *mainstream* cultural con un mismo tema central: el narcotráfico desde la perspectiva del discurso securitario estadounidense. Junto a la novela *El cártel*, de Don Winslow, me refiero a la serie de televisión *Narcos* (producida por Netflix) y el largometraje *Sicario*, dirigido por el canadiense Denis Villeneuve. Las tres narconarrativas son productos culturales protagonizados por agentes estadounidenses que naturalizan el tráfico de drogas como una emergencia de "seguridad nacional" *exterior* que amenaza la integridad *interior* de la sociedad civil norteamericana. Lejos de una simple coincidencia temática, la novela, la película y la serie de televisión deben entenderse como mediaciones de una *política de representación* del securitarismo en los campos de producción cultural global que reproduce la agenda hegemónica estadounidense en torno al fenómeno del narcotráfico. Diez años más tarde, la visibilidad de la película musical *Emilia Pérez* (Jacques Audiard, 2024), producida en Francia, aparece en el horizonte cultural como la consolidación de este imaginario, extrapolado en múltiples regiones de Latinoamérica y Europa como la narrativa que criminaliza a los hombres morenos latinos y que los responsabiliza de la violencia borrando toda crítica al securitarismo global que la enmarca.

Si el escritor Viet Thanh Nguyen afirma que la mayor parte de la literatura estadounidense es literatura imperial,[6] veremos cómo el cine y la televisión están en una zona más profunda de esa expresión imperial. Propongo cuestionar así la materialidad misma del discurso securitario y la manera en que se retroalimenta de los propios objetos culturales que configura. Con ello quisiera señalar hacia el final de este ensayo que el securitarismo, al igual que el imaginario cultural que lo sustenta, carece de referentes reales directos y que, en cambio, solo aparece validado por las mismas políticas de representación del poder oficial.

En Estados Unidos y Europa, la crisis securitaria se estudia como el resultado del nuevo orden neoliberal que ha transformado radicalmente las estructuras de Estado a nivel global. Académicos prominentes como Wendy Brown y Carlo Galli advierten el securitarismo como el efecto ulterior de una "guerra global" librada en el siglo XXI por agentes no estatales (terroristas, traficantes, pandilleros) en un escenario de soberanías diezmadas.[7] Por el contrario, señalo que el discurso securitario debe contextualizarse como una peculiar reconfiguración del poder estatal ante la reactivación de antagonismos políticos del siglo XX. Me refiero aquí a las relaciones de poder de la política occidental que han sido el legado histórico de la Guerra Fría y que, en mi opinión, resultan pertinentes para comprender el narcotráfico por fuera de la problemática condición pospolítica neoliberal que informa mucho del debate académico y periodístico al respecto. En este sentido, el supuesto debilitamiento del Estado con el advenimiento del neoliberalismo se registra principalmente a un nivel discursivo que invisibiliza las estrategias de control disciplinario por medio de las cuales el Estado y sus agencias de seguridad se han relacionado con el crimen organizado a partir de la segunda mitad del siglo XX. Como documenta el sociólogo Timothy Dunn, la emergencia del discurso securitario en la esfera pública en Estados Unidos en las décadas de 1980 y 1990 fue instrumental para presionar a México hacia una era de "cooperación" bilateral que

[6] Viet Thanh Nguyen, "Most American Literature is the Literature of Empire", *Literary Hub,* 11 de abril de 2025.

[7] Véase Carlo Galli, *Political Spaces and Global War,* trad. Elisabeth Fay, Minneapolis, University of Minnesota Press, 2010; y Wendy Brown, *Walled States, Waning Sovereignty,* Nueva York, Zone Books, 2010.

se tradujo en acuerdos de seguridad y militarización.[8] Pero el narcotráfico no es un factor causal del discurso securitario, sino un *objeto* de ese discurso. En otras palabras, lo que comúnmente llamamos "narco" es la *invención* de una política estatal que responde a intereses geopolíticos específicos.

En 2008, el presidente George W. Bush destinó un paquete de ayuda al gobierno de Felipe Calderón de mil 600 millones de dólares distribuidos en los tres primeros años de la llamada Iniciativa Mérida. Con ese apoyo, el presidente Calderón continuó el despliegue de miles de soldados y policías federales por varias ciudades y regiones del país con su estrategia antidrogas.[9] Como discutí anteriormente, esto arrojó un saldo de 121 mil 683 homicidios y más de 30 mil desapariciones forzadas, según datos oficiales. Entre otros, un estudio estadístico hecho en la Universidad de Harvard demostró que la militarización en ciudades como Juárez guarda una correlación directa con el aumento radical de la violencia.[10] Previo a la "guerra contra las drogas" de Calderón, según estos datos, no existía una emergencia de "seguridad nacional" en las cifras. Así, el único referente material de la actividad del "narco" es la oleada de violencia que le atribuye el gobierno federal.

En 2023, la Government Accountability Office (GAO) —Oficina de Rendición de Cuentas del Congreso de Estados Unidos— admitió que, durante los años de apoyo económico y político de la Iniciativa Mérida, que para entonces ya había gastado más de 3 mil millones de dólares, la "situación de seguridad de México empeoró significativamente" con una tasa de homicidios tres veces más grande que la de 2008, cuando se celebró el acuerdo entre Bush y Calderón.[11] Mientras que desde Washington se ha presionado públicamente por décadas a México para mantener esa agresiva política antidrogas, ha quedado claro que militarizar equivale a violencia. La agenda de "seguridad

---

[8] Timothy J. Dunn, *The Militarization of the U.S.-Mexico Border, 1978-1992: Low Intensity Conflict Doctrine Comes Home*, Austin, Center for Mexican-American Studies, University of Texas, 1996, p. 139.

[9] Para una discusión más completa sobre la Iniciativa Mérida, véase Brian Bow, "Beyond Mérida? The Evolution of the U.S. Response to Mexico's Security Crisis", en *State and Security in Mexico: Transformation and Crisis in Regional Perspective*, eds. Brian Bow y Arturo Santa-Cruz, Nueva York, Routledge, 2013, pp. 77-98.

[10] Valeria Espinosa y Donald B. Rubin, "Did the Military Interventions in the Mexican Drug War Increase Violence?", *The American Statistician*, vol. 69, núm. 1, 2015, pp. 17-27.

[11] U.S. Government Accountability Office, "U.S. Assistance to México: State Department Should Take Steps to Assess Overall Progress", 12 de septiembre de 2023.

nacional" estadounidense opera deliberadamente como una estrategia que instiga violencia extrema en países como México.

Pero si esa agenda de "seguridad nacional" ha mantenido su hegemonía es porque desde la década de 1970 el gobierno federal fue imponiendo todo un vocabulario y una narrativa esencial para designarlo. Los objetos culturales que comentaré en lo que sigue recurren a este vocabulario y a esa narrativa como estrategias que por sí solas establecen *a priori* las relaciones de poder y violencia de los traficantes. Así lo explica la socióloga Alke Jenss: "Estos cambios discursivos no dependen solo de los contextos nacionales y la capacidad de fuerzas sociales específicas para influir el discurso estatal, sino que están incorporados en cambios conceptuales trasnacionales, acuerdos de políticas públicas entre diferentes gobiernos y redes globales".[12]

La condición trasnacional de lo que Jenss denomina la "colonialidad de la seguridad estatal" es lo que explica en gran parte no solo las decisiones del presidente Calderón de emprender la militarización antidrogas, sino la configuración de todo un campo semántico que fue explicando los efectos letales de la violencia estatal por todo el país donde se desplegó a soldados y agentes federales.

Consideremos primero la transformación de este vocabulario en Estados Unidos. En una reseña en la revista *The New Yorker*, Laura Miller nota que la primera novela de Don Winslow, *El poder del perro*, muestra importantes diferencias con *El cártel*. Publicada en 2005 —un año antes de la "guerra" de Calderón—, *El poder del perro* narra el tráfico de drogas como el resultado directo de eventos geopolíticos durante la Guerra Fría. La novela propone que lo que ahora entendemos como el "cártel" mexicano tuvo con antecedente directo las políticas de seguridad anticomunistas de agencias de inteligencia como la Dirección Federal de Seguridad (DFS) y la CIA, mientras que la DEA y el Departamento de Estado norteamericanos llevaban el combate a las drogas por fuera de ese contexto. Tal premisa, escribe Miller, solo era posible en una época antes de que, según su percepción, "las guerras de cárteles alcanzaran proporciones alucinantes".[13]

---

12 Alke Jenss, *Selective Security in the War on Drugs: The Coloniality of State Power in Colombia and Mexico*, Londres, Rowan & Littlefield, 2023, p. 106.

13 Laura Miller, "The System", *The New Yorker*, 6 y 13 de julio de 2015, p. 85.

Diez años más tarde, constatamos cómo la alucinada violencia de fines de la década del 2000, asumida como una nueva crisis de "seguridad nacional", ya ha penetrado el proyecto narrativo de Winslow con *El cártel.* En la trama, el agente de la DEA Art Keller persigue al capo Adán Barrera en medio de una "guerra de cárteles" que deja de lado al Estado como un observador más bien reactivo e incluso manipulable. Como explica Miller, mientras que en *El poder del perro* los "cárteles" eran "apenas pandillas de traficantes", en la secuela *El cártel* ya se han convertido en "pequeños Estados".[14]

De ese modo, el traficante que sobrevivía en una "plaza" designada y administrada por agentes del Estado en *El poder del perro* ahora es el líder de "todas las plazas" en *El cártel.* Las "guerras de cárteles", nos asegura Miller, han escalado hacia "algo extraordinario, a veces monstruoso, un fantasma en la máquina cuyo origen preciso no puede trazarse".[15] No es una simple coincidencia que Miller se refiera al "narco" prácticamente en los mismos términos que utiliza la académica mexicana Rossana Reguillo, quien ha descrito el tráfico de drogas como una "narcomáquina".[16] Ambas formas de *imaginar* el "narco" provienen de la misma plataforma epistemológica oficial que configura la *percepción* —y no la realidad— de la amenaza securitaria del "narco".

El crítico colombiano Héctor Hoyos propone entender el fenómeno editorial de las llamadas "narconovelas" dentro del modelo teórico de la "literatura mundial", siguiendo aquí el trabajo académico de Pascale Casanova, Franco Moretti y David Damrosch, entre otros. Según explica Hoyos, este tipo de novela "representa un orden mundial posterior a 1989 cada vez más multipolar e interconectado" que puede llevar a comprender la influencia cultural del neoliberalismo en la región a través de las representaciones del crimen organizado en países como Colombia y México.[17] Similarmente, muchos de los estudios más influyentes desde las ciencias sociales y el periodismo entienden el "narco" como un fenómeno global y trasnacional. Desde el

---

[14] *Ibid.*, p. 84.

[15] *Ibid.*, p. 87.

[16] Rossana Reguillo, "The Narco-Machine and the Work of Violence: Notes Toward Its Decodification", *E-misferica*, vol. 8, núm. 2, 2010.

[17] Héctor Hoyos, *Beyond Bolaño: The Global Latin American Novel*, Nueva York, Columbia University Press, 2015, p. 126.

fundamental libro académico *The Politics of Heroin:* CIA *Complicity in the Global Drug Trade* (2003), de Alfred McCoy, hasta el celebrado trabajo periodístico *CeroCeroCero* (2013), de Roberto Saviano, el comercio de la droga ha sido estudiado como se imagina oficialmente desde Estados Unidos, Europa y Latinoamérica tras el fin de la Guerra Fría. En este contexto, el éxito internacional de novelas como *La reina del sur* (2002), de Arturo Pérez-Reverte; *El ruido de las cosas al caer* (2011), de Juan Gabriel Vásquez, y, desde luego, *El cártel*, de Don Winslow, no ha hecho sino acentuar el imaginario que supone a las organizaciones de traficantes como una amenaza que rebasa las fronteras geopolíticas y todo intento policial y militar por contenerlo. De hecho, como el mismo Hoyos cita en su libro siguiendo las ideas de la académica Rebecca Walkowitz, la mayoría de las narconovelas "nacen ya traducidas", pero esto implica también, en mi opinión, que son escritas con la predisposición a refrendar la misma imaginación global sobre el "narco". Es de ese modo realmente que la mayoría de narconovelas comerciales, estudios académicos y periodismo de investigación sobre el fenómeno se integran orgánicamente al modelo de "literatura mundial".

La misma transformación puede localizarse con la aparición de la serie *Narcos*, producida por la compañía estadounidense Netflix. Como se sabe, un precedente importante de *Narcos* está en *El patrón del mal*, la telenovela colombiana que la compañía Caracol TV puso al aire en 2012. En esta última, Escobar hace un lento ascenso en el mundo criminal de Medellín durante los 113 capítulos que duró la serie. El capo descubre los límites de su agencia criminal aprendiendo en la economía clandestina de traficantes marginales, estafadores y ladrones. Con menos paciencia, la serie estadounidense reduce la primera parte de la historia de Pablo Escobar a 10 capítulos en la primera de dos temporadas programadas sobre su vida, la cual termina con la fuga del capo de la cárcel que él mismo mandó construir como parte del acuerdo de rendición con el gobierno colombiano para evitar ser extraditado a Estados Unidos.

Narcos se enfoca en el poder de corrupción y sometimiento que en su momento supuestamente detentó el grupo de traficantes liderado por Pablo Escobar. Lo vemos intimidar y asesinar a comandantes del Ejército y miembros de la guerrilla por igual. Sin embargo, como en el caso mexicano, el imaginario cultural discrepa de las dinámicas de poder reales documentadas por expertos en el tema. En su libro *Systems of Violence: The Political Economy of War and Peace in Colombia*, por ejemplo, el politólogo Nazih Richani muestra cómo el Ejército colombiano ha mantenido históricamente que los traficantes "no constituyen una amenaza al orden social como sí es el caso de los grupos guerrilleros".[18] Lejos de la imparable corrupción de los malignos traficantes, Richani explica cómo el Ejército ha operado tradicionalmente con una "complaciente cultura política que acepta el contrabando y el lavado de dinero como el estado normal de las cosas".[19] Todavía más importante, Richani señala que el Ejército "tuvo en la ascendente narcoburguesía aliados sociales que podían fortalecer las tareas de contrainsurgencia con sus vastas capacidades financieras".[20]

Por otra parte, aunque la serie ha sido descalificada por su ambigua mitificación de los traficantes, me interesa destacar un par de aciertos, acaso involuntarios, que permiten considerar críticamente el fenómeno securitario. *Narcos* señala claramente que el auge de la violencia resultó de la abierta confrontación entre el Estado y Escobar, cuando la élite gobernante, atendiendo las recomendaciones de agentes estadounidenses de la DEA, optó por rechazar el intento de legitimación que Escobar buscó como congresista para declararlo, en cambio, enemigo público. Gran parte de la trama se desarrolla siguiendo el trabajo de inteligencia del agente de la DEA Steve Murphy, quien, junto con el apoyo de la embajadora de Estados Unidos en Colombia, se reúne metódicamente con figuras como el candidato presidencial Luis Carlos Galán, cuyo posterior asesinato se atribuye a Escobar, y con su sucesor, el presidente César Gaviria, a quien terminan por convencer de la necesidad de confrontar al "Cártel de Medellín" y amenazar a Escobar con la posibilidad de la extradición a los Estados Unidos. En otras palabras, *Narcos* sugiere que la crisis de "seguridad nacional" es el producto autoinducido por una violenta política securitaria impulsada por la hegemonía estadounidense en el gobierno de Colombia que no consideró alternativas políticas a la de un agresivo militarismo. Al mismo tiempo, la serie imagina al propio Escobar celebrando al "Cártel de Medellín" cuando, en realidad, como discutí en la

---

[18] Nazih Richani, *Systems of Violence: The Political Economy of War and Peace in Colombia*, Albany, State University of New York Press, 2013, p. 52.

[19] *Ibid.*, p. 53.

[20] *Idem.*

introducción, la noción de "cártel" fue acuñada por la DEA para atribuir a los traficantes colombianos y mexicanos una mayor capacidad de organización que la históricamente documentada. Sabemos además que el grupo de Escobar se hacía llamar públicamente "Los Extraditables", por el temor a las prisiones estadounidenses. La palabra "cártel", desde la década de 1980, fue parte de la política antidroga de Estados Unidos en Latinoamérica, pero no fue concebida ni utilizada por los grupos de traficantes de esa época.

Los primeros minutos del primer episodio dramatizan ese comienzo del securitarismo en el hemisferio. Está fechado en 1989, cuando el comunismo global estaba a punto de desaparecer en la historia como el enemigo implacable del capitalismo y cuando la "guerra contra las drogas" estaba a punto de convertirse en la "nueva doctrina de seguridad nacional", como advirtió la politóloga Waltraud Morales.[21] En la escena inicial, agentes de la CIA y la DEA monitorean las conversaciones telefónicas de conocidos traficantes mediante drones que sobrevuelan la ciudad de Bogotá. Manipulando información obtenida del espionaje ilegal, los agentes estadounidenses presionan a una unidad especial de la Policía Nacional de Colombia para que asesine a un narcotraficante llamado "Poison" (en inglés en el original), un apodo que resuena con la popular campaña televisada de "Di no a las drogas" de la presidencia de Reagan, que a menudo advertía sobre el envenenamiento de niños estadounidenses por narcotraficantes latinoamericanos. Es revelador el hecho de que la violencia sea desencadenada por información estadounidense y luego ejecutada por las fuerzas oficiales colombianas, un método que se usaría con frecuencia durante los años más sangrientos de la versión mexicana de la "guerra contra la droga". La presencia del dron sobrevolando Bogotá resultó una imagen visionaria de la costosa y ubicua infraestructura militar de vigilancia que actualmente utiliza el gobierno estadounidense no solo para monitorear sus fronteras, sino para intervenir en países de Latinoamérica y el resto del mundo como parte de su política de seguridad.

La película *Sicario,* dirigida por Denis Villeneuve, completa la consolidación del imaginario securitario en las producciones culturales estadounidenses de las primeras décadas del siglo XXI. La cinta narra una operación encubierta de la CIA que desde la frontera sur de Estados Unidos se propone

[21] Morales, *op. cit.*

desmantelar al mayor "cártel" de traficantes mexicanos, cuyos tentáculos ya han alcanzado varias ciudades estadounidenses. Como en la novela *El cártel* y en la serie *Narcos*, los traficantes latinoamericanos aparecen no solo como los únicos responsables de la producción y la distribución de la droga entre Colombia y México, sino del tráfico y el menudeo en numerosas ciudades estadounidenses, borrando la historia doméstica del crimen organizado en ese país. La autocomplacencia que imagina las fronteras estadounidenses frágiles y vulnerables funciona por igual en todos estos productos culturales en consecuencia con el extraordinario poder criminal, igualmente imaginado, de los "cárteles". En una escena temprana en la película, los agentes estadounidenses se ven involucrados en una balacera en uno de los puentes internacionales entre Ciudad Juárez y El Paso. Ahí matan a unos traficantes que serían catalogados, bajo el gobierno de Donald Trump, como miembros de pandillas como la "Mara Salvatrucha" de El Salvador o el llamado "Tren de Aragua" de Venezuela: hombres jóvenes, morenos, rapados y con tatuajes, dispuestos a inmolarse en el puente internacional incapaces de frenar su pulsión psicópata.

En la trama de la película, la protagonista, la agente del FBI Kate Macer (Emily Blunt), se une inicialmente a un operativo coordinado por Matt Graver (Josh Brolin), primero identificado como agente del Departamento de Estado, para detener a un narcotraficante responsable de la muerte de varios agentes del FBI. Después de la primera incursión en Ciudad Juárez, los agentes estadounidenses deciden introducirse a México a través de un túnel clandestino en la frontera entre Arizona y Sonora utilizado supuestamente por el "Cártel de Sonora" para traficar drogas.

Aquí es cuando ocurre una de las mayores falacias narrativas de la película. Primero, los aproximadamente 200 túneles que se han detectado en la frontera entre México y Estados Unidos desde 1990 han sido principalmente hechos a mano de un modo rudimentario y en ellos es preciso arrastrarse para poder avanzar. Otros túneles en realidad se improvisan de viejas tuberías y desagües abandonados en las municipalidades fronterizas. Se usaron históricamente para transportar mariguana antes de que esa droga se convirtiera en la industria legal multimillonaria que opera actualmente en Estados Unidos a la luz pública. Solo unos 65 túneles se consideran "sofisticados": es posible caminar a través de ellos y están equipados con luz eléctrica y ventilación, pero frecuentemente son detectados mediante tecnología sísmica e infraestructura de vigilancia en el lado estadounidense de la frontera.[22] Aunque resulten una tecnología laboriosa y fácilmente detectables y destruibles, las agencias de seguridad los usan como recurso de propaganda para seguir justificando el gasto público en la frontera México-Estados Unidos. Como explica Juan Llamas-Rodríguez, la mediatización de los túneles —es decir, la narrativa sobre los túneles creada en los noticieros y los programas de televisión— es una forma de configurar los regímenes de seguridad fronteriza. O, dicho de otra manera, la mediatización de los túneles fronterizos "es al mismo tiempo un proyecto de construcción de la frontera".[23]

Actualmente, las drogas sintéticas que motivan muchas de las políticas antidrogas estadounidenses no requieren de túneles; ni siquiera de traficantes latinoamericanos, pues, como la misma DEA ha documentado, drogas como el fentanilo son llevadas a Estados Unidos en forma de pastillas inodoras que son virtualmente imposibles de detectar en los cruces internacionales establecidos. De hecho, 86.3% de los traficantes detenidos con fentanilo y otros opioides han sido ciudadanos estadounidenses, no mexicanos. Solo 0.02% de los migrantes indocumentados detenidos en Estados Unidos han sido sorprendidos portando drogas.[24]

La escena de *Sicario* en cuestión, sin embargo, muestra una laberíntica red de túneles que se alarga por lo que parecen ser kilómetros de vías subterráneas, donde los agentes, con equipo militar y miras infrarrojas, penetran como si estuvieran en una montaña en Afganistán. De inmediato son recibidos por el fuego enemigo como si estuvieran combatiendo al Talibán y no a traficantes mexicanos que difícilmente podrían repeler un escuadrón militar estadounidense con entrenamiento, armas y equipo por mucho superiores. El extraordinario túnel es el sitio de una batalla que remite precisamente a un escenario de guerra en Medio Oriente antes que a los pocos metros que dividen la frontera entre México y Estados Unidos. Aquí la trampa ideológica

[22] Kevin Sieff, "Under the U.S.-Mexico Border, Miles of Tunnels Worth Millions of Dollars – to Traffickers", *The Washington Post*, 13 de octubre de 2020.

[23] Juan Llamas-Rodríguez, *Border Tunnels: A Media Theory of the U.S.-Mexico Underground*, Minneapolis: University of Minnesota Press, 2023, p. 3.

[24] David J. Bier, "Fentanyl Is Smuggled for U.S. Citizens by U.S. Citizens, not Asylum Seekers," *Cato Institute*, 14 de septiembre de 2022.

Los Angeles Times

SUBSCRIBE

Hallan un túnel transfronterizo que une Tijuana y San Diego

Esta fotografía sin fecha proporcionada por el área de Investigaciones del Departamento de Seguridad Nacional muestra el interior de un túnel transfronterizo que une la ciudad mexicana de Tijuana con el área de San Diego. (Investigaciones del Departamento de Seguridad Nacional vía AP) (Uncredited / Associated Press)

POR ELLIOT SPAGAT | ASSOCIATED PRESS

MAY. 16, 2022 7:42 PM PT

Nota del periódico *Los Angeles Times* sobre un túnel transfronterizo entre Tijuana y San Diego localizado en 2022. Cubría una extensión de 800 metros y difícilmente podría ser el sitio de una balacera entre militares y traficantes sin que todos en su interior resultaran heridos o asesinados dado lo estrecho del túnel sin espacio alguno para protegerse durante un tiroteo.

consiste en confundir los espacios de conflicto a través de un túnel inverosímil de los traficantes mexicanos, pero que recuerda a los escenarios de guerra en países como Afganistán, que los estadounidenses —y el norte global— reconocen como la marca del terrorismo global. El "narco" mexicano opera *de facto*, entonces, como terrorista islámico fundamentalista.

Pero la peor falacia argumentativa de la película reside en que el operativo en el túnel se lleva a cabo para causar caos en el "cártel" y lograr que un siniestro agente mexicano —conocido solo por su primer nombre, Alejandro (Benicio del Toro), que trabaja para los estadounidenses— cruce hacia México para asesinar al jefe del "cártel", el cual años atrás mató a su esposa e hija. No se explica por qué se requiere de un enfrentamiento en el túnel clandestino cuando la propia inteligencia de Estados Unidos tiene ubicado al traficante que trabaja para el jefe del "cártel" y que llevará a Alejandro a la casa del capo. Incluso se dice que el operativo es necesario para infiltrar al agente mexicano, como si al principio de la película no hubieran cruzado a Juárez por el puente internacional, a plena luz del día y sin que ninguna autoridad mexicana siquiera registrara la identidad de ninguno de los agentes estadounidenses en el convoy de vehículos que después protagonizó la balacera, sin ninguna consecuencia diplomática o investigación judicial en México o

Estados Unidos. Lo que prevalece desde el principio de la película, sin embargo, es el uso legal e ilegal de la compleja infraestructura de seguridad y el equipo militar estadounidense (drones, cámaras infrarrojas, agentes de múltiples agencias como el FBI, la CIA, el Departamento de Estado, la Border Patrol y hasta la oficina del *sheriff* en Texas): difícilmente pueden ser desafiados en su conjunto por los traficantes, quienes de todos modos se las arreglan para ganar la partida.

Igual que la serie *Narcos*, *Sicario* tiene un ambiguo lado crítico que vale la pena subrayar. Hacia el final de la película se presenta un giro inesperado: Graver explica a Macer que hay todavía un objetivo mayor que el ajuste de cuentas de Alejandro. De acuerdo con el agente de la CIA, la verdadera misión no es interrumpir el tráfico de drogas, sino volver a someterlo a la hegemonía estadounidense, como según Graver se hacía en un pasado reciente, posiblemente en referencia al rol que la DEA y la CIA tuvieron en el combate al "Cártel de Medellín". Junto con las otras narconarrativas, *Sicario* manifiesta así el ansia de control geopolítico que estructura la lógica del securitarismo en cuanto proyecto de Estado. La causalidad original de la película es entonces revertida, y la trama implica que la pérdida de la hegemonía estadounidense sobre el "narco" en Latinoamérica fue la condición de posibilidad para que las organizaciones de traficantes alcanzaran la frontera norte. Menos interesado en el combate al tráfico de drogas que en sus propios miedos hemisféricos, el gobierno estadounidense se muestra en la película decidido a recobrar su control político-militar sobre la región como en otras campañas del pasado, sobre todo durante los múltiples conflictos globales de la Guerra Fría. Para *performar* ese miedo, sin embargo, la película recurre finalmente a la fantasía en la que los hombres blancos envían a un hombre latino a asesinar a otros hombres latinos o, en este caso, más bien, un actor puertorriqueño que interpreta a un mexicano asesinando extrajudicialmente a un traficante también mexicano.[25] Para promover la paz en

[25] Es irónico que Julio César Cedillo, el actor que hace el papel del traficante Fausto Alarcón, a quien Alejandro (Benicio del Toro) asesina al final de *Sicario*, también interpretó el papel del comandante de policía Guillermo González Calderoni en la serie *Narcos: México*. Como ocurre comúnmente, los cuerpos latinos racializados se confunden entre nacionalidades, y también pueden pasar de hacer el papel del traficante malvado al del policía corrupto.

Estados Unidos, dice la película, hay que instigar la guerra en México y entre mexicanos.[26]

Es clave comprender aquí que los aparatos de seguridad y sus instituciones (el Pentágono, el Departamento de Estado, el FBI, la DEA y la CIA) mantienen un cerco de control, intervención y censura directo en las producciones culturales, desde la conceptualización de guiones de series de televisión y películas hasta la aprobación de tecnología, equipo y armas que aparecerán en dichas producciones culturales. Es lo que Matthew Alford y Tom Secker denominan la industria del "entretenimiento de seguridad nacional". "El entretenimiento de seguridad nacional promueve soluciones violentas, autocomplacientes y centradas en Estados Unidos para problemas internacionales basadas en lecturas torcidas de la historia", explican los investigadores.[27] Juntos documentaron, con archivos oficiales estadounidenses desclasificados, 814 películas y mil 113 títulos de televisión que fueron directamente intervenidos por el gobierno estadounidense para alinearlos con un mensaje favorable a la política antidrogas de ese país. Películas como *Top Gun* (Tony Scott, 1986) y su secuela *Top Gun: Maverick* (Joseph Kosinski, 2022) son ejemplos evidentes de la intervención oficial, pero hay cientos de producciones más inesperadas, como el caso de la serie de películas *Transformers* (Michael Bay, 2007), que sometió a revisión el guion a cambio de infraestructura militar esencial para la producción. Mientras el presidente Trump amenaza con lanzar misiles desde drones armados para asesinar traficantes en México, una pregunta lógica que cabe hacerse es de qué modo resulta verosímil o siquiera útil para el imperialismo estadounidense toda la absurda trama de *Sicario* y sus temerarios agentes —o los hábiles pilotos de *Top Gun* o los arriesgados agentes de la DEA en tantas películas y series de televisión— en un momento en que Estados

[26] No está de más recordar que el guionista de *Sicario* es Taylor Sheridan, creador de exitosas series de televisión como *Yellowstone*, que narra la historia de una familia de rancheros de Montana que son dueños de una enorme propiedad en las montañas asediadas por el desarrollo turístico capitalista. La serie glorifica la vida de los *cowboys* y elogia en particular la masculinidad blanca de sus protagonistas. En este sentido, los *cowboys* blancos de *Yellowstone* son el reverso simbólico de los traficantes morenos de *Sicario*, quienes deben ser exterminados por agentes estadounidenses, algunos de ellos vestidos con ropa y sombreros vaqueros.

[27] Matthew Alford y Tom Secker, *National Security Cinema. The Shocking New Evidence of Government Control in Hollywood*, edición de autor, 2017.

Unidos se permite asesinar a distancia indiscriminadamente por todo el sur global, sin rendir cuentas a ninguna autoridad internacional y las más de las veces sin siquiera reconocer el crimen cometido.

El caso de la película musical *Emilia Pérez* (Jacques Audiard, 2024) es por demás interesante porque se trata de una producción francesa, realizada principalmente con actores no mexicanos que, aunque narra una historia en apariencia crítica de las relaciones de poder en México, reproduce igualmente la más elemental narconarrativa con problemáticos comentarios racistas que criminalizan la masculinidad mexicana en general. Es la historia de Juan "Manitas" del Monte (Karla Sofía Gascón), un traficante mexicano que desea vivir como mujer y contrata a la abogada Rita Mora (Zoe Saldaña) para localizar un hospital donde pueda realizarse una cirugía de cambio de sexo sin los riesgos evidentes para el criminal, que podría ser detenido o asesinado durante la operación. Convertido en mujer luego de una exitosa intervención quirúrgica, "Manitas" adopta la identidad de Emilia Pérez y emprende un proceso de expiación de sus delitos al conformar una organización para ayudar a localizar a personas desaparecidas por narcotraficantes. Emilia no solo renuncia a ser hombre, sino también a su violencia, adquiriendo con su nuevo rostro, de cabello rubio y piel emblanquecida, una sorpresiva capacidad de empatía, misericordia y amor. Su labor humanitaria la equipara hacia el final de la película con una santa.

A la izquierda, imagen del temible Juan "Manitas" del Monte, el traficante de la película *Emilia Pérez* que busca hacerse una cirugía de reafirmación de género para vivir como mujer. A la derecha, la protagonista Emilia Pérez, después de la operación, ayudando a una mujer cuyo marido fue desaparecido por el crimen organizado. Imágenes de *Tudum* (Netflix) y de la revista *Vogue*.

Aunque fue inicialmente celebrada por los circuitos cinematográficos de Europa y Estados Unidos, *Emilia Pérez* rápidamente se convirtió en objeto de controversia, sobre todo en México, en donde fue criticada por su escaso esfuerzo de autenticidad.[28] La película no fue rodada en México y, salvo una actriz secundaria, ninguna de las protagonistas es de origen mexicano. Parte de la crítica se centró en los acentos no mexicanos de las actrices e incluso en el deficiente español de la actriz mexicoamericana Selena Gómez. El director Jacques Audiard admitió además no haber hecho esfuerzos por investigar a fondo el problema de violencia que se experimenta en México.[29] El escándalo trascendió hasta la entrega de los Óscar cuando se reportó que la actriz Karla Sofía Gascón expresó repetidos comentarios racistas e islamófobos en su cuenta personal de X entre 2019 y 2024.[30]

Quisiera retomar la discusión sobre esta película más allá de la cuestión de la autenticidad en su representación de México o las problemáticas posturas de su actriz protagonista, en mi opinión temas más bien secundarios y vinculados a las políticas de identidad de la llamada agenda *woke* entre los sectores progresistas de Estados Unidos. El problema esencial de *Emilia Pérez* radica en su íntima asimilación de la narconarrativa oficial inscrita en el personaje protagonista y en el contexto criminal que se proyecta sobre México como país disfuncional, así como de la masculinidad mexicana, racializada y de clase baja como la generadora de violencia. Aunque la película ha sido celebrada en parte por su trama protagonizada por una mujer trans, es precisamente ese aspecto el que en principio potencia su inmersión en la narrativa sobre "narcos" y "cárteles" más normatizada, como veremos a continuación.

El argumento central de la película propone que la violencia que experimenta actualmente la sociedad mexicana tiene su origen en la masculinidad tóxica de hombres morenos como "Manitas" del Monte, quienes provienen

---

[28] "'Un malabarismo imperdonable': las duras críticas en México a 'Emilia Pérez', la película nominada a 13 Oscar que cuenta la historia de una narco trans mexicana", *BBC Mundo*, 6 de enero de 2025.

[29] P. Jiménez, "Director de Emilia Pérez, Jacques Audiard, admite no investigó sobre México", *Excélsior*, 26 de diciembre de 2024.

[30] Pablo R. Roces, "Los ocho días que provocaron la caída de Karla Sofía Gascón: de los polémicos tuits a la reunión con la productora y la bomba de Audiard", *El Mundo*, 7 de febrero de 2025.

literalmente "del monte", es decir, de las regiones rurales de México, donde habita gente poco sofisticada y racializada. Así se entiende la caracterización física de este personaje: un siniestro hombre moreno, de cabello largo, con dentadura de oro y una voz gruesa. En oposición queda Emilia Pérez después de la cirugía: mujer rubia y blanca, sensible, que parece haber conseguido suavizar el espíritu violento de Manitas. Emilia encuentra el amor verdadero cuando ayuda a una mujer lastimada por la violencia y cuyo esposo, otro hombre racializado que abusaba de ella, fue desaparecido por traficantes. La trama hace entonces dos afirmaciones: primero, que la violencia es el resultado de la pulsión homicida de hombres morenos contra otros hombres morenos igualmente homicidas y, segundo, que solo eliminando a esos hombres morenos violentos podrá México empezar un proceso de pacificación.

"Para convertirse en mujer, el macho-narco debe cambiar no solo de sexo, sino también de cuerpo, de color, de alma", anota el filósofo Paul B. Preciado. "Como parte de una geopolítica imperialista, el cuerpo trans mexicano, objeto central de la política de vigilancia y represión de la frontera que separa el Norte del Sur, encarna la diferencia racial y de género en la taxonomía neocolonial".[31] Siguiendo este punto, es extraordinario recordar que, aunque *Emilia Pérez* sea una producción europea, su mirada neocolonial impone las mismas condiciones narrativas que aparecen en películas como *Sicario* o series como *Narcos*. En ese sentido, lo que el director Audiard proyecta es la misma mirada colonial que observa a los nativos del sur global como cuerpos violentos y degenerados que deben ser exterminados, del mismo modo en que la imaginación imperial de países como Francia e Inglaterra se descargó sobre los habitantes de sus colonias en Asia o África. La tesis de la película enuncia cabalmente el imperativo de "exterminar a los brutos" que el cineasta haitiano Raoul Peck recoge en su serie documental *Exterminate All the Brutes* (2021) para denunciar las violentas lógicas del colonialismo europeo y estadounidense.[32]

---

[31] Paul B. Preciado, "Emilia Pérez contra Jacques Audiard: una amalgama cargada de racismo y transfobia", *El País,* 9 de enero de 2025.

[32] La serie documental de cuatro episodios del cineasta Raoul Peck está disponible en *HBO Max*.

Afiche del documental de cuatro partes *Exterminate All the Brutes* (2021), dirigido por el cineasta haitiano Raoul Peck y basado en el libro homónimo del escritor sueco Sven Lindqvist y en *An Indigenous Peoples' History of the United States* de la historiadora estadounidense Roxanne Dunbar-Ortiz sobre la violenta historia de colonialidad europea y estadounidense en distintas regiones del sur global.

Performando esa violencia con cuerpos de actrices europeas o estadounidenses, y con la mirada del director francés que ha llegado afirmar que el español es una lengua "de países en desarrollo, de pobres y migrantes",[33] la película concluye en que el único método efectivo para lograr erradicar la violencia en México consiste precisamente en anular la masculinidad mexicana, pobre y racializada, ya sea extirpando el sexo de los hombres o, mejor aún, asesinándolos. El personaje de "Manitas" del Monte remite finalmente a la categoría de "sujeto endriago" que la académica Sayak Valencia acuñó para criminalizar a los cuerpos de jóvenes morenos como los principales productores de la violencia en México.[34] Lejos de confirmar la validez de esa

[33] Valentina Villamil, "Director de *Emilia Pérez*: 'El español es un idioma de pobres y de migrantes'", *Rolling Stone*, 30 de enero de 2025.

[34] Sayak Valencia, *Capitalismo gore*, Barcelona, Melusina, 2010. El "endriago" es un monstruo que resulta del cruce entre hombre, hidra (la serpiente de varias cabezas) y dragón, según aparece en las novelas medievales del caballero Amadís de Gaula. Para una crítica completa sobre la criminalización de subjetividades masculinas en el ensayo de Valencia utilizando la problemática categoría de "sujeto endriago", que *monstrifica* la masculinidad mexicana con ese término extraído de la literatura medieval, véase Dawn Paley, "Countering Gore Capitalism", *SocialText*, 8 de noviembre de 2019.

categoría con implicaciones clasistas y racistas, la realidad es que un número desproporcionado de jóvenes morenos y pobres en México son asesinados extrajudicialmente por las fuerzas de seguridad en la supuesta "guerra contra el narco", facilitada en parte con dinero y armadas estadounidenses.

La condena de la clase baja racializada se complementa con la imprecisa crítica a la élite mexicana. En una escena clave, la abogada de Emilia canta un número musical, por ejemplo, en el que acusa a la clase gobernante y empresarial del país de corromperse por el dinero sucio producto del narcotráfico. Es uno de los pocos momentos en que las estructuras jerárquicas de la sociedad mexicana son siquiera aludidas, pues la película muestra principalmente un país disfuncional en el que predominan comunidades rurales o pequeñas ciudades sin la complejidad política, cultural y económica de la Ciudad de México, Guadalajara o Monterrey. Los rostros anónimos de la sociedad mexicana de clase alta y bien vestida en la recepción para reconocer a Emilia Pérez carecen de sentido crítico. Su vaguedad impide pensar en la relación entre el crimen organizado, el lavado de dinero trasnacional (mucho del cual ocurre en países como Estados Unidos o Suiza), el contrabando de armas de Estados Unidos a México (unas 200 mil armas entran a México con ayuda de ciudadanos estadounidenses que las compran en las más de 22 mil armerías en la frontera estadounidense) y la terrible violencia que ha desatado por sí misma la política prohibicionista impuesta desde el norte global en países como México o Colombia.[35]

Consideremos entonces el borramiento total que la película hace del Estado mexicano y sus aparatos de seguridad que actualmente ocupan numerosas zonas del país en el combate al narcotráfico. Igualmente notemos que tampoco hay mención alguna de la presencia de Estados Unidos como instigador de la militarización, financiando y entrenando soldados y policías mexicanos durante décadas de acuerdos de cooperación como la Iniciativa Mérida, que discutí antes, y al mismo tiempo como la fuente de los arsenales que utilizan las organizaciones de delincuentes en México. En el México de *Emilia Pérez*, el territorio aparece rebasado por la actividad criminal de capos

[35] El gobierno de López Obrador de hecho demandó a las empresas fabricantes de armas en Estados Unidos para intentar detener el llamado "río de hierro". Véase Sharyn Alfonsi, Aliza Chasan, Katie Kerbstat y Erin DuCharme, "Mexico Fights to Dam 'Iron River' Sending Guns from U.S. to Cartels", *CBS News*, 22 de diciembre de 2024.

como "Manitas", capaces de someter al gobierno y la sociedad civil mediante un régimen criminal basado en la violencia en el que inexplicablemente están ausentes las letales Fuerzas Armadas mexicanas y la Guardia Nacional, pero también los agentes de la DEA y la CIA que operan en México, los contrabandistas de armas y traficantes de fentanilo en la frontera con Estados Unidos (en su mayoría ciudadanos estadounidenses), el multimillonario gasto en tecnologías de seguridad y vigilancia (drones, torres inteligentes, sensores de movimiento, espionaje cibernético), los agentes corruptos del lado estadounidense que facilitan el tráfico de drogas y, en general, la economía de violencia desatada por la "guerra contra el narco". Comprobamos así que una producción francesa como *Emilia Pérez* y una estadounidense como *Sicario* comparten las mismas condiciones de posibilidad porque abrevan de la misma epistemología securitaria que criminaliza a México y a los mexicanos.

Bajo el paradigma general de esa "guerra" proyectada en las películas y series de televisión, se hace circular todo un campo discursivo que reitera historias de "narcos" y "cárteles", de indocumentados y coyotes, de organizaciones de trata, contrabando y robo de combustible, así como de impenetrables redes de lavado de dinero trasnacionales que superan en ingresos a conglomerados globales y protagonizan terribles tramas de corrupción y muerte, todo bajo la narrativa general de un conflicto armado de horizontes expansivos, sin fin y siempre dispuesto a reproducirse, pero no en información verificable que contextualice los regímenes de construcción de esos imaginarios securitarios.

Más allá de la fantasía de estas representaciones, los objetos culturales que he discutido aquí finalmente revelan un aspecto constitutivo del discurso securitario: la carencia de un referente directo que lo sustente. No existe una materialidad histórica debajo de la representación textual que supone mostrar lo *real* del "narco". Debajo de esa superficie discursiva solamente se encuentran palabras que circularmente remiten a otras palabras y generan la ilusión de una exterioridad poblada por "narcos", "sicarios" y "cárteles", lo cual produce el simulacro de un país sin remedio tomado por delincuentes. En un modo esencial, esa imaginación securitaria se construye sobre formas de conocimiento que se acercan al fenómeno de manera independiente y discontinua, pero con un origen oficial compartido y en muchos casos bajo la cuidadosa intervención de las instituciones de seguridad estadounidenses.

La más relevante de estas formas se localiza sin duda en el trabajo periodístico de reporteros en México y Estados Unidos, que se basa sobre todo en documentos oficiales y que repite la misma narrativa que inventa la crisis de seguridad. A esto se agregan entrevistas con voceros gubernamentales y agentes federales, así como el testimonio de presuntos "narcos" que ofrecen declaraciones en procesos judiciales igualmente mediadas por perspectivas políticas. Después del periodismo, el discurso securitario se retroalimenta de los mismos objetos culturales que configura: novelas, películas y música que han cobrado temporalmente una posición adelantada en el campo de producción cultural en México y Estados Unidos. Este discurso, finalmente, constituye nuestra percepción actual del "narco" como amenaza global. Al asumir que la soberanía del Estado se encuentra en crisis permanente, las oleadas de migrantes, los refugiados políticos, los flujos volátiles de capital trasnacional y un derrotado sentido de nacionalismo se destacan como la realidad del siglo XXI.

Pero lo que llamamos "narco" no puede entenderse sin esas estrategias geopolíticas activas en el hemisferio desde la Guerra Fría, que no han hecho sino radicalizarse en la era del neoliberalismo global. Como un efecto deliberado de una gubernamentalidad particular, siguiendo aquí la noción propuesta por Michel Foucault en su seminario *Seguridad, territorio, población* (1977-1978),[36] en la base del securitarismo se encuentra aún una forma de soberanía más cercana al decisionismo de Estado de Carl Schmitt que al cuerpo del Leviatán de Thomas Hobbes. Bajo la imaginación securitaria, Pablo Escobar y "El Chapo" Guzmán continuarán estimulando nuestras producciones culturales de traficantes como los imaginarios Adán Barrera o "Manitas" del Monte. Seguiremos fascinados por sus vidas mitológicas hasta que la idea de la "seguridad nacional" y la narrativa general de nuestro presente neoliberal sea desafiada por una imaginación crítica que relocalice la historia del narcotráfico como un fenómeno delimitado y manipulado por el poder del Estado, como uno más de los múltiples y complejos intereses y objetivos de sus estructuras y programas de gobierno, en la intimidad de la más básica lógica política.

[36] Michel Foucault, *Security, Territory, Population. Lectures at the College of France. 1977-1978*, Nueva York, Picador, 2007, pp. 261, 266.

SEGUNDA PARTE

Los cárteles no existen (pero la violencia de Estado sí)

Las razones de Estado sobre el tráfico de drogas

SOBERANÍA Y BIOPOLÍTICA EN LA NARCONARRATIVA MEXICANA CONTEMPORÁNEA

La monstruosa violencia desatada en el país con el despliegue de soldados y policías federales en 2006 ha sido interpretada principalmente como el producto de un Estado fallido rebasado por el crimen organizado. Esta visión, diseminada por igual desde el periodismo y la academia, encuentra su punto ciego al pasar por alto las transformaciones recientes del Estado mexicano, su especificidad histórica. Su principal limitación radica en la imposibilidad de determinar *el sentido de lo político* del "narco" en México, es decir, siguiendo al politólogo y jurista alemán Carl Schmitt, la distinción entre el amigo y el enemigo en la administración y disciplina del mercado de las drogas.

En lo que sigue propongo una digresión histórica para reconsiderar la centralidad del Estado mexicano y su régimen policial como la condición de posibilidad del narcotráfico, desde la emergencia de los llamados "cárteles" a finales de la década de 1970 hasta la supuesta "guerra contra el narco" ordenada por el gobierno del presidente Felipe Calderón en 2006 con el apoyo —y la presión— de Estados Unidos. Mi intención es identificar tres periodos históricos de las razones de Estado en torno al "narco" y discutir la manera en que han sido representados en tres novelas escritas durante dichos periodos: *Contrabando* (fechada en 1991, pero publicada en 2008), de Víctor Hugo Rascón Banda (1948-2008); *2666* (2004), de Roberto Bolaño (1953-2003); y *Entre perros* (2009), de Alejandro Almazán (1971). Al elucidar la especificidad política de sus estrategias de representación del poder soberano, señalaré cómo estas novelas, en cuanto artefactos culturales, producen intervenciones literarias que permiten visualizar la política del Estado mexicano en torno al mercado de la droga. De este modo, la historia de las transformaciones en la razón de Estado sobre el tráfico de drogas será paralelamente la historia de las transformaciones en las estrategias literarias de representación del "narco". En última instancia, me interesa también subrayar el *impasse* que neutraliza el potencial crítico de la mayoría de las narconarrativas publicadas recientemente y las agendas que las estudian, debido a una generalizada despolitización que insiste en reflexionar el fenómeno del narcotráfico en términos de una democracia disfuncional o de un Estado en apariencia fallido. Esto me llevará a concluir, con Michel Foucault, que la suspensión de la legalidad y su consecuente violencia implican ante todo la presencia absoluta, ordenada y eficaz del Estado. Dicho de otro modo: después de 476 mil 481 asesinatos y 125 mil 287 desapariciones forzadas entre 2006 y 2024[1] —acaso el más agresivo programa de biopolítica en la historia moderna mexicana—, lejos de ser fallido, el Estado mexicano ha prevalecido.

En el análisis de las transformaciones de la soberanía del Estado mexicano y su relación con el "narco", es necesario recordar, con el sociólogo Luis Astorga, que el tráfico de drogas en México se desarrolló bajo el control disciplinario absoluto del sistema político y policial del país. Para desarrollar las implicaciones de este importante señalamiento, propongo discutir tres importantes momentos históricos de la relación entre el "narco" y el Estado: *1)* el poder soberano del Estado del PRI que disciplinó al "narco" entre las décadas de 1970 y 1990; *2)* el vacío de poder generado por la presidencia de Vicente Fox del Partido Acción Nacional (PAN), de 2000 a 2006, cuando el poder soberano del Estado fue desafiado por ciertas gubernaturas y sus policías estatales y municipales con la consolidación del neoliberalismo; y *3)* la estrategia militar antidrogas instigada por el gobierno de Estados Unidos en la presidencia de Calderón entre 2006 y 2012 como una "guerra" contra el narcotráfico que tuvo dos objetivos reales: a nivel doméstico, recobrar la soberanía del Estado sobre el crimen organizado a través de lo que Foucault denomina "golpe de Estado"; y al nivel hemisférico, mantener la hegemonía militar y económica de Estados Unidos en la región. El concepto de "golpe de Estado", contrario a su acepción tradicional, no significa aquí el derrocamiento del soberano, sino la acción directa y absoluta del Estado para preservar su integridad. Ambas

[1] Vela, *op. cit.*; San Juan Flores y Guillén, *op. cit.*

nociones —Estado y soberanía— han sido relegadas por décadas bajo la égida de los estudios culturales y solo han reaparecido en el horizonte de los debates de las últimas dos décadas con la relectura de los trabajos seminales de Carl Schmitt y Michel Foucault, así como a través de las teorizaciones sobre el concepto del estado de excepción y la biopolítica, en particular con el trabajo de los italianos Giorgio Agamben y Roberto Esposito. Subestimar el poder del Estado conlleva un borramiento de las estrategias disciplinarias con las que el PRI mantuvo al narcotráfico bajo su política interna durante décadas de presidencias consecutivas. Como se verá, aun después del debilitamiento del Estado que produjo la caída del PRI en el 2000, advierto que los efectos de esa extraordinaria política condicionaron también la supuesta "guerra" contra las drogas concebida en Estados Unidos y ordenada por el presidente Calderón, y sin duda operaron en los intentos del presidente Enrique Peña Nieto por recrear parte del Estado policial concebido por el viejo PRI y que prevalecieron a lo largo de la presidencia de Andrés Manuel López Obrador.[2]

I. La Operación Cóndor y el nacimiento de los "cárteles de la droga"

En la primera parte de su novela *El poder del perro* (*The Power of the Dog*, 2005), el escritor estadounidense Don Winslow narra lo que él considera como el "pecado original" de la política de Estado sobre el narcotráfico. Se trata, como mencioné en la introducción del presente libro, de la Operación Cóndor, el

[2] El gobierno de Peña Nieto dio marcha atrás a la descentralización del poder presidencial y del gobierno federal que escindió las estructuras de Estado durante las presidencias de Fox y Calderón. Dos de los más importantes cambios en este sentido fueron *1)* la reconcentración del poder policial en la Secretaría de Gobernación con la creación de una "Gendarmería Nacional" que funcionaba como policía única y que contaba con 10 mil elementos; y *2)* la política exterior que obligó en su momento a agencias estadounidenses como la DEA y la CIA a utilizar un único canal de comunicación con el gobierno federal —la misma Secretaría de Gobernación—, impidiendo que mandos del Ejército o la Policía Federal mantuvieran intercambios directos con sus contrapartes estadounidenses, como ocurrió durante las presidencias del PAN de Fox y Calderón. Véase Randal C. Archibold, Damien Cave y Ginger Thompson, "Mexico's President Limits U.S. Role in Fighting Drug Trade", *The New York Times*, 30 de abril de 2013.

operativo binacional por medio del cual los gobiernos de México y Estados Unidos destruyeron entre 1975 y 1978 los plantíos de droga en el llamado "Triángulo Dorado", la región montañosa ubicada entre los estados de Sinaloa, Chihuahua y Durango, donde se registraron desde finales del siglo XIX y principios del XX algunas de las primeras organizaciones de traficantes en México.[3] El protagonista de la novela, Art Keller, es un agente de la DEA que participa en la Operación Cóndor y que en el transcurso de la siguiente década comprende que los narcotraficantes mexicanos, liderados por Adán Barrera, un oscuro expolicía sinaloense, aprovecharán ese operativo militar para forzar un relevo generacional desmembrando la organización de Pedro Avilés, el primer traficante que transportó droga por vías aéreas. Con los jefes de la vieja guardia asesinados o en prisión, Barrera y otros jóvenes traficantes transforman el negocio en una "federación" en distintos puntos del país, pero con base en la ciudad de Guadalajara. Esta ficción, basada casi en su totalidad en hechos reales, dramatiza la manera en que la noción misma de "cártel" ocupará gradualmente un lugar central en el léxico que el Estado mexicano adoptará de la política antidrogas estadounidense para referirse al tráfico de drogas, sobre todo a partir de la década de 1980.[4] La novela de Winslow consigue de ese modo condensar la historia moderna del narcotráfico dentro de la red geopolítica internacional que lo convierte en una dimensión más del poder oficial.

Resumo ese libro para discutir el imaginario cultural del "narco" en México porque en nuestro país simplemente no existe una novela con los alcances críticos de *The Power of the Dog*. Por el contrario, el tipo de narrativa

[3] Como recuerdo en mi libro *La guerra en las palabras*, la Operación Cóndor fue el primer operativo binacional con el que Estados Unidos forzó en México una nueva era de violencia militar antidrogas que se mantuvo bajo ese nombre hasta 1987, pero que fue un precedente clave de la "guerra contra el narco" de Calderón en adelante. Véase Oswaldo Zavala, *La guerra en las palabras. Una historia intelectual del "narco" en México (1975-2020)*, México, Debate, 2022, p. 59.

[4] Winslow sintetiza décadas de la historia del "narco" en el hemisferio y combina personajes reales como Pedro Avilés y otros ficticios, como el caso de Barrera, basado en el narcotraficante Miguel Ángel Félix Gallardo, conocido como "El Jefe de Jefes", título del celebrado corrido de la banda Los Tigres del Norte y que en distintos momentos ha sido relacionado con los traficantes Amado Carrillo Fuentes y Rafael Caro Quintero, entre otros.

que predomina en México en torno a este fenómeno opera dentro de parámetros de representación en los cuales el papel central que el Estado tuvo y sigue teniendo en la evolución del tráfico de drogas, sobre todo a partir de la segunda mitad del siglo XX, aparece subestimado en el mejor de los casos o, con mayor frecuencia, ha sido totalmente borrado. El caso de la literatura no es aislado. De hecho, el objeto discursivo que académicos como José Manuel Valenzuela, Juan Carlos Ramírez-Pimienta, Rossana Reguillo y Gabriela Polit estudian como "narcocultura" emana de un paradigma de representación *a priori* configurado y diseminado desde el poder del Estado. Este paradigma sobrevalora la relevancia de los incorrectamente llamados "cárteles de la droga" para deslindar a las instituciones oficiales de esa actividad criminal, y a lo largo de décadas ha adquirido relevancia histórica por medio de una práctica discursiva que ha cobrado una inercia propia.

La narrativa oficial permea varios campos de conocimiento sobre el "narco", como el periodismo, la academia y ciertas producciones culturales. En una ponencia leída en 1997, Luis Astorga ya señalaba que los imaginarios culturales sobre el "narco" son "en su mayor parte el resultado de un proceso de construcción e imposición de sentido cuyo monopolio ha sido detentado por el Estado".[5] De hecho, el discurso del "narco" articulado desde el Estado domina actualmente el campo de producción cultural —como discutí en la primera sección de este libro— salvo en contadas excepciones a las que me referiré después. Y, aunque esta mitología influía principalmente en corridos y películas de bajo presupuesto en las décadas de 1970 y 1980, se reconfiguró en el campo literario, sobre todo a principios de la década del 2000, con una proliferación de narconovelas que reproduce la lógica discursiva, por medio de la cual se han borrado las relaciones de poder que subordinan al "narco" ante el poder oficial.

Volviendo atrás, no obstante, recordemos que, hasta la Operación Cóndor, lo que ahora nombramos con la imprecisa noción del "narco" constituía en realidad una dispersa y discontinua red de criminalidad, principalmente en regiones del norte, sometida por los poderes oficiales locales. La curiosa

---

[5] Luis Astorga, "Los corridos de traficantes de drogas en México y Colombia", manuscrito leído en el congreso de la Latin American Studies Association (LASA), en Guadalajara, México, 17-19 de abril de 1997, p. 2.

A la izquierda, póster promocional de la película *Los intocables* (Brian de Palma, 1987) con el galardonado actor Robert de Niro en el papel del más famoso contrabandista de licor, Al Capone, de la era del prohibicionismo estadounidense. A la derecha, póster promocional de *La banda del Carro Rojo* (Rubén Galindo, 1978) que narra la historia de una banda de traficantes de cocaína, protagonizada por los hermanos Mario y Fernando Almada y con el título de un corrido de Los Tigres del Norte, que también aparecen en el filme.

aparición de esos rudimentarios traficantes trasladaba a una dimensión de precariedad y atraso socioeconómico las dinámicas del alto crimen organizado que en los Estados Unidos de la prohibición ya había dado la leyenda de Al Capone en Chicago. Lejos del glamur cinematográfico de los *bootleggers* —como en la película *Los intocables* (Brian de Palma, 1987)—, Astorga anota que a los contrabandistas sinaloenses de mediados del siglo XX, por ejemplo, se les concedía el dudoso mérito de haber transformado a Culiacán en "un nuevo Chicago con gánsteres de huarache".[6]

Con la Operación Cóndor, sin embargo, el gobierno de México llevó a cabo la más grande movilización militar y policial antidrogas del siglo XX en el país que transformó radicalmente nuestra manera de imaginar el "narco". Las cifras varían, pero, según Astorga, participaron 10 mil soldados al mando del general José Hernández Toledo, veterano de la masacre de estudiantes de

---

[6] Astorga, *El siglo de las drogas*, p. 89.

Tlatelolco de 1968.[7] El historiador Froylán Enciso registra 5 mil soldados y 350 agentes de la PGR, además de 40 aeronaves utilizadas en combinación con telecomunicaciones, fotografías aéreas, helicópteros y entrenamiento proporcionados por Estados Unidos.[8] Tras una reunión en México en noviembre de 1975 con el diplomático Sheldon Vance, entonces director ejecutivo de la política antidrogas del gobierno de Gerald Ford, el gobierno mexicano aceptó rociar los plantíos de droga en Sinaloa con 2-4-D, un defoliador similar al agente naranja. El gobierno de México, bajo presión directa de Washington, decidió también recurrir al paraquat, un herbicida producido en Inglaterra que en varios países ha sido utilizado para cometer suicidio y asesinatos, pero que en Sinaloa se aplicaría a la mariguana.[9] Años más tarde, la presidencia de Jimmy Carter fue responsabilizada por alrededor de 500 toneladas de mariguana contaminadas que se introdujeron al mercado de drogas estadounidense. El periodista Dan Baum recuerda que Peter Bourne, consejero de la política antidrogas de Carter, testificó en el Congreso de ese país que él personalmente intentó disuadir, sin éxito, al procurador general de la República de México para que desistiera del uso del paraquat.[10]

Ignorando este grado de complejidad, con frecuencia se reduce la política mexicana antidrogas de dos maneras: o es entendida como una mera relación de subordinación ante la hegemonía de Estados Unidos, o bien es interpretada como el resultado de una ineficaz contingencia política ante la amenaza del crimen organizado. Estas visiones pasan por alto que, hasta mediados de la década de 1990, el PRI administró con eficacia una red de soberanía que le permitió articular un juego geopolítico en el cual el narcotráfico fue objeto de la más rigurosa disciplina de los mecanismos policiales de Estado y su soberanía. Entiendo aquí el concepto de soberanía, con Carl Schmitt, como la facultad del Estado "para decidir [su curso de acción] en torno a [una situación] de excepción".[11] El estado de excepción implica para Schmitt conflictos políticos o económicos que requieren medidas extraordinarias y que, como en

[7] *Ibid.*, pp. 121-22.

[8] Citado en Osorno, *El cártel de Sinaloa*, p. 161.

[9] Zavala, *op. cit.*, p. 104.

[10] Dan Baum, *Smoke and Mirrors: The War on Drugs and the Politics of Failure*, Nueva York, Back Bay Books, 1996, pp. 107-108.

[11] Schmitt, *op. cit.*, p. 5.

el caso mexicano, suscita acciones concretas que en poco o nada reflejan el marco de legalidad. De este modo, es necesario comprender que, aunque la política antidrogas en México está profundamente condicionada y mediada por su contraparte estadounidense, esa subordinación por sí sola no explica la totalidad de los mecanismos disciplinarios que esos países accionan en relación al "narco".

Notemos, por ejemplo, cómo la administración Nixon concibió su guerra antidrogas principalmente como una estrategia doméstica para intimidar y desarticular los movimientos de derechos civiles y la izquierda estudiantil *hippie* en las universidades de la costa oeste, una política que solo afectó a México posteriormente y de modo indirecto. "Las drogas", explica Dan Baum, "eran lo único que parecían tener en común los jóvenes, los pobres y los negros"[12] en los Estados Unidos de los años setenta.[13] El gobierno mexicano, paralelamente, utilizó la Operación Cóndor para atacar a los grupos de izquierda radical durante la llamada "guerra sucia" que quedaron al alcance del Ejército, por ejemplo, en las sierras de Sinaloa y Chihuahua.[14] El sociólogo Luis Astorga afirma que la Operación Cóndor fue, finalmente, "el primer laboratorio en América Latina donde se inició la estrategia que implicaba la participación central, creciente y masiva de las Fuerzas Armadas".[15]

---

[12] Baum, *op. cit.*, p. 21.

[13] Michelle Alexander argumenta que la "guerra" contra las drogas instituida en Estados Unidos es una continuación de las políticas raciales de principios del siglo XX y que crea un sistema de castas que designa *a priori* a la población afroamericana como un sector criminal de la sociedad con el objetivo de neutralizar su agencia política e imposibilitar su ascenso en la escala social. Véase Michelle Alexander, *The New Jim Crow: Mass Incarceration in the Age of Colorblindness*, Nueva York, The New Press, 2012, pp. 2-3.

[14] Es en este punto que lo ocurrido con la Operación Cóndor en México se yuxtapone con las múltiples acciones militares y paramilitares de espionaje, represión y contrainsurgencia que se llevaron a cabo durante las décadas de 1960, 1970 y 1980 con mayor visibilidad en Chile, Argentina y Uruguay, con la asesoría del gobierno de Estados Unidos. Aunque esas acciones se conocen también como Operación Cóndor, en México se centraron principalmente en el narcotráfico para luego extenderse en la llamada "guerra sucia" contra los grupos de izquierda radicales entre finales de 1960 y principios de 1970. Véase J. Patrice McSherry, *Los Estados depredadores. La Operación Cóndor y la guerra encubierta en América Latina*, trad. Raúl Molina Mejía, Santiago de Chile, LOM Ediciones, 2009.

[15] Luis Astorga, *Drogas sin fronteras*, México, Debolsillo, 2015, p. 10.

De este modo, el Estado mexicano activó a través de la Operación Cóndor lo que podríamos considerar como un brutal pero efectivo programa de biopolítica, con precedentes en las labores de inteligencia del Ejército y la Dirección Federal de Seguridad (DFS) desde el sexenio de Gustavo Díaz Ordaz (1964-1970). En la presidencia de Luis Echeverría (1970-1976) tuvo los más dramáticos efectos: primero, con la Operación Cóndor se produjo el éxodo masivo de campesinos hacia las principales ciudades de Sinaloa, en particular a Culiacán. Como teoriza Judith Butler, el cuerpo de los desplazados de todo conflicto armado, a la vez expulsado y contenido, lejos de ser abandonado por la fuerza del Estado, aparece más bien como el cuerpo "saturado de poder precisamente en el momento en que es desposeído de ciudadanía".[16] Después, simultáneo a ese éxodo campesino, la inteligencia militar y policial mexicana permitió la reubicación de los principales jefes del narcotráfico para conformar la llamada "federación del narco" con base en Guadalajara, como dramatiza la novela *El poder del perro*.

El periodista Ed Vulliamy afirma que la Operación Cóndor y la subsecuente "guerra contra las drogas" son en gran medida los factores que "sentaron las bases para los cárteles modernos" de la droga, permitiendo al Estado la administración y disciplina del "narco" en todo el país por medio del Ejército y la Policía Federal.[17] Así, como señala el periodista Charles Bowden, surge una "industria nacional de la droga".[18] Atendiendo aquí las ideas de Roberto Esposito, resulta crucial comprender este hito histórico como el proceso por medio del cual el Estado mexicano *inmunizó* a su sociedad del fenómeno del "narco", subordinándolo al poder político. Esto se dio al igual que, en su momento, la élite civil del PRI consiguió someter al poder militar durante la segunda mitad del siglo XX, inmunizando a la sociedad de los efectos finales de la revolución.

Finalmente, la más duradera consecuencia de la Operación Cóndor es en mi opinión la matriz discursiva que la "dictadura perfecta" del PRI (según

[16] Judith Butler y Gayatri Chakravorty Spivak, *Who Sings the Nation-State?*, Nueva York, Seagull Books, 2010, p. 40.

[17] Ed Vulliamy, *Amexica: War Along the Borderline*, Nueva York, Farrar, Straus and Giroux, 2010, p. 23.

[18] Charles Bowden, *Down by the River: Drugs, Money, Murder, and Family*, Nueva York, Simon & Schuster, 2004, p. 136.

la llamó célebremente el escritor peruano Mario Vargas Llosa) articuló para enunciar esta nueva configuración del "narco", matriz que hasta hoy en día es la base epistemológica de un fenómeno cuyos laberintos de poder en su mayoría desconocemos, pero que con frecuencia imaginamos de formas desbordadas. La principal función de esta matriz es naturalizar la idea de que el "narco" se constituye por fuera del Estado, lo que *de facto* convierte a las organizaciones de traficantes en entidades enemigas simbólicamente localizadas en las fronteras externas de la sociedad civil. A lo largo de las décadas, la influencia del Estado en la administración del comercio de la droga ha construido un significante vacío con la noción de "narco", visible en la perniciosa red del poder hegemónico y en la mayoría de los estudios que convalidan la supuesta ubicuidad de su descentramiento. Así lo explica el sociólogo Fernando Escalante Gonzalbo:

> El lenguaje que hemos aprendido todos para hablar del tráfico de drogas es de una claridad engañosa. Todos hablamos del cártel, la plaza, la ruta, el lugarteniente, los sicarios, y nos hacemos la ilusión de que entendemos. Y es un relato tan simple, tan atractivo desde un punto de vista narrativo, que termina por ser irresistible: ¿mataron a un alcalde? Fue el crimen organizado, que se pelea por la plaza. ¿Mataron a un candidato a gobernador? Fue el crimen organizado, que se pelea por la plaza. ¿Un atentado contra el Ejército, contra la Policía Federal? El crimen organizado, peleando por la plaza. ¿Fue en una fiesta, en un centro de rehabilitación, en una brecha en la sierra de Durango, en La Montaña de Guerrero? El crimen organizado, la plaza. ¿Ciudad Juárez, Apatzingán, Teloloapan, Tantoyuca, Huejutla, Zacualpan de Amilpas? El crimen organizado, la plaza. ¿Cien muertos, mil, 10 mil, 20 mil, 40 mil? El crimen organizado, la ruta, la plaza.[19]

La resonancia de este imaginario oficial, reproducido por los medios de comunicación nacionales e internacionales, es también la plataforma de significado de la mayoría de las producciones culturales sobre el narcotráfico, y en particular de lo que ahora se conoce como "narcoliteratura", que retomaré al final de esta sección.

---

[19] Escalante Gonzalbo, "Homicidios 2008-2009. La muerte tiene permiso".

II. Narrativas contrahegemónicas y la crítica del Estado

Desarticulando la matriz discursiva oficial, la novela *Contrabando*, de Víctor Hugo Rascón Banda, propone visualizar el poder del "narco" al *interior* del poder del Estado, estableciendo una relación de dominación que no solo vulnera a los traficantes, sino que los somete a una constante política estatal de violencia y exterminio. Narrada en primera persona como ficción autobiográfica, la trama ofrece las impresiones que Rascón Banda recoge en un viaje a su natal Santa Rosa, un pueblo en las profundidades de la Sierra Madre Occidental de Chihuahua, rodeado de rancherías y plantíos de droga. Desde su llegada, la presencia del Estado se manifiesta cuando agentes de la Policía Federal asesinan a quemarropa a dos jóvenes desarmados que huían por los andenes del aeropuerto de Chihuahua. Un grupo de mujeres confronta a los agentes que auscultan uno de los cadáveres:

> Asesinos, gritó una mujer embarazada a los hombres que apuntando con sus armas se acercaron a revisar el cuerpo, sacándole sus documentos, su billetera, sus cigarros, su agenda, su pasaporte, su boleto. Asesinos, les gritó una anciana de bastón. Eran narcos, respondió uno de los hombres, que volteó y la miró con furia. Eso no les quita a ustedes lo asesinos, le dijo una joven. Asesinos, asesinos, gritaron otras mujeres. En todos los rostros había indignación. Asesinos. Asesinos. Asesinos.[20]

Este intercambio muestra la dimensión política de la novela: Rascón Banda anota correctamente que los únicos que llaman "narcos" a los jóvenes asesinados son los policías. Por otro lado, las mujeres, ante la cobardía generalizada de los hombres, que como el personaje mismo de Rascón Banda optan por guardar silencio, encaran a los agentes y denuncian su crimen: son asesinos. Ellas no pasan por alto que han presenciado una ejecución extrajudicial. Desde su inicio, la novela señala sin ambigüedad un crimen perpetrado por policías en contra de dos jóvenes. Nada más.

La violencia de Estado, de hecho, se reproduce durante todo el viaje de Rascón Banda. Pero no se trata de "cárteles" que asedian la sierra, sino de agentes federales y soldados del Ejército que mantienen controles para toda

[20] Víctor Hugo Rascón Banda, *Contrabando*, México, Planeta, 2008, p. 9.

actividad vinculada al tráfico de drogas, pero extendiendo esa violencia al resto de la ciudadanía. En uno de los episodios más reveladores, una familia entera es masacrada por un contingente de la Policía Judicial Federal que justifica el crimen y la ocupación de la hacienda familiar, el rancho de Yepachi, denunciando a las víctimas como un clan de narcotraficantes. Damiana Caraveo, la única sobreviviente de la masacre, narra cómo pide ayuda a agentes de la Policía Judicial estatal conocidos de su familia, pero al llegar a la hacienda los agentes son también asesinados por los federales. Damiana es después obligada a posar en una rueda de prensa con un rifle de alto poder mientras es fotografiada por los periodistas. El encabezado de la nota publicada al día siguiente resume las dinámicas disciplinarias del Estado policial: "Golpe al narcotráfico; 24 muertos y 9 heridos. Enfrentamiento entre narcos y la Policía Judicial Federal. Masacre en el rancho de Yepachi, nido de narcos. Judiciales federales contra judiciales del estado: ganaron los federales. Capturaron a Damiana Caraveo, cabecilla de una banda de narcos".[21]

Desmintiendo las versiones oficiales, Rascón Banda registra cómo los habitantes de Santa Rosa padecen los efectos de las brutales incursiones del Ejército y la Policía Federal que reprimen constantemente a la población civil. Cuando Rascón Banda y su padre son atacados a tiros por soldados en un retén militar, su madre explica las posibles causas: "... tienes una mirada extraña y una pinta que te perjudica [...] miras como narco o como judicial, que para el caso es lo mismo. Y además vistes como ellos".[22]

A pesar de haber obtenido en 1991 el premio Juan Rulfo, *Contrabando* permaneció inédita hasta 2008, publicada póstumamente tras la muerte de Rascón Banda ese mismo año. El crítico Fernando García Ramírez lee *Contrabando* desde el contexto inmediato de su publicación y afirma que la novela "nos sirve para comprender por qué la 'guerra' contra los cárteles emprendida por el gobierno es una guerra perdida".[23] Rechazando este anacronismo, propongo recontextualizar la novela como un evidente producto de su época, mostrando una imagen del estado de excepción que prevaleció durante las décadas de 1970 y 1980, cuando en México la delincuencia organizada, como

[21] *Ibid.*, p. 21.

[22] *Ibid.*, p. 209.

[23] Fernando García Ramírez, "Literatura contra el horror", *Letras Libres*, mayo de 2011, p. 80.

explica Edgardo Buscaglia, "era gestionada por el Estado mexicano", asignando mercados, bienes y servicios ilícitos a cada grupo criminal que trabajaba bajo el control oficial.[24] En la sociedad de *Contrabando*, la disciplina del Estado se activa principalmente en los sectores rurales del país, al igual que la "guerra sucia" contra los grupos guerrilleros de izquierda radical en las décadas de 1960 y 1970. Y si, como advierte García Ramírez, a principios de los noventa "nadie quería ver [...] lo que estaba sucediendo",[25] esto se debió en parte a que el narcotráfico no había sido representado en la literatura como un agente independiente del poder del Estado, según lo describen actualmente los discursos oficiales y la imaginación popular, como analizaré hacia el final de este ensayo.

Tras la adopción del neoliberalismo como guía de las nuevas estructuras de gobierno en las presidencias de Miguel de la Madrid (1982-1988) y Carlos Salinas de Gortari (1988-1994), el proceso de gradual desmantelamiento del Estado policial llegó a su punto máximo con la derrota del PRI en la elección presidencial de 2000 y el arribo del Partido Acción Nacional (PAN) al poder. Con ello se produjo la fragmentación del poder político que, en la presidencia de Vicente Fox (2000-2006), tuvo como resultado "la inexistencia de una política de seguridad de Estado", lo que, según Astorga, permitió "un mayor grado de autonomía de policías, militares y traficantes respecto del poder político".[26] Esta reconfiguración del poder es uno de los principales temas que la crítica ha pasado por alto en la novela *2666* de Roberto Bolaño.

2666 puede leerse como la representación de la crisis de la soberanía que se vivió en México durante los primeros años del gobierno de derecha del PAN. En ese sentido y contra el juego de temporalidades sugeridas por su título, la novela también es el reflejo de su época, en particular con su representación del norte de México en "La parte de los crímenes". Esa sección, la más abundante del libro, se estructura alrededor de los dos fenómenos de violencia sistémica más importantes de la frontera: los cientos de asesinatos de mujeres que comenzaron a reportarse en Ciudad Juárez (Santa Teresa en la novela) desde 1993 —el último año de la presidencia de Salinas de Gortari— y el

---

[24] Leopoldo Mendívil, "Buscaglia y el narco mexicano", *Crónica*, 11 de febrero de 2013.

[25] García Ramírez, *op. cit.*, p. 84.

[26] Astorga, *Seguridad, traficantes y militares*, p. 51.

tráfico de drogas. El feminicidio se revela aquí como el efecto extremo de la biopolítica ejercida por el Estado neoliberal que transforma colectivamente la vida de miles de mujeres obreras en plantas maquiladoras. Confinadas a barrios marginales construidos alrededor de los parques industriales o en los bordes miserables de la ciudad, la vida de las obreras se regula con precisión para maximizar su productividad con extenuantes horarios de trabajo nocturnos y con la amenaza de ser despedidas si se embarazan. Sin la protección de un Estado de derecho, que solo interviene a favor del capital, la vulnerabilidad de las mujeres se materializa trágicamente cuando sus cuerpos excluidos de la sociedad normativa son objeto de la impunidad. Retomando la noción de inmunidad propuesta por Esposito, las obreras son *separadas* de la comunidad hacia los márgenes como un acto de asepsia del tejido social. Como aquellos que han sido abandonados por el estado de excepción, según explica Agamben, aunque las mujeres tampoco están en apariencia dentro del campo de acción del marco jurídico, sí son afectadas, en cambio, por la lógica de inmunidad creada por los poderes locales. Quedan entonces "expuestas y amenazadas en el umbral en el cual la vida y la ley, el afuera y el adentro, se vuelven indistinguibles".[27] En otras palabras, los cuerpos de las mujeres asesinadas, aun ante la indiferencia del Estado, o precisamente debido a esta indiferencia que los condena a ese espacio de indistinción, están saturados del poder del Estado. Son, exactamente, la forma más concreta de materialización de ese mismo poder.

Del otro lado de la inmunidad, el narcotráfico en *2666* sugiere una red local de complicidades oficiales y extraoficiales que en Santa Teresa regula el flujo de drogas sin la intervención de fuerzas federales. Un ejemplo de ello es el episodio en que Pedro Negrete, jefe de la policía de Santa Teresa, contrata al joven Lalo Cura para trabajar como "hombre de confianza" de su "compadre" Pedro Rengifo, un prominente empresario local.[28] Cuando Lalo Cura salva la vida de la esposa de Rengifo durante un atentado perpetrado por dos asesinos, entre ellos un policía estatal, Negrete decide convertir a Lalo en detective, pero es hasta mucho después que Lalo comprende: "¿Así que Pedro

---

[27] Giorgio Agamben, *Homo Sacer: Sovereign Power and Bare Life*, trad. Daniel Heller-Roazen, Stanford, Stanford University Press, 1998, p. 28.
[28] Roberto Bolaño, *2666*, Barcelona, Anagrama, 2004, p. 481.

Rengifo es narcotraficante?, dijo Lalo Cura. Así es, dijo Epifanio. Si me lo hubieran dicho, no lo habría creído, dijo Lalo Cura".[29] Rengifo, además de empresario, es *también* un narcotraficante. Esta íntima relación entre policías locales, empresarios y traficantes es aludida más adelante cuando otro policía comenta con Lalo Cura el asesinato de la reportera de radio Isabel Urrea, cuya agenda personal revela en la investigación del crimen ciertos aspectos del orden político local:

> Encontré los teléfonos de tres narcos. Uno de ellos era Pedro Rengifo. También encontré los números de varios judiciales, entre ellos un jefazo de Hermosillo. ¿Qué hacían esos teléfonos en la agenda de una simple locutora? ¿Los había entrevistado, los había llevado a la radio? ¿Era amiga de ellos? ¿Y si no era amiga quién le había proporcionado esos teléfonos? Misterio.[30]

Como hemos visto, la sutil diferencia entre *Contrabando* y *2666* radica en la ausencia del Estado federal en las dinámicas regionales del "narco", donde los soldados y los agentes federales son reemplazados por policías estatales y municipales con nuevos pactos políticos que producen a su vez nuevas formas de biopolítica proyectada en los cuerpos más vulnerables de la comunidad: las mujeres y los jóvenes pobres.

III. El *impasse* crítico de la narcoliteratura

Tras la sospecha de fraude en las elecciones presidenciales de 2006, algunos analistas sugirieron que la "guerra contra el narco" declarada por Calderón, que implicó el despliegue de decenas de miles de soldados y policías federales, fue concebida únicamente como un intento mediático para legitimar su autoridad. Pero, como explica Luis Astorga, esta tesis resulta insuficiente porque pasa por alto "que la necesidad de poner orden era (es) real y urgente"[31] para la razón de Estado que buscaba recuperar la soberanía fragmentada

[29] *Ibid.*, p. 591.

[30] *Ibid.*, p. 580.

[31] Astorga, *Seguridad, traficantes y militares*, p. 306.

entre los múltiples territorios policiales semiautónomos que surgieron en estados como Chihuahua, Nuevo León, Tamaulipas y Sinaloa. Esto no se traducía en una mayor experiencia de la violencia, pues, como explica Fernando Escalante Gonzalbo, antes de la militarización del país la tasa de asesinatos a nivel nacional había mostrado un decidido descenso. A partir de 2008, con la intervención del Ejército y la Policía Federal, la tasa de asesinatos en varias zonas del país se incrementó en hasta un mil por ciento. Recordemos que la mayoría de esas víctimas eran hombres jóvenes, de clase baja y con una educación mínima, mientras que el perfil de los presuntos sicarios detenidos por las autoridades solo difería en que en promedio eran cinco años más jóvenes.[32] En otras palabras, la biopolítica securitaria exterminaba sistemáticamente a jóvenes pobres y luego culpaba sistemáticamente a otros jóvenes pobres.

Por su parte, un estudio del Programa de Política de Drogas del Centro de Investigación y Docencia Económicas (CIDE) mostró que el índice de letalidad de las Fuerzas Armadas creció dramáticamente durante la "guerra contra el narco" ordenada por Calderón. Entre 2007 y 2011, según el estudio, el 86.1% de los civiles asesinados que presuntamente confrontaron a los solados y agentes federales fueron abatidos con "letalidad perfecta", es decir, en ataques donde solo se registraron muertos, pero ningún herido. Todo esto sin investigaciones ministeriales que demostraran que los civiles asesinados tenían algún vínculo con el "crimen organizado". La Marina tenía el mayor índice de letalidad: 17.3 muertos por cada civil herido. Le seguía el Ejército mexicano con 9.1 muertos por herido y después la Policía Federal con 2.6 muertos por herido. Los investigadores del CIDE señalaban además que la violencia aumentaba 6% con cada combate y durante un periodo de tres meses. Y todavía más grave: de los 3 mil 327 enfrentamientos documentados, 84% fueron provocados por agentes del Estado. Solo el 7% fueron agresiones directas contra las Fuerzas Armadas federales. Alejandro Madrazo, investigador del CIDE, interpretaba los datos sin ambigüedad: "Los altos niveles de letalidad y letalidad perfecta son un indicio muy fuerte de que estamos ante ejecuciones extrajudiciales o ante el uso desmedido de la fuerza pública".[33]

---

32 Ramírez de Alba, *op. cit.*

33 Hernández Borbolla, *op. cit.*

Contrario a un Estado fallido, lo que revela esta información es tal vez el programa de biopolítica más ordenado e impactante en la historia reciente de México que se puso en marcha en el contexto de la peor crisis armada desde la Revolución mexicana. La estrategia del Estado muestra una correlación directamente proporcional entre la violencia y la presencia de las fuerzas federales en las zonas de mayor conflicto. La recurrente tipología de las víctimas y sus supuestos victimarios sugiere que el objetivo de esta "guerra" se enfocó principalmente en la parte operativa del narcomenudeo en los barrios pobres de las ciudades sitiadas, y no en los sectores financieros y empresariales que hacen posible la circulación trasnacional de las ganancias por la venta de drogas. No se explica nunca cómo es que las autoridades en estados como Chihuahua, donde se resuelve menos del 2% de los crímenes,[34] hayan tenido la capacidad para determinar correctamente la culpabilidad de los más de 15 mil presuntos "narcos" asesinados, cuando la mayoría de los cadáveres ni siquiera fueron identificados y terminaron desechados en fosas comunes.[35]

Es en este punto que mi análisis difiere radicalmente de buena parte del análisis intelectual hecho dentro y fuera de México. Me refiero al trabajo antes citado de Gareth Williams, Sergio González Rodríguez, Rossana Reguillo y Gabriela Polit, entre otros. La despolitización que impide distinguir al amigo del enemigo en la "guerra contra el narco" es producto de una política discursiva que articula una mitología del narcotráfico como un agente ubicuo y adaptable que puede materializarse en todos los ámbitos de la sociedad, llevando incluso a agudos investigadores como Williams a titular su capítulo dedicado al "narco" como "Absolute Hostility and Ubiquitous Enmity" ("hostilidad absoluta" y "enemistad ubicua"). Estos acercamientos ejemplifican estrategias de análisis que, como en el caso de los estudios culturales más frecuentes, se estructuran de manera orgánica en la lógica constitutiva del neoliberalismo: la idea de una sociedad donde el descentramiento del poder del Estado ha producido una red de vectores múltiples y aleatorios en la cual la distinción de lo político está siempre en un estado de dispersión en el mundo global. Esta discusión, que ha sido explorada

[34] Marcela Turati, "Los muertos de Calderón: asesino y asesinado, rostros en un espejo", *Proceso*, 30 de diciembre de 2012, pp. 16-19.

[35] Gustavo Castillo y corresponsales, "A la fosa común, 97% de los cuerpos no identificados en la *guerra antinarco* de Calderón", *La Jornada*, 2 de enero de 2013.

con mayor agudeza en el trabajo de Carlo Galli, supone que el concepto de lo político propuesto por Schmitt "está agotado"[36] precisamente porque la división espacial entre lo externo y lo interno de la separación entre amigo y enemigo ha sido rebasada por nuevas categorías políticas que descentran y minimizan la acción del Estado y las condiciones mismas de lo político, ahora dispersas en la lógica de la globalización. Asimilada en la mayoría de los estudios sobre el "narco", esta crítica despliega de modo problemático la superficialidad de un saber recibido que *imagina* a un "narco" omnipresente, a la vez local y global, reificado como sujeto y objeto de toda manifestación de la violencia. Esta conceptualización del "narco" se corresponde así con las dinámicas de la economía global reconfigurando la experiencia de la violencia en un modelo rizomático que abandona la hegemonía del Estado para suponer una discontinua horizontalidad de experiencias de la violencia que anulan la claridad de lo político.

Advierto, sin embargo, que la lógica de la globalización asumida por los estudios culturales y por conceptualizaciones de lo político como la imposibilidad de un Estado soberano resulta insuficiente para comprender la presencia del Estado en México como la condición misma de posibilidad del "narco". Al retomar el concepto de lo político como la distinción esencial entre el amigo y el enemigo, Carl Schmitt define las causas de una guerra civil como el antagonismo interno que debilita al Estado y en el que "los agrupamientos de amigo y enemigo domésticos, y no extranjeros, son decisivos para un conflicto armado".[37] Este punto es crucial porque, a pesar de los alcances globales que se atribuyen a los supuestos "cárteles de la droga", el "narco" en México ha sido y sigue siendo un fenómeno esencialmente doméstico, pero enmarcado en el discurso trasnacional de la "guerra contra las drogas" desde Estados Unidos. Para analizarlo, resulta necesario reconsiderar el pensamiento político de Schmitt ante la vaguedad conceptual que abdica su potencial crítico al suponer al narcotráfico como una inasible hostilidad ubicua.

A diferencia del modo en que el Estado en Colombia confrontó la amenaza real del "narco", el Estado mexicano mantuvo a las organizaciones criminales

---

[36] Galli, *op. cit.*; y Brown, *op. cit.*, p. 182.

[37] Carl Schmitt, *The Concept of the Political*, trad. George Schwab, Chicago, The University of Chicago Press, 1996 (1932), p. 32.

bajo una rigurosa subordinación hasta mediados de la década de 1990, del modo en que lo inscriben los violentos episodios de *Contrabando.* Integrado a nuevas lógicas de poder locales, como propone la trama fronteriza de *2666*, el "narco" operó durante esos gobiernos bajo las motivaciones políticas de la clase política y empresarial, junto con las corporaciones policiacas, con el objetivo en común de construir fueros semiautónomos e independientes del poder federal central. La estrategia militar de Calderón —propulsada por Washington— intentó después imponer la misma dinámica de subordinación que articuló la hegemonía del PRI, ahora contra los nuevos enemigos del Estado: los poderes estatales que desafiaron al reducido Estado panista legado por Vicente Fox. Y, como argumenté antes, esa misma forma de lo político cobró una mayor centralidad en la presidencia de Peña Nieto y luego en la de López Obrador. Pasar por alto esta profunda politización doméstica del tráfico de drogas en las últimas dos décadas es simplemente no comprender la esencia actual del fenómeno en México. Todo ello debe pensarse bajo el marco general de la agenda de seguridad de Estados Unidos, que, según Carlos Fazio, impuso y dio apoyo político y económico al estado de excepción de la militarización antidrogas:

> En forma paralela, y a partir de la implantación larvada de un estado de excepción no declarado que se fue convirtiendo en regla, Estados Unidos instituyó en México —como antes en Colombia— un modelo donde la administración de la política se convirtió en un "trabajo de muerte" que permite el control de amplios territorios para la explotación de los recursos geoestratégicos, laborales, de manufacturación o de paso para la circulación de las mercancías.[38]

Las razones de Estado en México deben siempre considerarse en el marco general del securitarismo estadounidense como un efecto general de las políticas intervencionistas del norte global que legitima la violencia militar en contra de los sectores más vulnerables de la sociedad en el nombre de una seguridad que nunca es la de las mujeres o los jóvenes pobres asesinados en el supuesto combate al "narco".

---

[38] Carlos Fazio, *Estado de emergencia. De la guerra de Calderón a la guerra de Peña Nieto*, México, Grijalbo, 2016, p. 17.

Como discutí desde el primer ensayo, el éxito comercial de numerosas novelas que independientemente de su nivel de realismo promueven la narrativa oficial de la lucha de "cárteles" y la celebridad global de capos como Joaquín "El Chapo" Guzmán se debe en gran medida a la imposibilidad de pensar políticamente el fenómeno. Me detengo para efectos de mi argumento en una sola: *Entre perros* (2009), de Alejandro Almazán. Es la historia de tres amigos de infancia sobrevivientes a la violencia del "narco" que se reencuentran como adultos años después en Culiacán. Uno de ellos se ha vuelto periodista en la capital y decide volver a Sinaloa para hacer un reportaje sobre un cadáver que aparece colgado de un puente. El periodista descubrirá que sus dos amigos son ahora agentes productores de la violencia local: uno es empresario del box y el otro trabaja como sicario. Más adelante, en la novela se explica cómo el presidente de la República hace un pacto con el "Cártel de Sinaloa" para enfrentar al "Cártel del Golfo" y su banda de asesinos conocidos como "Los Emes", que, en la delgada sutileza de este *roman à clef*, se corresponden con los sanguinarios "Zetas", los renegados exmilitares que según análisis de inteligencia del Ejército y reportajes periodísticos controlan virtualmente la totalidad del estado fronterizo de Tamaulipas. En medio de esa "guerra de cárteles", el protagonista descubre que todos en Culiacán son de algún modo facilitadores del "narco", que todos, en cierta medida, trabajan para el "cártel".

La académica Gabriela Polit analiza la novela a unos meses de su publicación y en un artículo académico registra su estremecimiento con un encabezado que lee en la revista sinaloense *Ríodoce*: "Los 'Zetas' rompen el cerco", y, al pie de la foto de un hombre colgado de un puente, se afirma: "Entran a Culiacán y combaten al Cártel de Sinaloa: PGR". Para la investigadora, la coincidencia entre la ficción y el periodismo solo podía entenderse de dos maneras: "... la noticia repetía ese desborde de crueldad que caracteriza la novela de Almazán"; "O, lo que es peor, mostraba que la novela es una imitación de esa realidad cruel".[39] A Polit y a Almazán "la realidad" —la supuesta lucha de "cárteles" que según el presidente Calderón produjo los altos índices de violencia nacional— les parece de una materialidad incuestionable. Pero si la

[39] Gabriela Polit, "La persuasiva escritura del crimen: literatura y narcotráfico", en *Nuevos hispanismos. Para una crítica del lenguaje dominante*, ed. Julio Ortega, Madrid y Frankfurt, Iberoamericana Vervuert, 2012, p. 347.

supuesta realidad del "narco" termina pareciéndose a la ficción se debe a que se trata de un constructo narrativo articulado principalmente desde el Estado. Polit no repara en el hecho de que la información sobre la supuesta entrada de "Los Zetas" a Sinaloa había sido divulgada exclusivamente por la Procuraduría General de la República (PGR) y que la cruel práctica de colgar cadáveres de un puente es casi un lugar común desde que se inició la "guerra contra el narco". Ambas, la realidad a la que alude Polit y la novela de Almazán que la representa, están atravesadas por esa misma lógica discursiva por medio de la cual el Estado se distancia de los "cárteles de la droga", posicionándolos por fuera de sus estructuras de poder y reduciéndolos a la función de un enemigo externo que amenaza a la sociedad civil y a su gobierno.

Esta correspondencia exacta entre el discurso literario y el periodístico puede entenderse, siguiendo a Alain Badiou, como una reiteración ideológica de lo *real*. Como en los teatrales juicios sumarios que Stalin utilizó para condenar a muerte a los disidentes del régimen, se activa lo que Badiou denomina "pasión por lo real",[40] es decir, la necesidad de insistir en un sistema de ficción discursiva que permita señalar constantemente la materialidad de lo *real* que es solo perceptible desde lo *simbólico*. Tanto acusadores como sus víctimas comprendían que la purga humana que ordenaba Stalin era un *mise en scène*, pero los fines ideológicos justificaban la necesidad de los falsos juicios. Toda manifestación de la violencia, bajo este imperativo de corroborar lo supuestamente real del "narco" que ha sido enunciado desde el Estado, se ordena en la preestablecida matriz discursiva oficial. Lo simbólico del "narco" siempre emerge igual a sí mismo en el periodismo, la investigación académica y el conjunto de producciones culturales que lo alude. Desde luego, como señala Jacques Rancière, "lo real debe ficcionalizarse para poder ser pensado",[41] pero ese ficcionalizar se construye a partir de una red de significados que se establece *a priori* en un archivo constituido por enunciados discursivos de poder.

Entre perros cumple aquí la más básica función narrativa que aparece de modo similar en novelas como *Trabajos del reino* (2004), de Yuri Herrera, o *Fiesta en la madriguera* (2010), de Juan Pablo Villalobos, ficciones limitadas

---

[40] Alain Badiou, *The Century*, Malden, Polity Press, 2007, p. 52.

[41] Jacques Rancière, *The Politics of Aesthetics*, trad. Gabriel Rockhill, Londres y Nueva York, Continuum, 2004, p. 38.

por la imposibilidad de comprender la naturaleza política de la "narcoguerra", ávidas de identificar a los enemigos señalados por el Estado. Mientras que novelas como *Contrabando* y *2666* distinguen correctamente el sentido político del "narco", las narconovelas más recientes renuncian a su potencial crítico al reproducir el discurso oficial que se deslinda de su responsabilidad, atribuyendo la violencia sin precedentes a imaginarios "cárteles de la droga" que, aun en las ciudades más militarizadas, consiguen siempre superar a las fuerzas del Estado.

Vuelvo a Carl Schmitt a modo de conclusión: "Palabras como Estado, república, sociedad, clase, al igual que soberanía, Estado constitucional, absolutismo, dictadura, planeación económica, Estado neutral o total, etcétera, son incomprensibles si uno no sabe exactamente quién será afectado, combatido o negado por dichos términos".[42]

Determinar correctamente la identidad del enemigo es el resultado de una estrategia de representación que produce un saber crítico en torno al narcotráfico y que claramente visualiza las partes confrontadas en ese antagonismo. Al revisar las estrategias de representación que practican las novelas aquí mencionadas como artefactos culturales de sus respectivas épocas, advierto que las ficciones del "narco" en la literatura contemporánea están dominadas por un imaginario oficial que permanece cómodamente invisible y a salvo de cualquier proyecto crítico. Una de nuestras consignas permanentes para superar ese *impasse* es aceptar que determinar la materialidad de lo político es una agenda que no puede abandonarse bajo retóricas conceptuales de la llamada globalización, tan descentradas e improductivas como el modelo mundial que imaginan. Más allá del vocabulario teórico vigente, la identidad específica de los enemigos del Estado deberá asumirse como esa agenda cuyo objetivo esencial será nombrar, como pedía Schmitt, quiénes entre nosotros serán combatidos y quiénes y bajo qué razón de Estado prevalecerán.

---

42 Schmitt, *The Concept of the Political*, pp. 30-31.

La recaptura de "El Chapo", el "juicio del siglo" y la conquista mediática del Estado

—¿Has visto *El padrino*?
—Sí.
—¿Sabes quién es Fredo?
—¡Objeción![1]

En una de las tantas escenas legendarias de *El padrino III* (1990), Vince Corleone (interpretado por Andy García) se encuentra con Don Lucchesi, uno de los oscuros gánsteres que acechan a su tío Michael Corleone (Al Pacino) en la última parte de la célebre trilogía de Francis Ford Coppola. Cuando Vince admite no entender de política y finanzas, Don Lucchesi emplea una metáfora elocuente para educar a un hombre impulsivo y visceral que solo sabe de violencia: "Tú entiendes de armas. Las finanzas son un arma. La política es saber cuándo apretar el gatillo".

Convendría recordar esas líneas para enmarcar la recaptura final y la extradición de Joaquín "El Chapo" Guzmán. En medio de la supuesta "guerra" por la "plaza" fronteriza de Ciudad Juárez, "El Chapo" fue el jefe del "mayor cártel del mundo",[2] el de Sinaloa, que según la revista *Fortune* estuvo todavía en 2014 entre las cinco principales organizaciones criminales del planeta, junto con las mafias de Rusia, Italia y Japón, con un ingreso anual de 3 mil millones de dólares, según cálculos de la inteligencia estadounidense.[3]

---

[1] "You ever seen *The Godfather*?" "Yes." "You know who Fredo is?" "Objection!". Lo anterior fue un intercambio entre Jeffrey Lichtman, abogado de Joaquín "El Chapo" Guzmán, y un traficante que servía como *fixer* del supuesto jefe del "Cártel de Sinaloa" durante el llamado "juicio del siglo" en Nueva York en 2019. Jessica Loudis, "Cartel Cowboy", *Artforum*, 23 de enero de 2019.

[2] "Cartels Winning Mexico Drug War; Sinaloa Kingpin Controls Key Ciudad Juarez Trafficking Routes", *New York Daily News*, 9 de abril de 2010.

[3] Chris Matthews, "Fortune 5: The Biggest Organized Crime Groups in the World", *Fortune*, 14 de septiembre de 2014.

En mayo de 2017, ya con Guzmán extraditado en Estados Unidos, el titular de la Procuraduría General de la República (PGR) en México, Raúl Cervantes, declaró en una entrevista televisiva, aparentemente desconcertado: "Nos hemos dado cuenta de que ["El Chapo] no usaba el sistema financiero, porque no hemos encontrado activos; ni ellos han podido encontrar un dólar". Luego afirma: "No hay cárteles dominando territorios".[4] ¿Cómo explicar la insalvable aporía entre el discurso oficial que aseguraba la inmensidad del poder económico y político de Guzmán y la realidad de su pobreza e insignificancia una vez preso?

"El Chapo" fue detenido por tercera y última vez después de fugarse en dos ocasiones de penales de máxima seguridad. Aunque se ha pensado la caída del capo en términos políticos y policiales, los análisis más atendidos han reiterado la absurda mitología que contradictoriamente convierte a "El Chapo" en el mayor criminal de la historia del narcotráfico global aun después de ser humillado y exhibido por el Estado mexicano con su tercera captura. A esto se sumó el ya clásico artículo publicado el 9 de enero de 2016 —un día después de la detención de "El Chapo"— por el actor estadounidense Sean Penn en la revista *Rolling Stone*, sobre el encuentro que él y la actriz mexicana Kate del Castillo sostuvieron con el traficante en Sinaloa el 2 de octubre de 2015.[5] El texto de Penn fue menospreciado y condenado por varios narradores, periodistas y académicos como un superficial ejercicio de egocentrismo y una oportunidad periodística única pero desperdiciada. Contra esas opiniones, propongo discutir la captura de "El Chapo" y la crónica de su entrevista con Sean Penn y Kate del Castillo como eventos de gran valor noticioso que permiten un acercamiento inusual a la realidad del narcotráfico y que plantean interrogantes pertinentes sobre el operativo mismo de captura y el papel que la revista *Rolling Stone* tuvo en este incidente. Más allá de la superficial lectura que se ha hecho de ambos episodios, considero la detención del traficante y su encuentro con los actores como singulares avistamientos de lo *real* del crimen organizado en México. Terminaré esta sección con una reflexión sobre el llamado "juicio del siglo" que se llevó a cabo en Nueva York, en el que, como

---

[4] "No se sabe dónde está el dinero de 'El Chapo'; no utilizaba el sistema financiero: PGR", *Proceso*, 3 de mayo de 2017.

[5] Sean Penn, "El Chapo Speaks: A Secret Visit with the Most Wanted Man in the World", *Rolling Stone*, 9 de enero de 2016.

documentó el periodismo casi como en una serie de Netflix, se nos mostró la derrota final del que alguna vez fuera, según los medios y los voceros de la DEA, la mayor mente criminal del planeta.

Consideremos primero la secuencia temporal en la que ocurrieron los eventos en torno a la captura de "El Chapo" y su encuentro con Sean Penn y Kate del Castillo. El gobierno de Peña Nieto no solo admitió haber monitoreado el viaje clandestino de los actores, sino que, según información confiable a la que tuve acceso en esos días, el gobierno federal también habría sabido con antelación la fecha precisa de la publicación de "El Chapo habla", el artículo escrito por Penn para *Rolling Stone.* La insólita proximidad entre el operativo militar para recapturar a "El Chapo" la madrugada del 8 de enero (el presidente Enrique Peña Nieto anunció la captura en su cuenta de Twitter a las 10:19 a. m.) y la publicación del artículo un día después suponen dos posibilidades: o bien el gobierno federal tuvo la intención, entre otros objetivos, de *controlar* el contexto en el que se publicaría el artículo de Penn, o bien el artículo se publicó como contrapunto mediático para acompañar la captura, lo cual supondría un cierto nivel de coordinación entre el Estado y la propia revista estadounidense, pues el artículo tendría que haber estado listo para imprimirse días antes del anuncio oficial. Es importante subrayar que el artículo de *Rolling Stone*, fechado en su sitio web el 9 de enero y adelantado ese mismo día incluso por una nota en el sitio del *New York Times*, ya menciona la recaptura del Chapo al igual que la versión impresa. En otras palabras, los editores de *Rolling Stone* incluyeron esa información con menos de 24 horas *antes* de poner la revista impresa a la venta y compartir el adelanto con el *New York Times.* No queda claro qué día exactamente se publicó la revista en papel —varios sitios de noticias indican que se imprimió entre el 9 y 10 de enero—, pero ese proceso requiere para la mayoría de las publicaciones impresas de por lo menos uno o dos días de anticipación. Es improbable, entonces, suponer que *Rolling Stone* habría simplemente reaccionado a la noticia de la captura del Chapo adelantando la publicación de su artículo, pues no habría tenido suficiente tiempo, con menos de un día de su impresión, para preparar el artículo de portada y reordenar el contenido total de ese número de la revista. Penn no solo reflexiona sobre la detención del traficante, sino que incluso se permite concluir vaticinando con ironía la probable extradición del traficante: "No pasará mucho tiempo, estoy seguro, antes de que el próximo cargamento del Cártel de Sinaloa hacia los Estados Unidos sea el hombre ('El Chapo') mismo".[6] (En un video oficial difundido por la PGR el 27 de enero incluso se afirma que el operativo de recaptura del Chapo ocurrió "la madrugada del 9 de enero", es decir, cuando el artículo de *Rolling Stone* ya se había impreso y el *New York Times* ya lo había adelantado en su sitio de internet). En cualquiera de los escenarios sobre ese cerrado *timing*, concebir la posibilidad de una simple coincidencia entre la captura y la publicación del artículo de Penn sería en mi opinión ingenuo e implicaría desestimar la estrategia mediática del Estado mexicano y su contraparte estadounidense.

Al recapturar a "El Chapo" antes de su aparición en *Rolling Stone*, el gobierno mexicano siguió un orden mediático inverso al de la segunda captura del traficante hacía casi dos años. Como se recordará, el presidente Barack Obama sostuvo a principios de 2014 un encuentro privado con el presidente Peña Nieto durante la Cumbre de Líderes de América del Norte. En una rueda de prensa conjunta el 19 de febrero de ese año, Obama elogió al gobierno de Peña Nieto haciendo eco del encabezado "Saving Mexico" que la revista *Time* había dedicado al presidente mexicano en su polémico reportaje de portada seis días antes.[7] Apenas tres días después de ese encuentro, el 22 de febrero por la mañana, marinos de la Armada de México y agentes de la Policía Federal detuvieron a "El Chapo" sin detonar un solo disparo. Con un orden distinto de los factores, pero obteniendo el mismo producto, el gobierno mexicano reactivó su soberanía recapturando a "El Chapo" por tercera ocasión *antes* del artículo de *Rolling Stone*. Ambas capturas han sido complementadas simbólicamente por las revistas estadounidenses. *Time* pareció preparar el triunfo del gobierno federal, mientras que *Rolling Stone* sin duda explica retroactivamente la derrota de "El Chapo". ¿Importó que los principales medios de comunicación del mundo, como el propio *New York Times*, reportaran la fantástica fuga de "El Chapo" —por ese casi imposible túnel de kilómetro y medio de largo— como una "humillación" devastadora para el gobierno mexicano con irrevocables consecuencias geopolíticas?[8]

---

[6] *Idem*.

[7] Michael Crowley, "Saving Mexico. How Enrique Peña Nieto's Sweeping Reforms Have Changed the Narrative in His Narco-Stained Nation", *Time*, 24 de febrero de 2014.

[8] Azam Ahmed y Randal C. Archibold, "Mexican Drug Kingpin, El Chapo, Escapes Prison Through Tunnel", *The New York Times*, 12 de julio de 2015.

La magistral jugada del gobierno federal se confirma con las revelaciones que hace el propio traficante en la entrevista con Penn. "El Chapo" dista aquí de ser el brillante genio criminal que en su momento reportaron periodistas como Anabel Hernández, Diego Enrique Osorno o Alejandro Almazán. Joaquín Guzmán aparece en el texto de Penn más bien como un torpe delincuente rodeado de un acotado grupo de colaboradores que no cuenta con un solo intérprete del inglés que traduzca las preguntas del actor ni con la tecnología mínima para hacerle llegar por internet un simple video con sus declaraciones tomado con un teléfono celular. Todo esto pese a la desmesurada fortuna que todos los medios del mundo dieron por hecho y que fue supuestamente construida con una estructura criminal que "enviaba toneladas de drogas a más de 50 países del mundo", según reiteró el mismo corresponsal del *New York Times* que meses antes certificó el golpe irreparable de la fuga de "El Chapo".[9]

Por otro lado, la captura misma puso en evidencia las escasas opciones de supervivencia del capo. Según el gobierno federal, se confirmó su presencia en la casa de seguridad donde fue localizado luego de que un emisario suyo comprara una gran orden de tacos para llevar. Finalmente, al igual que Jean Valjean, el protagonista de la novela *Los miserables*, de Víctor Hugo, "El Chapo", "en camiseta y cubierto de suciedad", optó por embarrarse literalmente de mierda al intentar un último escape a través de un desagüe de drenaje antes que ser detenido en la calle.[10]

Es sorprendente que ciertos análisis pasaran por alto estos datos, incluso los mismos reporteros que dieron a conocer la información. En esos días así reaccionaron quienes vieron la captura de "El Chapo" y el artículo de *Rolling Stone* como un juego de simulaciones que solo revelaba el fracaso del Estado mexicano. La antropóloga Natalia Mendoza, por ejemplo, desestimó en un artículo en *Milenio* la importancia del texto de Penn y su entrevista a "El Chapo" considerando que "son irrelevantes desde el punto de vista de la investigación judicial y de los estudios de seguridad".[11] En la misma línea, Jorge Quintana Navarrete escribió en un texto en el sitio *Horizontal*: "Los

---

[9] Azam Ahmed, "How *El Chapo* Was Finally Captured, Again", *The New York Times*, 16 de enero de 2016.

[10] *Idem.*

[11] Natalia Mendoza, "Un triunfo de la antropología", *Milenio*, 18 de enero de 2016.

performances de soberanía del Estado moderno, con sus alardes de fuerza y eficiencia, revelan paradójicamente la verdadera impotencia y debilidad del propio Estado, su incapacidad constitutiva para garantizar la estabilidad del pacto social".[12] Finalmente, un texto del escritor y periodista estadounidense Francisco Goldman en *The New Yorker* resumió la opinión popular más prevalente al rechazar siquiera la posibilidad de la derrota del traficante para, en cambio, interpretar la captura como una "gringada" de Hollywood que, según él, lo único que logró "fue recordar cómo El Chapo había humillado al gobierno escapando la última vez".[13]

Resulta irónico observar, en este punto, cómo esas opiniones coincidían con ciertos análisis que buscaban enfatizar la supuesta crisis de "seguridad nacional" del gobierno de Peña Nieto. Casi roza la comicidad involuntaria el intento de Guillermo Valdés Castellanos, exdirector del Cisen durante la presidencia de Felipe Calderón, por reconciliar la precariedad de "El Chapo" y los reportes de inteligencia con que el propio Cisen aseguró el implacable poder del "más buscado". En un artículo publicado en *Milenio*, Valdés especula hasta la contradicción más absurda: primero explora la posibilidad de que Guzmán fingiera su ignorancia y pobreza para evitar incriminarse ante una cámara (que él mismo eligió prender para la entrevista voluntaria con Sean Penn); luego entretiene la posibilidad de que "El Chapo" fuera en realidad "un miembro más" de una organización tan enorme al grado de que él mismo desconociera sus alcances y no disfrutara realmente de sus ganancias.[14] Luego, refutando las dos tesis anteriores, Valdés afirma párrafos más tarde:

> La época dorada de los narcos, cuando podían vivir sin esconderse, aparecer en las secciones de sociales de los periódicos y ser consejeros de bancos, como era el caso de Miguel Ángel Félix Gallardo todavía en los 80, esa época se acabó. La presión de EU primero y la persecución del gobierno mexicano a partir de 2006 los obligó a la clandestinidad.[15]

---

[12] Jorge Quintana Navarrete, "'Misión cumplida': breve genealogía del *performance* de soberanía del Estado mexicano", *Horizontal*, 21 de enero de 2016.

[13] Francisco Goldman, "El Chapo, Episode III: The Farce Awakens", *The New Yorker*, 14 de enero de 2016.

[14] Guillermo Valdés Castellanos, "Leyendo entre líneas", *Milenio*, 18 de enero de 2016.

[15] *Idem.*

Si la "época dorada de los narcos" ya había terminado en 2006, ¿por qué tuvo que haber una sangrienta "guerra" para combatirlos? Valdés omite recordar que durante décadas el PRI mantuvo al crimen organizado marginado del poder político utilizando un violento sistema policial represor, como ha demostrado Luis Astorga y como ya he discutido en los ensayos anteriores de este libro. El gobierno de Peña Nieto igualmente detuvo o ejecutó extrajudicialmente a los mayores jefes del crimen organizado en marcados contextos políticos, como con el asesinato de Heriberto Lazcano, jefe de "Los Zetas", o la neutralización de las autodefensas en Michoacán, como señalé anteriormente.

Nuestro mejor periodismo indica cada vez con mayor claridad que las fuerzas del Estado —desde la Policía Federal hasta al Ejército— cargan con gran responsabilidad en la desaparición de los 43 normalistas en el estado de Guerrero. Ahora se dice rápido, pero, hasta la irrupción del reclamo nacional de justicia por Ayotzinapa, la presidencia de Peña Nieto había reconfigurado con éxito los parámetros de la agenda de "seguridad nacional". Así, es una abdicación intelectual y crítica asumir de entrada que las fugas y los arrestos de "El Chapo" son indicativos de un Estado rebasado por el crimen organizado. Por el contrario, al detentar el monopolio sobre la violencia legítima, siguiendo aquí la conocida tesis de Max Weber, el Estado es la principal condición de posibilidad del crimen organizado en México, ya sea gestionando o destruyendo a los grupos delincuenciales de acuerdo con necesidades políticas contingentes.

Como con la célebre entrevista que Ismael "El Mayo" Zambada concedió en 2010 al periodista Julio Scherer, "El Chapo" dejó entrever el verdadero tamaño de su poder.[16] Humilde y consciente de sus límites, "El Chapo" responde con sencillez cuando Penn le pregunta si considera que su organización es "un cártel": "No, señor, para nada. Porque la gente que dedica sus vidas a esta actividad no depende de mí".[17] Sin un "cártel" a su mando, "El Chapo" quería una película con la actriz Kate del Castillo que realizara la imposible fantasía de ser el "jefe de jefes" que promovió el Estado.

---

[16] Julio Scherer, "*Proceso* en la guarida de 'El Mayo' Zambada", *Proceso*, 3 de abril de 2010.

[17] Penn, *op. cit.*

Así lo reflexionó también Juan Villoro en un artículo publicado en *Reforma*:

> Cuesta trabajo ver a "El Chapo" como responsable de tramas de lavado de dinero que pasan por la banca de Londres, van a los paraísos *off shore* en el Caribe y regresan a México gracias a empresas aparentemente legales. Si controlara esta red, sería el narco más poderoso de todos los tiempos. Más bien parece estar al servicio de esa red.[18]

Esa red, resulta innegable a estas alturas, remite una y otra vez al Estado mexicano tanto como a los circuitos trasnacionales del lavado de dinero, uno de cuyos principales centros ha sido históricamente Estados Unidos, "lugar de elección de cárteles y cleptócratas".[19] Asumir que hombres como "El Chapo" ocupan posiciones de verdadero poder es subestimar la capacidad del estado de excepción en México y la capacidad de nuestro actual gobierno de ejercer en la ilegalidad buena parte de los negocios públicos y privados de la clase política.

En la captura, en la fuga o en la extradición, "El Chapo" fue el fetiche de la corrupción oficial, pero también del implacable poder simbólico del Estado que ha conseguido imponer su *verdad* sobre el narcotráfico. El periodista Ignacio Alvarado, acaso uno de los más agudos investigadores y expertos en el tema, me explicó este fenómeno en una conversación personal como "la conquista mediática del Estado", que limita el entendimiento de periodistas, novelistas y académicos sobre el "narco" y que establece las coordenadas epistemológicas que condicionan la manera en la que incluso *imaginamos* el "narco". Es preciso, entonces, comprender la violencia del "narco" menos como un ciclo interminable de *vendettas* personales entre psicópatas y más como el frío cálculo geopolítico entre los estados de excepción de nuestro hemisferio. No es personal; es *business*, insisten los capos de la trilogía de *El padrino*. Y para situar el ascenso y caída de "El Chapo" en el contexto correcto, es imprescindible aceptar, como pediría Don Lucchesi, que la política del Estado —la más poderosa forma de política en la sociedad— consiste en el arte de determinar cuándo, por fin, apretar el gatillo.

---

[18] Juan Villoro, "Un célebre desconocido", *Reforma*, 15 de enero de 2016.

[19] Peter Stone, "How America Became the Money Laundering Capital of the World", *The New Republic*, 7 de mayo de 2021.

El arma simbólica de la agenda estadounidense se detonó finalmente con las contradicciones, fantasías y mitificaciones del juicio a "El Chapo" Guzmán, que se realizó —podríamos también decir que se espectacularizó— en Nueva York entre el 5 de noviembre de 2018 y el 12 de febrero de 2019. El esfuerzo de mitificación se dio casi espontáneamente. Se publicaron ya por lo menos dos libros sobre el proceso en sí: *El juicio. Crónica de la caída del Chapo*, de J. Jesús Esquivel, y *El Chapo Guzmán. El juicio del siglo*, de Alejandra Ibarra Chaoul. Como ocurre con los procesos judiciales, es difícil esconder las contradicciones y anular los eventos inesperados. El imperio de "El Chapo", por ejemplo, se edificó traficando cocaína mediante técnicas folklóricas que rayaban en la caricatura, como, por ejemplo, en plátanos de plástico o latas de chiles jalapeños rellenas del polvo blanco.[20]

Ante el juez desfiló todo tipo de personaje esperpéntico pronunciando las más inverosímiles historias, como, por ejemplo, que una tal "comadre María" de "El Chapo" habría ido a entregar personalmente al presidente Peña Nieto en su residencia de Los Pinos un soborno de 100 millones de dólares en efectivo.[21] Las absurdas aventuras recitadas por los traficantes testigos no impidieron que la policía de Nueva York y la seguridad en el juzgado fueran presa de la paranoia, ordenando complicados operativos para trasladar al traficante por las calles de Nueva York, llegando incluso a cerrar el muy transitado e icónico puente de Brooklyn y maximizando la vigilancia en los alrededores como si esperaran un operativo de liberación estilo hollywoodense o de plano un ataque con armas nucleares.[22] Al final, "El Chapo" fue declarado culpable de haberse beneficiado de unos 14 mil millones de dólares producto de la venta de drogas en Estados Unidos durante *toda* su carrera criminal de 1989 a 2017. Se lo acusó también de haber ordenado la ejecución de literalmente "miles" de traficantes rivales, aunque no se presentó evidencia real de ello y ni siquiera se incluyó formalmente como uno de los 17 cargos que se le

---

[20] Claudia Torrens, "Narcotraficante: pagué millones a funcionarios en México", *Associated Press*, 20 de noviembre de 2018.

[21] David Brooks, "'El Chapo' pagó sobornos a Enrique Peña Nieto y Felipe Calderón: testigo", *La Jornada*, 15 de enero de 2019.

[22] Alan Feuer, "Gridlock on the Brooklyn Bridge? Blame El Chapo", *The New York Times*, 14 de agosto de 2018.

imputaron.[23] Irónicamente, en 2019, el mismo año del juicio a "El Chapo", el gobierno de Trump dejó atrás las ganancias de "El Chapo" con los 14 mil 400 millones de dólares destinados solamente al presupuesto de Customs and Border Protection (CBP), la agencia que se encarga de la seguridad fronteriza, incluyendo la Border Patrol. En 2025, el presupuesto de la CBP ya era de 22 mil 400 millones de dólares.[24]

Dos años más tarde, uno de los hijos de "El Chapo" protagonizó el episodio más escandaloso de la política antidrogas durante el gobierno de Andrés Manuel López Obrador. El 17 de octubre de 2019, un operativo militar que intentaba detener a Ovidio Guzmán fracasó cuando decenas de supuestos traficantes salieron a las calles para intimidar a la sociedad civil y forzar el retiro de las tropas. El llamado "culiacanazo" no puede subestimarse, pues reinstaló en la ciudadanía un temor extremo por la violencia atribuida a los traficantes y contribuyó a revertir las promesas de pacificación del gobierno de AMLO.

A unos meses de haber comenzado su gobierno, el 30 de enero de 2019 —mientras se presentaban los alegatos finales contra "El Chapo" en el juicio en Nueva York—, López Obrador anunció que cancelaría la "guerra contra el narco".[25] Esa política de pacificación fue la lógica detrás de la liberación de Ovidio Guzmán, pues se argumentó que los objetivos de la militarización antidrogas no valían la vida de ningún ciudadano.

En los años siguientes de su gobierno, López Obrador replanteó la relación binacional en materia de seguridad tras la detención del general Salvador Cienfuegos en Estados Unidos. No solo acusó a la DEA de haber fabricado los cargos que señalaban al exsecretario de Defensa como "el padrino" de traficantes de segunda fila, sino que puso al alcance del público el desaseado expediente de la agencia estadounidense.[26] También impuso una mayor regulación a los agentes de la DEA en México, demandó a las empresas estadou-

---

[23] The United States Department of Justice, Office of Public Affairs, "Joaquin 'El Chapo' Guzman Loera Faces Charges in New York for Leading a Continuing Criminal Enterprise and Other Drug-Related Charges", 20 de enero de 2017.

[24] Para el presupuesto de 2019, véase <https://cmsny.org/wp-content/uploads/2018/04/FY2019-POTUS-Budget-Request-CBPupdated.pdf>. El presupuesto de 2025 está disponible en esta página: <https://usafacts.org/explainers/what-does-the-us-government-do/agency/us-department-of-homeland-security/>.

[25] Rubén Mosso y Jannet López, "Ya no hay guerra: AMLO", *Milenio*, 31 de enero, 2019.

[26] "DEA fabrica acusación contra Cienfuegos, afirma AMLO", *Forbes*, 15 de enero de 2021.

nidenses que fabrican armas de contrabando utilizadas por delincuentes en México y suspendió la Iniciativa Mérida, la ayuda estadounidense de más de 3 mil millones de dólares para la "guerra contra el narco" que inició con el gobierno de Felipe Calderón. El escritor mexicano Juan Villoro advirtió con agudeza que, con estas medidas, México había puesto límites a la intervención extranjera.[27]

En el último año del gobierno de AMLO, sin embargo, hubo un retroceso de su política de pacificación. La militarización se profundizó y la Guardia Nacional, que se creó para reemplazar al Ejército en las tareas de seguridad, pasó permanentemente al control de la Sedena. El Ejército se convirtió entonces en la segunda dependencia federal con mayor presupuesto —200 mil millones de pesos— y con alrededor de 240 mil elementos patrullando el país.[28] Según un estudio, entre 2007 y 2023 se presentaron 87 iniciativas de reforma constitucional y legislativa para transferir funciones o presupuesto a las Fuerzas Armadas en México, de las cuales 77% fueron presentadas durante el gobierno de AMLO.[29]

Si bien fue cierto que la política conocida como "abrazos, no balazos" observó un descenso del homicidio en México, lo que quedó en juego fue la continuidad de la "guerra contra el narco" protagonizada por las Fuerzas Armadas que matan civiles con un alto índice de letalidad, justificada por supuestamente contrarrestar la violencia original atribuida a los traficantes.

Según reportes de prensa, agencias como la DEA y la CIA continúan operando libremente en México. En un desconcertante giro de 180 grados, el presidente López Obrador afirmó hace poco que ya confiaba en los agentes antidrogas de Estados Unidos.[30] Finalmente, el 5 de enero de 2023, Ovidio Guzmán fue recapturado y posteriormente extraditado a Estados Unidos.

Así regresó a plenitud la "guerra" a las calles.

En 2016, durante la última captura de "El Chapo" Guzmán en Los Mochis, Sinaloa, solo participaron 17 militares de las fuerzas especiales de la

---

[27] Juan Villoro, "El patio trasero", *Reforma*, 16 de diciembre de 2022.

[28] WOLA, "México profundiza la militarización. Los hechos muestran que es una estrategia fallida", 2 de septiembre de 2022.

[29] Catalina Pérez Correa *et al.*, *Inventario nacional de lo militarizado. Una radiografía de los procesos de militarización en México*, México, Programa de Política de Drogas, 2024, p. 4.

[30] Pedro Domínguez, "AMLO confía en la DEA", *Milenio*, 6 de enero de 2022.

Marina y 50 soldados del Ejército mexicano, con un saldo de cinco presuntos traficantes muertos y únicamente un militar herido.[31] Nadie salió a las calles para tratar de salvarlo a pesar de que, según un cable diplomático, "El Chapo" se hacía rodear en todo momento de 300 guardias armados.[32] Con la captura de Ovidio Guzmán, en cambio, se envió a 3 mil 586 soldados de fuerzas especiales y paracaidistas. Otros mil elementos de la Guardia Nacional, Ejército y Fuerza Aérea reforzaron Culiacán al día siguiente. Hubo 29 muertos: 10 militares y 19 presuntos delincuentes.[33] El operativo refutó la absurda acusación de un supuesto "pacto" entre el gobierno de AMLO y el "Cártel de Sinaloa", pero salvaguardar la vida humana ya no fue la prioridad del gobierno federal. Contradictoriamente, Rosa Icela Rodríguez, secretaria de Seguridad y Protección Ciudadana, declaró que los cientos de soldados enviados a Sinaloa fueron a "construir la paz". Como en la novela *1984*, parecía decir "la guerra es paz".[34]

Lo extraordinario aquí es comprender que ni "El Chapo", ni mucho menos su hijo, justificaron nunca la movilización militar ni el costo humano que produjo. Los análisis más verosímiles describen a un delincuente que difícilmente podría considerarse como una amenaza a la "seguridad nacional": Ovidio Guzmán era el "eslabón más débil" en la cadena del "Cártel de Sinaloa".[35] En su defensa "El Chapo" *negó* ser el jefe del "cártel" y se dijo víctima de extorsión de los anteriores gobiernos de México.[36]

En el ámbito geopolítico, se criticó la captura del hijo de "El Chapo" como una forma de agradar políticamente al entonces presidente Joe Biden. Pero el gobierno de AMLO más bien mostró cómo se alineaba con la agenda

---

[31] Azam Ahmed, "Los detalles de la gran cacería para capturar al 'Chapo' en México", *The New York Times*, 16 de enero de 2016.

[32] William Booth, "WikiLeaks Discuss Notorious Mexican Drug Lord", *The Washington Post*, 26 de diciembre de 2010.

[33] "Operativo por Ovidio Guzmán deja 29 muertos, 10 son militares: Sedena", *N+*, 6 de enero de 2023.

[34] "No venimos a ganar una guerra, venimos a construir la paz, dice Rosa Icela Rodríguez", *Noroeste*, 5 de enero de 2023.

[35] Nathaniel Janowitz, Luis Chaparro y Emily Green, "El Chapo's Son 'El Bebé' Is the Weakest Link in the Sinaloa Cartel", *Vice*, 6 de enero de 2023.

[36] Isaías Alvarado, "'El Chapo no controlaba nada': abogado del capo culpa a dos presidentes mexicanos, a 'El Mayo' Zambada", *Univisión*, 13 de noviembre de 2018.

antidrogas que históricamente rebasa las preocupaciones de los gobiernos en turno. En este punto, AMLO hizo eco de aquel momento en 2014 cuando el presidente Enrique Peña Nieto anunció la detención de "El Chapo" apenas tres días después de la visita de Barack Obama a México.

La diferencia entre ambos episodios radica en que la violencia desatada durante la captura Ovidio Guzmán se sumó a los disturbios en otras regiones del país que fueron denunciados por legisladores de oposición en México como actos de "narcoterrorismo".[37] Más que la extradición de Ovidio, hablar de ese modo fue el verdadero "regalo" para Estados Unidos. Bien podría estar la familia entera de "El Chapo" en prisión, pero la supuesta "guerra" continuará porque no depende de ningún traficante, sino del lenguaje que la nombra. Y de la repetición casi literal de las narrativas: según una nota del *Wall Street Journal*, Iván Archivaldo Guzmán, otro de los hijos de "El Chapo" —que ahora resulta ser "el más buscado jefe de la droga" en México—, evadió a las autoridades escapando por un túnel como los que usaba su padre.[38]

La caída de un traficante y de su hijo, reducidos a reos del sistema penitenciario estadounidense, debió contribuir a desarticular la fantasía securitaria. Esto no ocurrió, sin embargo, porque el mito se construye desde la clase gobernante y luego entre militares, policías, medios de comunicación y los innumerables productos culturales que narran y renarran al "narco". Es posible jugar y encarcelar a un traficante en uno de tantos "juicios del siglo", pero no a su mito.

---

[37] Silvia Arellano, "Legisladores califican como terrorismo actos de violencia en Ciudad Juárez, Jalisco y Guanajuato", *Milenio*, 12 de agosto de 2022.

[38] Steve Fisher y José de Córdoba, "The Underground Hunt for Mexico's Most Wanted Drug Kingpin", *The Wall Street Journal*, 12 de mayo de 2025.

Trump llegó tarde al fin del mundo

ESTADOS UNIDOS, EL "NARCO" Y LA DISPUTA POR LOS RECURSOS ENERGÉTICOS DE MÉXICO

El domingo 5 de febrero de 2017, a las 4:00 p. m., tiempo de la costa este de Estados Unidos, la cadena de televisión Fox transmitió una entrevista con el presidente Donald Trump como parte de su show previo del Super Bowl, el partido de campeonato anual de la National Football League (NFL) estadounidense. El contenido de esa entrevista, que debió alarmar a todos los que tuvieron oportunidad de verla mientras esperaban el juego, tuvo una mínima repercusión en los medios mexicanos a pesar de que sí fue motivo de asombro en Estados Unidos. La diferencia entre la recepción mexicana y las reacciones estadounidenses debe pensarse con cuidado por sus peligrosas implicaciones geopolíticas para nuestro presente y futuro inmediato. Lo que desde entonces se dijo no solo prevaleció en la primera presidencia de Trump y se agudizó en la segunda: en buena medida representa la sombría política intervencionista antes de la llegada de Trump al poder y sin duda lo sucederá.

Trump decidió seguir con una tradición iniciada por el presidente Barack Obama, quien desde 2009 concedió entrevistas antes de cada Super Bowl con una enorme teleaudiencia. Pero, a diferencia del frecuente tono mesurado y conciliador de Obama, las declaraciones de Trump debieron causar en México una conmoción política nacional. En cambio, pasaron inadvertidas por un público mexicano despolitizado que aplaudía emocionado por un partido disputado entre dos equipos que con sus nombres simbolizan puntualmente el estado político actual del vecino país del norte: los Patriotas de Nueva Inglaterra y los Halcones de Atlanta. El subtexto de ese partido no podría haber sido más pertinente. Como se sabe, se les llama "halcones" a los funcionarios de gobierno estadounidenses propensos a políticas de guerra, mientras que para el ala conservadora que ahora controla la presidencia y el Congreso de ese país, ser "patriota" se corresponde plenamente con el sentimiento antiinmigrante, nacionalista y supremacista de la mayoría blanca en el poder.

En tal contexto, la declaración más grave ocurrió a los tres minutos de haber comenzado la entrevista. El presentador de noticias Bill O'Reilly[1] preguntó a Trump si había realmente amenazado al presidente de México Enrique Peña Nieto con enviar tropas estadounidenses para contener al narcotráfico. De acuerdo con información obtenida por separado por la periodista mexicana Dolia Estévez y la agencia de noticias AP, esa amenaza ocurrió durante una llamada telefónica que Trump y Peña Nieto sostuvieron el 27 de enero de 2017. Según Estévez, el tono de Trump fue humillante y ofensivo.[2]

O'Reilly: "¿Dijo usted eso?".

Trump: "Tenemos que hacer algo sobre los cárteles. Sí hablé con él (Peña Nieto) de ello. Quiero ayudarlo con eso. Creo que es un muy buen hombre. Tenemos una muy buena relación, como probablemente sabes. Él se mostró muy dispuesto a recibir ayuda de nosotros porque él tiene un problema y es un problema real para nosotros. No olvides que esos cárteles están operando en nuestro país y están envenenando a la juventud de nuestro país".[3]

Hay dos puntos extraordinarios en este intercambio que, a mi juicio, pasaron inadvertidos en la opinión pública de México. En primer lugar, Trump en ningún momento negó haber mencionado la posibilidad de enviar soldados estadounidenses para combatir al narcotráfico en México. Mientras que la Presidencia de México y la Secretaría de Relaciones Exteriores aseguraron que Trump y Peña Nieto nunca hablaron de eso, y menos en un tono ofensivo, la Casa Blanca optó por no hacer ninguna declaración oficial hasta la entrevista de Trump. La respuesta de Trump tampoco

---

[1] Cabe recordar que O'Reilly, el célebre conductor de un programa conservador de Fox News, fue despedido por la cadena de televisión debido a varias acusaciones de acoso sexual en su contra que terminaron con el pago por compensación de daños por 13 millones de dólares a las mujeres que lo denunciaron.

[2] "Trump humilló a Peña vía telefónica: reporte de Dolia Estévez", *Aristegui Noticias*, 1 de febrero de 2017.

[3] Matt Ellentuck, "Donald Trump Super Bowl Interview Transcript with Fox News' Bill O'Reilly", *SB Nation*, 5 de febrero de 2017.

disputó la veracidad de los dos reportes periodísticos que revelaron la amenaza. En segundo lugar, y acaso todavía más grave, está la declaración de Trump sobre la supuesta disposición de Peña Nieto para recibir "ayuda" del gobierno estadounidense. Aquí la clave está en determinar a qué se refería Trump con "ayuda".

No hay razón alguna para suponer que Trump no se refería realmente al envío de soldados estadounidenses para combatir al "narco" en territorio mexicano. En la era de continuas emergencias de "seguridad nacional", desde el terrorismo hasta los ataques cibernéticos, Trump no ha vacilado en tomar acciones inmediatas, por muy controvertidas e incluso ilegales que pudieran resultar. Además de la repudiada suspensión migratoria en contra de ciudadanos procedentes de siete países con mayoría musulmana, Trump firmó el 9 de febrero de 2017 tres nuevas órdenes ejecutivas para atajar la crisis de criminalidad que según él aqueja a todo el tejido social estadounidense. Una de esas órdenes está diseñada para "romper la espalda de los cárteles criminales que se han propagado por toda [su] nación y que están destruyendo la sangre de [sus] jóvenes". Luego afirmó: "Una nueva era de justicia comienza y comienza ahora mismo".[4]

Durante la década de 1980, el gobierno de Ronald Reagan usó la idea del "narcoterrorismo" como retórica de la "guerra fría" contra Nicaragua y Cuba. En septiembre de 2022, el gobernador de Texas, Greg Abbott, aprovechó el panorama de violencia del último año para designar al "Cártel de Sinaloa" y al "Cártel Jalisco Nueva Generación" como organizaciones "terroristas". El 20 de enero de 2025, en el primer día de su segundo periodo presidencial, Donald Trump emitió la misma designación a nivel federal, declarando terroristas a los "cárteles" mexicanos junto con la supuesta organización criminal venezolana "Tren de Aragua" y la "Mara Salvatrucha" de El Salvador.[5]

Terminada la primera presidencia de Donald Trump, el exsecretario de defensa de su gobierno, Mark T. Esper, reveló que Trump ordenó lanzar los llamados misiles "Patriotas" a territorio mexicano supuestamente para

---

[4] Katherine Faulders, "Trump Signs 3 Executive Actions on Crime Against Police, Drug Cartels", *ABC News*, 9 de febrero de 2017.

[5] The White House, "Designating Cartels and Other Organizations As Foreign Terrorist Organizations and Specially Designated Global Terrorists", 20 de enero de 2025.

destruir laboratorios de drogas sintéticas.[6] Como en un irónico eco de aquella declaración durante el Super Bowl, Trump mezclaba el nacionalismo estadounidense y su deseo de intervenir militarmente en México. Incluso propuso lanzar los misiles y luego simplemente negar que su gobierno hubiera autorizado el ataque. En mayo de 2025, Trump volvió al tema y propuso a la presidenta Claudia Sheinbaum enviar tropas estadounidenses a México para combatir a los "cárteles".[7] Al violento proceso de militarización el gobierno de Trump pretendía sumar una incursión de soldados en territorio mexicano alimentando el mito del "narcoterrorista". Después del rechazo tajante de Sheinbaum, Trump, en tono arrogante y matón, dijo que Sheinbaum "tiene tanto miedo de los cárteles que no puede pensar correctamente".[8] De nuevo haciendo comparsa, el 6 de mayo de 2025, Bill O'Reilly dijo, ahora desde su programa de YouTube *No Spin News*, que el presidente Trump debía invadir México para atacar a los "cárteles" del mismo modo en que ha incursionado unilateralmente en países como Irak.[9] El 2 de septiembre de 2025, el presidente Trump ordenó lanzar misiles para destruir pequeñas embarcaciones en las costas de Venezuela con presuntos "narcoterroristas". Para noviembre, los repetidos ataques ya se habían desplazado para hundir otros barcos en las costas del Pacífico mexicano. El 17 de noviembre declaró en la Oficina Oval de la Casa Blanca que estaría dispuesto a ordenar ataques directamente en territorio mexicano para frenar el flujo de drogas hacia el norte.[10]

La escritora mexicana Valeria Luiselli resumía con elocuencia el sentimiento de espanto que produjo y sigue produciendo dentro y fuera de Estados Unidos la doble elección de Donald Trump a la presidencia. En un artículo titulado "Así acaba el mundo", publicado en el periódico *El País*, Luiselli teme el desmantelamiento de algunas de las políticas más progresistas del presidente

---

[6] Maggie Haberman, "Trump Proposed Launching Missiles into Mexico to 'Destroy the Drug Labs', Esper Says", *The New York Times*, 5 de mayo de 2022.

[7] Paula Soria, "'La soberanía no se vende': Sheinbaum no dejará entrar a tropas estadounidenses a México", *USA Today*, 6 de mayo de 2025.

[8] "Trump Says Mexico's Sheinbaum Refused US Troop Offer Out of Fear of Cartels", *Al Jazeera*, 5 de mayo de 2025.

[9] El programa completo está disponible en YouTube: <https://youtu.be/fEkX8tSF6s8?si=KTj95RG1npzXraom>.

[10] Erin Hale y News Agencies, "Trump says US may strike Mexican drug cartels next, after boat attacks", *Al Jazeera*, 18 de noviembre de 2025.

Barack Obama. "Los finales son lentos, paulatinos y, casi siempre, burocráticos", escribe. "Este final empieza con tratados que no se van a firmar, acuerdos que no se van a respetar, decretos que se van a revocar". Al final del artículo, Luiselli cita con pesimismo unos versos de T. S. Eliot: "Así es como el mundo acaba / No con una explosión, sino con un gemido".[11]

Como se reportó al punto de la paranoia en los medios de comunicación, la inesperada primera victoria electoral de Trump en 2016 causó protestas masivas, temor e incertidumbre a nivel nacional e internacional. Su campaña presidencial, conducida entre expresiones de fascismo, xenofobia, racismo y misoginia, legitimó un discurso de odio que sigue teniendo terribles repercusiones con cientos de incidentes de acoso y agresión reportados en contra de minorías por todo el país. Encima, los cuestionables nombramientos de figuras políticas abiertamente racistas y xenófobas que formaron parte del primero y del segundo gabinete presidencial de Trump también confirman con frialdad las peores promesas de su campaña. Para las minorías latinas, negras, musulmanas y LGBT, el mundo ciertamente parece estar entrando en un repentino colapso.

Con todo, es crucial comprender que el sistema político y económico en el que se inscribe el gobierno estadounidense acercará en más de un modo a la administración de Barack Obama y la de Joe Biden con la de Trump. En su política doméstica como en su política exterior, los gobiernos estadounidenses establecen con frecuencia una continuidad que responde positivamente a los intereses del capital global, los grandes corporativos trasnacionales y las estrategias geopolíticas de dominación económica y militar que varían mínimamente entre partidos políticos y aun entre presidentes en apariencia tan disímiles como Obama, Biden y Trump.

Pero todavía más importante resulta comprender que el duro radicalismo de su discurso de "seguridad nacional" sobre el narcotráfico, la migración y el terrorismo, así como su proyecto energético extractivista, no es sino la clara continuidad de estrategias geopolíticas establecidas en gobiernos anteriores, incluyendo los de presidentes supuestamente progresistas como Bill Clinton y el propio Obama. Entendido así, la retórica que teme el fin del mundo pasa por alto que la pulsión más destructiva de los gobiernos estadounidenses

[11] Valeria Luiselli, "Así acaba el mundo", *El País*, 14 de noviembre de 2016.

siempre ha estado en marcha. Antes que temblar por el peligro de la presidencia Trump, debemos temer a la perniciosa continuidad del sistema político estadounidense.

I. Hidrocarburos y la reforma energética mexicana

El 6 de mayo de 2014, el Instituto Baker de la Universidad de Rice publicó un breve estudio sobre el *boom* de hidrocarburos en el noreste de México. El trabajo de investigación, firmado por los académicos Guadalupe Correa y Tony Payán, explicaba cómo la cuenca de Burgos —que atraviesa los estados de Tamaulipas, Nuevo León y Coahuila— se había convertido en una de las principales zonas del mundo para la exploración, extracción y refinamiento de hidrocarburos. Con la caída de los precios del petróleo y el desmantelamiento gradual de Petróleos Mexicanos (Pemex), los gobiernos de Felipe Calderón y de Enrique Peña Nieto impulsaron una reforma energética que no fue sino la concesión a intereses privados y extranjeros de esa enorme riqueza por explotar. Como anotaban Correa y Payán, México de hecho ocupaba entonces el cuarto lugar mundial en reservas naturales de gas *shale*.[12]

Los académicos advierten en este punto una enorme incoherencia: aunque según las autoridades mexicanas "Los Zetas" —el grupo exmilitar que formó su propio "cártel"— controlaba el territorio donde se encuentran estos importantes recursos naturales, el gobierno de México seguía financiando proyectos de inversión y, de hecho, había incrementado el gasto público en infraestructura de transporte. ¿Cómo era posible que el Estado respaldara proyectos en territorios controlados por "narcos"?

La clave está en comprender la reforma energética aprobada en el Senado de la República el 11 de octubre de 2013 y su relación con los discursos de "seguridad nacional" que circulaban —y prevalecen a la fecha— entre México y Estados Unidos. Más que bien recibida por la administración de Obama, la reforma energética en México fue propulsada por el gobierno estadounidense. Como demostraron cables diplomáticos filtrados por WikiLeaks, fue

[12] Guadalupe Correa y Tony Payán, "Energy Reform and Security in Northeastern Mexico", Rice University's Baker Institute, 6 de mayo de 2014.

el Departamento de Estado que encabezó Hillary Clinton el que ofreció asistencia directa al gobierno mexicano para liberar las reservas de petróleo y gas para la explotación de empresas trasnacionales. En 2009, apenas un año después de la elección de Obama, el Departamento de Estado creó el cargo de "coordinador internacional de energía" para David Goldwyn, quien, junto con Carlos Pascual, nombrado embajador en México ese mismo año, creó el Buró de Recursos Energéticos. Uno de los cables diplomáticos más reveladores fue enviado desde la embajada de Estados Unidos en México anticipando una visita de Goldwyn a México: "Debemos mantener la larga política (estadounidense) de no comentar públicamente estos temas mientras que silenciosamente proveemos ayuda en áreas de interés (para el gobierno de México)".[13]

Esa política llevó a la entrada en vigor, en julio de 2014, del Acuerdo sobre Yacimientos Transfronterizos de Hidrocarburos entre México y Estados Unidos, que canceló el legado de la expropiación petrolera cardenista para permitir la explotación del petróleo y el gas natural a empresas trasnacionales como ExxonMobil, BP y Chevron, entre otras. Se estimaba en ese momento que en la zona fronteriza entre los dos países existen yacimientos de hasta 172 mil millones de barriles de crudo y 304 mil millones de pies cúbicos de gas natural. Bajo este acuerdo, las empresas utilizarían herramientas de extracción como el controversial *fracking* —la técnica de fracturación hidráulica con líquidos a alta presión para liberar hidrocarburos— que tiene efectos altamente dañinos para el medio ambiente.

Pascual se vio obligado a renunciar en 2011 como embajador en México cuando otros cables diplomáticos filtrados por WikiLeaks hicieron pública su postura crítica de la supuesta "guerra" contra el narcotráfico emprendida por el entonces presidente Felipe Calderón. Sin reprimenda alguna, Obama reubicó a Pascual precisamente como el reemplazo de Goldwyn como el nuevo coordinador internacional de energía del Departamento de Estado.

La reforma energética en México fue apoyada por el multimillonario progresista George Soros. Y, aunque se opuso decididamente a la candidatura de Donald Trump, Soros en realidad coincidía puntualmente con Trump en

---

[13] Steve Horn, "Exclusive: Hillary Clinton State Department Emails, Mexico Energy Reform and the Revolving Door", *Huffington Post*, 9 de agosto de 2016.

su interés por aprovechar la entrada de empresas extranjeras en la cuenca de Burgos. Entre otras empresas energéticas, por ejemplo, Soros ha invertido millones de dólares en opciones de compra de la compañía Noble Energy, que se dedica a la extracción de gas y petróleo en México, Estados Unidos, África occidental, Chipre e Israel.

En medio de la estrategia intervencionista del gobierno de Obama, México libró la "guerra contra el narco" ordenada por el presidente Calderón. Como han reportado los periodistas Ignacio Alvarado, Dawn Paley y Federico Mastrogiovanni, el mapa de la violencia atribuida a los "cárteles" coincide con el de los yacimientos de recursos naturales. Donde el gobierno denuncia una "guerra" entre traficantes se está gestando un saqueo descomunal de las tierras ricas en energéticos. No hay "guerra de cárteles", dicen los periodistas, sino el asedio de empresas trasnacionales y la cooperación interesada de la clase política mexicana. Escribía Paley en 2020:

> El pueblo mexicano entero ha vivido un proceso de despojo político gravísimo en paralelo con la guerra, con la privatización del petróleo, la reforma energética y las demás reformas promovidas en los últimos 10 años, mientras que, en zonas estratégicas, las comunidades han vivido procesos de violencia que han llevado al despojo y el desplazamiento forzado.[14]

Durante su campaña presidencial, Hillary Clinton optó por no comentar sobre la estrategia de su Departamento de Estado para influir en la reforma energética de México, pero esa política quedó expuesta con las revelaciones de WikiLeaks. En este punto, la política extractivista de Trump no guardaba tampoco ninguna sorpresa. Para rematar, Trump retiró a Estados Unidos del Tratado Transpacífico comercial, que incluía a 12 países de esta región, y de los Acuerdos de París sobre el cambio climático. La única marca de distinción entre la presidencia de Obama y la de Trump es que esta última ya no continuará la contradicción entre la agresiva política extractivista y los esfuerzos por aliviar la crisis global del cambio climático.

---

[14] Dawn Marie Paley, *Guerra neoliberal. Desaparición y búsqueda en el norte de México*, México, Libertad bajo Palabra, 2020, p. 48.

II. Deportaciones, xenofobia y los *bad hombres*

Érika Andiola tiene el rostro descompuesto y trata de secarse las lágrimas mientras comienza a grabar un video denunciando cómo agentes de inmigración encubiertos acudieron a su casa sin una orden de detención y arrestaron a su madre y a su hermano. Andiola es una prominente activista del movimiento conocido como "Dreamers", integrado por jóvenes indocumentados que fueron traídos a Estados Unidos a una temprana edad. Su estatus migratorio y su alta visibilidad en los medios de comunicación debido a su activismo político la convirtieron a ella y a su familia en blanco de una estrategia de deportaciones en masa sin precedente en la historia de ese país. El video la muestra derrotada e impotente ante la acción implacable de los agentes migratorios. "Esto tiene que parar", dice Érika, "están destruyendo familias y esto es real".[15]

Esta escena bien podría preludiar la preocupante política migratoria emprendida por Trump desde su primera entrevista con el programa *60 Minutos* después de la elección presidencial de 2016. Ahí dijo que durante su gobierno planeaba deportar "entre 2 y 3 millones" de indocumentados con antecedentes criminales.[16] Pero la redada migratoria en casa de los Andiola ocurrió la noche del 10 de enero de 2013 y se suma a la violenta política antiinmigrante ordenada en los dos periodos del gobierno de Obama (2009-2017), sin precedentes en la historia moderna de Estados Unidos. Según cifras oficiales, la presidencia de Obama fue responsable de la deportación de 3 millones de indocumentados, una cifra mayor que el saldo de deportaciones de cualquier presidente estadounidense en la historia del país hasta el presente.[17]

La familia de Andiola fue liberada al día siguiente tras una enorme presión mediática. Érika continuó con su activismo, pero se unió a la campaña de Bernie Sanders para disputar la candidatura a Hillary Clinton. En varias entrevistas, Érika ha denunciado la retórica vacía del Partido Demócrata, sus promesas incumplidas y, peor aún, la brutal política de deportaciones del

---

[15] El video está disponible en YouTube: <https://youtu.be/nMPWhn8HEJk>.

[16] Amy B. Wang, "Donald Trump Plans to Immediately Deport 2 Million to 3 Million Undocumented Immigrants", *The Washington Post*, 14 de noviembre de 2016.

[17] Rebecca Harrington, "Obama Deported 3 Million Immigrants during His Presidency — Here's How Trump's New Immigration Order Compares", *Business Insider*, 22 de febrero de 2017.

presidente Obama. "Lo que la gente no sabe es que Obama expulsó del país a un tremendo número de personas", dijo Trump en otra entrevista con Bill O'Reilly. "(George W.) Bush hizo lo mismo. Mucha gente ha sido expulsada del país con las leyes existentes. Bueno, pues yo voy a hacer lo mismo".[18]

Es cierto que los admirables esfuerzos de Obama por ayudar a los "Dreamers" se materializaron con la orden ejecutiva DACA (Deferred Action for Childhood Arrivals) para suspender las deportaciones de jóvenes que viven y estudian en ese país sin documentación migratoria. Alrededor de 538 mil jóvenes seguían protegidos hasta 2024 por la amnistía temporal. Pero aun el total de "Dreamers" que se han beneficiado de la DACA, unas 900 mil personas,[19] palidece ante los casi 3 millones de deportaciones realizadas durante la presidencia de Obama. Solamente en 2012 la presidencia de Obama deportó a 409 mil 849 inmigrantes indocumentados. Si se añade el total de detenciones en la franja fronteriza de migrantes indocumentados, el total de personas expulsadas de Estados Unidos durante el gobierno de Obama asciende a 5 millones 240 mil migrantes. Aunque durante el gobierno de Biden (2021-2025) solo se deportó formalmente a 649 mil migrantes indocumentados, su presidencia expulsó a un total de 4 millones 700 mil migrantes cuando se suma el total de detenciones en la frontera, cifra que se incrementó estratosféricamente durante la pandemia de covid-19. Durante el primer gobierno de Trump (2017-2021), en cambio, se deportó a un millón 200 mil personas y se detuvo en la frontera a otros 805 mil 770 migrantes más: un total de 2 millones 5 mil 770 expulsados, muy por debajo de las cifras totales de Obama y Biden.[20]

Según me comentó Héctor Sánchez Barba, un prominente líder político de la comunidad hispana, Obama nunca pudo justificar su política de deportaciones ante el reclamo del *lobby* hispano a nivel nacional. Durante la presidencia de Joe Biden, la política antiinmigrante de los demócratas no mejoró. El verano de 2021 envió a su vicepresidenta Kamala Harris a Centroamérica

[18] Sahil Kapur y Jennifer Jacobs, "Trump Floats Obama-Like Deportation Plan, and Fans Don't Mind", *Bloomberg*, 23 de agosto de 2016.

[19] Key Facts on Deferred Action for Childhood Arrivals (DACA)", KFF, 11 de febrero de 2025.

[20] Alicja Hagopian, "Trump Is Promising a Deportation Surge. How Many People Did Obama, Biden and Trump Actually Deport?", *The Independent*, 19 de noviembre de 2024.

con un mensaje tajante para los migrantes: "No vengan".[21] Ante el récord de Obama, las promesas de Trump no solo *no* planteaban una diferencia, sino que incluso aspiraban, sin éxito, a los mismos objetivos de los demócratas: 2 o 3 millones de deportaciones. Trump llama *bad hombres* a quienes son sujetos a deportación, según él, todos aquellos que tienen antecedentes criminales, sobre todo los traficantes. También Obama y Biden aseguraron lo mismo.

III. Securitarismo e intervencionismo

El discurso securitario en torno al terrorismo y el narcotráfico, con frecuencia deliberadamente confundidos por la retórica estadounidense, ha disparado el intervencionismo en regiones como Latinoamérica y Medio Oriente. Nada de lo anunciado por Trump debería horrorizar a las víctimas de la vigente política exterior de Estados Unidos. Para la intelectualidad mexicana que teme el avance de Trump como una nueva presidencia imperial o fascista tampoco debería ser un secreto, por ejemplo, que los gobiernos de George W. Bush y Barack Obama apoyaron y financiaron abiertamente la criminal política de militarización del presidente Calderón para llevar a cabo su "guerra contra las drogas".

Como narra Wilbert Torre en su libro *Narcoleaks,* la destructiva estrategia de combate a los supuestos "cárteles" fue directamente influida por el gobierno de Bush y su agenda militarista. "Queremos que México se quite los guantes para pelear contra los cárteles", escribió Tony Garza, embajador de Estados Unidos en México durante el gobierno de Bush.[22]

Según Torre, el apoyo de Estados Unidos para la "guerra" del gobierno mexicano contra el "narco" se pactó en una reunión entre Calderón y Bush el martes 13 de marzo de 2007. En ese encuentro en una plantación de henequén cerca de Uxmal, en el estado de Yucatán, Calderón pidió y obtuvo el respaldo político y financiero estadounidense. El gobierno de Bush concibió la

[21] "Harris Message to Migrants: 'Do Not Come, Do Not Come'", *Al Jazeera*, 7 de junio de 2021.

[22] Wilbert Torre, *Narcoleaks. La alianza México-Estados Unidos en la guerra contra el crimen organizado*, México, Grijalbo, 2013, p. 24.

Iniciativa Mérida, continuada por la presidencia de Obama, que invirtió más de 3 mil millones de dólares para entrenamiento y equipo de combate para las Fuerzas Armadas de México. En su libro de memorias *Decisiones difíciles*, Calderón recuerda la siguiente anécdota:

> En alguna de esas conversaciones entre el presidente Bush, la secretaria de Estado, la canciller mexicana y un servidor, además de los intérpretes, le pedí ayuda de inteligencia y apoyo tecnológico. En broma, le pregunté acerca de una serie televisiva que había estado en boga en los primeros años de la década, donde aparecía un despliegue tecnológico excepcional, no muy alejado de las capacidades tecnológicas disponibles. "¿Recuerda usted el programa *24* con Jack Bauer?, pues bien, necesitamos todas las herramientas". De broma o no, pero México tuvo un salto en capacidades tecnológicas en materia de seguridad y seguimiento de bandas criminales.[23]

La serie *24*, que estuvo al aire entre 2001 y 2010, fue uno de los más exitosos productos culturales que acompañó la propaganda antiterrorista estadounidense posterior al ataque terrorista del 11 de septiembre de 2001. En la trama, Jack Bauer, un agente federal, debe confrontar y frenar insólitas amenazas terroristas en territorio estadounidense en un frenético plazo de 24 horas. En sus investigaciones, Bauer no vacila en cometer todo tipo de delitos, incluyendo secuestro, tortura y asesinato, para detener a los terroristas, muchas de las veces extranjeros. Que Calderón lo considere un referente es significativo del modo en que operó su presidencia mediada por los imaginarios incluso de la industria del entretenimiento que hacía apologías de la violencia estatal en el nombre de la "seguridad nacional".

El sangriento saldo de la "guerra contra el narco" no impidió que el presidente Obama continuara su ayuda y su reconocimiento a la política antidrogas de Calderón. El gobierno de Obama, recordemos, nunca consideró preocupante los probables crímenes de lesa humanidad cometidos durante el gobierno de Calderón y denunciados en 2011 por 23 mil ciudadanos mexicanos, incluyendo activistas, académicos, artistas y juristas, ante la Corte

---

[23] Felipe Calderón, *Decisiones difíciles*, México, Debate, 2020, p. 451.

Penal Internacional de La Haya.[24] Solo fue hasta octubre de 2015, con la desaparición de los 43 normalistas de Ayotzinapa, que Obama penalizó al gobierno de México retirando 15% de los fondos anuales previstos por la Iniciativa Mérida. En total, México perdió cinco de los 148 millones de dólares destinados para ese año.[25] No sobra insistir en que Calderón y su gobierno perpetraron crímenes de lesa humanidad en parte con el apoyo de los 3 mil millones de dólares de la Iniciativa Mérida provenientes del gobierno de Estados Unidos.

Como en la reforma energética de México, el Departamento de Estado dirigido por Hillary Clinton fue vinculado a la concesión de reservas mineras y recursos hidroeléctricos hondureños a empresas trasnacionales. Así lo denunció la célebre activista ambiental Berta Cáceres, quien fue asesinada en marzo de 2016 mientras luchaba en contra del proyecto de una represa hidroeléctrica en el territorio indígena de Lenca. La disputa por los recursos naturales de Honduras se acentuó con el golpe de Estado en 2009 que derrocó al presidente democráticamente electo Manuel Zelaya. Clinton respaldó el golpe y repitió la acusación infundada de que Zelaya podría ser un nuevo dictador al estilo de Hugo Chávez en Venezuela. Aunque el golpe fue deplorado por la Unión Europea, la Organización de las Naciones Unidas (ONU) y la Organización de los Estados Americanos (OEA), Clinton apoyó el llamado a un nuevo proceso electoral y se negó a promover la reinstalación de Zelaya a la presidencia.[26]

Durante la campaña por la candidatura presidencial en el Partido Demócrata, Bernie Sanders denunció repetidamente la cercanía personal e ideológica de Clinton con Henry Kissinger, el siniestro secretario de Estado que durante la presidencia de Richard Nixon apoyó el golpe de Estado de 1973 en contra del presidente Salvador Allende en Chile y la subsecuente dictadura del general Augusto Pinochet. Según el historiador Greg Grandin, Kissinger fue un criminal de guerra responsable de entre 3 y 4 millones de muertes por la violencia militar desatada por órdenes directas suyas en Camboya y Chile,

---

[24] "Denuncian a Calderón ante la Corte Internacional por crímenes de guerra", *Proceso*, 25 de noviembre de 2011.

[25] Milli Legrain, "EEUU debe decidir si entrega fondos para polémico plan de seguridad en México", *Univisión*, 22 de julio de 2016.

[26] Nina Lakhani, "El apoyo de Hillary Clinton al golpe de Estado marcó un camino de violencia en Honduras", *El Diario* y *The Guardian*, 3 de septiembre de 2016.

o con su respaldo explícito durante los genocidios de Indonesia en Timor Oriental y de Pakistán en Bangladesh.[27] Grandin escribió que tuvo sentido que el gobierno de Obama condecorara a Kissinger en 2016 con el Premio al Servicio Público Distinguido —el máximo reconocimiento otorgado a un ciudadano por el secretario de Defensa en el Pentágono—, ya que la presidencia de Obama "conduce una guerra sin fin con las reglas de Kissinger".[28]

Con el genocidio en Gaza perpetrado por Israel, Trump sigue la lógica histórica del imperialismo criminal de su país y el irrestricto financiamiento de la matanza de decenas. En sus primeros 100 días de gobierno, Trump gastó 12 mil millones de dólares, y se espera que el Congreso apruebe otros 8 mil millones de dólares al momento de escribir estas líneas.[29] Con esto todavía no superaba los 22 mil 700 millones de dólares que Biden dio a Israel para emprender su política de exterminio en Palestina desde octubre de 2023, que ha costado la vida a más de 69 mil palestinos, entre ellos más de 18 mil niños, y otros 60 mil experimentando hambruna por el bloqueo que Israel ha impuesto a la ayuda humanitaria.[30] De hecho, como escribe el periodista libanés-estadounidense Mohamad Bazzi, "Joe Biden y otros líderes occidentales prepararon el terreno para Trump [...] al desafiar y debilitar el derecho internacional para proteger a Israel mientras libraba su devastadora guerra en Gaza".[31]

Desde su primera presidencia, Trump propuso una agudización de la política de seguridad en las fronteras de su país y, para escándalo de la clase política e intelectual de México, la construcción de un muro entre México y Estados Unidos. Pero, como reportó el periodista español Jacobo García, ya existía un muro físico en un tercio de los 3 mil 200 kilómetros de la frontera entre México y Estados Unidos. Ese muro cubría mil 100 kilómetros y parte

---

[27] Spencer Ackerman, "Henry Kissinger, War Criminal, Beloved by America's Ruling Class, Finally Dies", *Rolling Stone*, 29 de noviembre de 2023.

[28] Greg Grandin, "The Obama Administration Just Granted Henry Kissinger a Distinguished Public Services Award", *The Nation*, 10 de mayo de 2016.

[29] Marjorie Cohn, "Appalled at Funding Genocide. Over 2,000 US Taxpayers Turn to the UN for Redress", *Truthout*, 15 de abril de 2025.

[30] "Gaza death toll tops 69,000 as Israel and Hamas exchange more remains", PBS News, 8 de noviembre de 2025.

[31] Mohamad Bazzi, "Biden Has Paved the Way for Trump's Egregious Flouting of International Rules", *The Guardian*, 15 de enero de 2015.

desde Tijuana hacia Arizona y Nuevo México. El proyecto original de este primer muro fue impulsado durante la presidencia de Bill Clinton. En la década de 1990 Clinton endureció la política migratoria que selló los cruces fronterizos de inmigrantes indocumentados, empujándolos a arriesgar la vida cruzando por zonas desérticas de clima extremo. Según registró García, las planchas de hierro que se clavaron verticalmente para separar a ambos países durante la presidencia de Clinton fueron traídas de Kuwait, donde sirvieron de pista de aterrizaje para aviones estadounidenses durante la guerra del Golfo de 1991. Así recordaba García: "Los demócratas levantaron, sin voces ni aspavientos, el polémico muro de la misma forma que Barack Obama ha sido el presidente que más indocumentados ha expulsado durante sus casi ocho años de gobierno".[32]

En el segundo tercio de la frontera existe un muro virtual con cámaras, sensores de movimiento y térmicos, dispositivos de rayos X y más de 20 mil agentes de la Patrulla Fronteriza, la cual pertenece al Departamento de Seguridad Nacional, uno de los más grandes de Estados Unidos, con unos 260 mil empleados. Entre 2008 y 2020, las dos agencias fronterizas de aduanas y migración (ICE y CBP), otorgaron 105 mil contratos para tecnología de vigilancia y detención con un valor de 55 mil 100 millones de dólares, que beneficiaron a 13 compañías de la industria de la defensa, como Lockheed Martin y Northrop Grumman, fabricantes del misil Longbow Hellfire utilizado por Israel en Gaza, y Elbit Systems, la mayor compañía de defensa israelí, fabricante, entre otros, del dron Hermes, que se usa para matar palestinos en Gaza, Cisjordania y Líbano, pero que también sobrevuela en la frontera México-Estados Unidos. Como reportaron los periodistas Todd Miller y Nick Buxton, Biden recibió treces veces más donaciones de la industria de la seguridad que Trump durante la contienda presidencial de 2020.[33]

Del último tercio de la frontera se encargan grupos de vigilantes como los llamados Minutemen, civiles armados y autodesignados como autoridad suplementaria. Pero también las condiciones climáticas del desierto causan estragos letales y, de hecho, cobraron la vida de casi 9 mil migrantes en 2024,

---

[32] Jacobo García, "El muro de Trump se puede tocar y está frío", *El País*, 4 de noviembre de 2016.

[33] Todd Miller y Nick Buston, "Biden's Border. The Industry, the Democrats and the 2020 Elections", The Transnational Institute, 17 de febrero de 2021.

sin considerar los cientos de casos que quedan sin reportar.[34] En comparación, como recordaba García, en el muro de Berlín se registró la muerte de entre 200 y 500 personas que trataban de escapar de la represión política.

La política migratoria de Trump, bien pensada, es, en el mejor de los casos, efectista pero poco efectiva. Su plan de deportaciones muy probablemente no supere el récord histórico de Obama, mientras que su visión de un muro entre México y Estados Unidos llega demasiado tarde. Clinton y Obama tuvieron una visión temprana del securitarismo y ya hicieron realidad buena parte de las pesadillas bravuconeadas desde la campaña presidencial de Trump. Lo mismo ocurre con la política exterior de Estados Unidos y su intervencionismo sistemático para conducir el extractivismo por varias regiones de Latinoamérica. En el peor de los casos, Trump se propone la continuación del proyecto imperial de Estados Unidos.

En abril de 2025, Trump ordenó transferir al Departamento de Defensa el control de una franja de 273 kilómetros y poco más de 18 metros de ancho a lo largo de la frontera México-Estados Unidos desde El Paso, Texas, hasta San Diego, California, conocida como la Reservación Roosevelt. El 1 de mayo, Trump autorizó también la transferencia de una zona que se extiende 101 kilómetros en Texas, desde El Paso hasta Fort Hancock.[35] Hasta entonces había sido administrada por la Comisión Internacional de Límites y Agua, la entidad binacional creada en 1889 para regular la conservación y distribución de aguas del río Bravo y el río Colorado y mediar en todo tipo de proyecto fronterizo relacionado con energía hidráulica. Lo que Trump llama ahora "áreas de defensa nacional" son el resultado de un proceso gradual de militarización fronteriza iniciado en las décadas de 1980 y 1990 en el que han colaborado tanto presidentes demócratas como republicanos, desde Ronald Regan hasta Bill Clinton.[36]

En una entrevista con *Reuters*, Enrique Escalante, director general del Grupo Cementos de Chihuahua (GCC), escandalizó al público mexicano al declarar su intención de aprovechar las ganancias que generaría la construcción

---

[34] "Nearly 9,000 Migrant Deaths Recorded Last Year by UN Migration Agency, Real Death Toll Likely Higher", *Associated Press*, 21 de marzo de 2025.

[35] Melissa del Bosque, "A New Phase in Border Militarization: Trump's 'National Defense Areas'", *The Border Chronicle,* 8 de mayo de 2025.

[36] Dunn, *op. cit.*

del muro fronterizo vendiéndole al presidente Trump los materiales necesarios.[37] Pero quienes se rasgan las vestiduras con esta desenfadada muestra de colaboracionismo olvidan que nadie en nuestra clase política en el poder ha podido resistir las políticas intervencionistas de los gobiernos estadounidenses, demócratas o republicanos, las cuales han influido en la deplorable y sanguinaria "guerra contra el narco", conducido a la deportación de millones de inmigrantes y promovido el despojo de nuestros recursos naturales y su explotación sin la menor consideración al medio ambiente o a los intereses locales de los habitantes de esas regiones.

De ningún modo es mi intención minimizar el peligroso efecto político que ha tenido en la sociedad estadounidense el discurso racista, xenófobo y misógino adoptado por Trump. Con solo revertir dos de las más importantes políticas progresistas de Obama, su reforma de salud y su amnistía a los jóvenes indocumentados, millones de personas pagarían graves consecuencias. El retroceso social y cultural de ese país es ya un daño colateral de la más dividida campaña presidencial de la que se tenga memoria. No obstante, es importante recordar que la posibilidad de ese peligro ya tiene precedentes reales en décadas de una misma política doméstica y exterior que ha causado muerte, despojo y destrucción dentro y fuera de Estados Unidos, y que ha sido liderada incluso por el más benigno de los gobiernos estadounidenses a cargo del primer presidente negro en la historia de ese país, Barack Obama, y su secretaria de Estado, Hillary Clinton.

Sorprende que solo ahora, con el tóxico discurso político de Trump, se tema un apocalipsis. Únicamente con una corta y parcial memoria histórica de la *realpolitik* estadounidense es posible afirmar eso. Aceptemos que Trump tiene mucho que aprender de sus predecesores en la Casa Blanca, que han convertido a Estados Unidos, como afirmó Noam Chomsky, en "el país más peligroso del mundo".[38] El discurso securitario ha sido en todos ellos una realidad brutal para México y el resto de Latinoamérica. Trump, en todo caso, llegó tarde al fin del mundo.

---

[37] Roberto Aguilar y Noé Torres, "Cementera mexicana GCC podría vender materiales para muro de Trump: directivo", *Reuters*, 22 de noviembre de 2016.

[38] Daniel Falcone, "Noam Chomsky: US Is the 'Most Dangerous Country in the World'", *Truthout*, 24 de abril de 2017.

TERCERA PARTE

Cuatro escritores contra el "narco"

César López Cuadras y la precariedad del "negocio"

En abril de 2013 Ediciones B puso en circulación la novela *Cuatro muertos por capítulo*, unos días después de la muerte de su autor, el escritor sinaloense César López Cuadras (1951-2013). El libro rompe desde su inicio con la redituable mitología que domina en la narconarrativa mexicana para a cambio ofrecer una de las más fascinantes interpretaciones literarias que se han escrito del fenómeno en los últimos 20 años. Se trata de una joven estadounidense que viaja a Sinaloa para entrevistar a Pancho Caldera, quien en otro tiempo había sido el chofer de la familia Simental, un poderoso clan de narcotraficantes. La estadounidense se propone escribir un guion cinematográfico para narrar la épica catástrofe de la familia. Con cada capítulo, sin embargo, mientras trata de seducir a la joven gringa, Pancho Caldera desmitifica el poder de los traficantes y advierte los límites políticos del crimen organizado. Más importante aún, muestra la profunda precariedad material y política del traficante inmerso en relaciones de poder que lo sobrepasan y que terminarán destruyéndolo.

La familia Simental funciona como metáfora de las genealogías de traficantes cuyo ascenso y caída pueblan la mitología del "narco". Su trabajoso trayecto, de la pobreza en la serranía, a un negocio urbano peligroso, pocas veces ofrece privilegios. Los Simental se saben más bien arrinconados por unas cuantas opciones de supervivencia y finalmente son destruidos por la tragedia y la violencia de Estado, pero sobre todo por la propia precariedad de su existencia. Pancho advierte a la estadounidense:

> Lo interesante de la historia no es el asesinato entre hermanos, mi güera. Hechos horrendos de ese calibre suceden todos los días; y basta abrir la sección de nota roja de cualquier periódico para empaparse las manos en sangre con los crímenes más horribles, mismos que, en la siguiente entrega, serán borrados del *top-ten* del *show blood* por otros más espeluznantes.[1]

Aunque construye el relato a partir del motivo más fundamental en toda narrativa de violencia (el bíblico asesinato entre hermanos), López Cuadras se aleja del efectismo habitual del periodismo que reproduce la gran mayoría de narconovelas. Sin la absurda fantasía de "cárteles", "capos" y "sicarios" que someten a policías, militares y políticos por igual, *Cuatro muertos por capítulo* recrea con maestría un mundo independiente del imaginario oficial que insiste en un país controlado por traficantes, pero que en realidad sigue gobernado por el poder oficial, sus instituciones policiales y militares y su implacable monopolio de la violencia legítima. Así, Pancho aconseja a la estadounidense: "Desconfíe de los que hablan en nombre de la ley".[2]

La novela se estructura como un problema de *representación* del "narco". Caldera debe explicar la naturaleza del negocio a esa gringa habituada a la mitología hegemónica que asume *a priori* que toda historia de traficantes será principalmente un catálogo atroz de crímenes extremos y sin sentido político. Recordemos que la estadounidense busca escribir un guion cinematográfico y que Caldera, para obtener favores sexuales, está dispuesto a entretener para corroborar sus expectativas de violencia. Esta es en esencia la dinámica que opera en todos los campos de producción cultural: ante la demanda de una mitología, los creadores de "contenidos" están dispuestos a confeccionar el producto a pedido, ya sea en la forma de una película, serie de televisión, reportaje periodístico, canción o pieza de arte conceptual. Con enorme astucia, López Cuadras formula una novela para satisfacer un doble deseo: el de la gringa en busca de un mito y el de Caldera en busca de sexo. Toda visión del crimen organizado, parece decir López Cuadras, se funda en un deseo transaccional insatisfecho por percibir algo más que la simple realidad que

[1] César López Cuadras, *Cuatro muertos por capítulo*, México, Ediciones B, 2013, p. 9.
[2] *Ibid.*, p. 139.

adolece del sangriento entretenimiento de los malignos fratricidas matándose al sur del río Bravo.

En este problema de representación compiten dos registros privilegiados por la narrativa del "narco": el cine y la novela. Pero, desde la perspectiva de López Cuadras, ambos se complementan para generar una interpretación verosímil del tráfico de drogas. Conforme avanza la narración, sin embargo, Caldera admite que debe recurrir a estrategias llamativas de narración para poder mantener la atención en vilo. De ahí el título de la novela: como regla sensacionalista para producir tensión narrativa, Caldera incluye cuatro muertos por capítulo.

El experimento, desde luego, fracasa. La novela y el guion de cine pronto deben confrontarse con lo *real* del "narco" que Caldera no puede pasar por alto. Aunque instiga acción, violencia y sexo gratuitos en la novela/guion, su conocimiento crítico del "narco" y de la familia Simental termina por minar su propia mitología. El primer efecto de la desmitificación que lleva a cabo Caldera opera sobre el lenguaje común utilizado para referir al "narco". Así, Caldera deconstruye desde el principio del relato aquello "que los periódicos llaman narcotráfico, pero quienes hemos habitado en sus tripas, engullidos, regurgitados y vueltos a tragar, si es que no arrojados por el culo, le llamamos 'el negocio' a secas".[3] Luego de esa reconfiguración léxica, López Cuadras transforma la tan conocida historia universal del "narco" en México que se repite en las biografías magnificadas de figuras como Rafael Caro Quintero, Amado Carrillo Fuentes o Joaquín "El Chapo" Guzmán. Ajeno a la inverosímil vida y obra de capos que protagonizan incontables narcocorridos, películas y novelas, López Cuadras *imagina críticamente* la vida de traficantes provincianos limitados por los poderes reales del Estado.

Uno de los personajes más entrañables y estremecedores de López Cuadras es un niño que habita en el fondo de esa ballena que por costumbre llamamos "narco". En un magistral episodio de *Cuatro muertos por capítulo*, el niño camina al lado de su padre en la densidad de la sierra:

> Por aquí, por el Montoso, se da mucho el café debajo de los árboles. Una vez vi una mata y le pregunté a mi apá: Qué es eso, y él me contestó: café. Y por qué está

---

[3] *Ibid.*, p. 11.

> colorado. Porque está verde, dijo él, y pasé muchos días sin entender, y hasta pensé que me estaba vacilando, pero no: a los diyitas bien que entendí. Y luego fui yo y le dije: el café es rojo cuando está verde. Aya, pinchi, dijo él, que como es señor sí puede decir malas palabras, y de dónde sacaste eso de rojo. Porque por aquí a lo rojo le decimos colorado. La maestra me enseñó, le contesté, y se me quedó mirando como si yo supiera más cosas que las que él sabe, y pensé: es en la escuela donde me enseñan esas cosas que no me enseñan en la casa, pero no lo dije.[4]

El niño se distancia del destino trazado por su padre, un humilde sembrador de mariguana, y se convierte en un exitoso traficante solo porque aprende a conocer los alcances del negocio y también a respetar sus límites. El primero entre ellos, no desafiar nunca el poder del Estado:

> El problema es que, si matas a uno, mandan a diez, y si matas a los diez, mandan al ejército, y entonces sí, todo el mundo a correr. Antes, cuando llegaba la tropa, solo se quedaban en las casas los viejos, las mujeres y los chamacos; pero desde que les dio por arrasar parejo, los ranchos quedan desolados. Familias enteras desaparecen. Así que, cuando sabemos que vienen en camino, o escuchamos el retumbar de las hélices del boludo, a correr y que santo Malverde nos proteja.[5]

Este pasaje es crucial en el imaginario político de López Cuadras: el Ejército es el poder inapelable que termina por destruir el tejido social sin distinciones entre civiles y traficantes. A su lado, la llamada "narcocultura" —significada en el culto a Malverde, el santo patrono de los "narcos"— aparece como una estampa folklórica tan irrelevante como los grupos de traficantes mismos.

La ironía de la novela llega a su clímax casi al final de la historia cuando el jefe de la familia, Emanuel Simental, lee en un periódico que se le acusa de encabezar un "cártel". A punto de ser asesinado, Simental reflexiona: "Un cártel, dicen los periódicos, eso voy a construir".[6] Este extraordinario momento no puede exagerarse: el traficante es también presa del mismo *deseo* de representación de la gringa que busca escribir el guion de cine y de Caldera

---

[4] *Ibid.*, p. 32.

[5] *Ibid.*, p. 160.

[6] *Ibid.*, p. 179.

que busca aderezar con mito la vida precaria de la familia a la que sirve. Simental fantasea con convertirse en el mito criminal que afirman los medios de comunicación, reproduciendo a su vez información oficial. El traficante sueña con ser "narco" y comandar su propio "cártel". En este punto, López Cuadras anticipa la extraña realidad mexicana: su novela emula, sin saberlo, el momento en que "El Chapo" Guzmán aspira a ver su nombre eternizado, como ya se vio, en una película protagonizada por la actriz Kate del Castillo. Simental y Guzmán son objetos de la misma fuerza de representación del discurso oficial que termina por seducirlos incluso a ellos mismos. No lo fueron nunca, pero ambos, el personaje de ficción y el traficante real, habrían querido ser "narcos" como los describe el discurso oficial.

Algo muy distinto ocurre. Para no revelar las claves de la trama, me limito a reproducir tres lecciones cruciales que hacia el final de la novela Pancho Caldera ofrece a la estadounidense para comprender el "narco": *1)* "ya no es posible distinguir entre buenos y malos", pues "narcos" y policías trabajan en "franca asociación";[7] *2)* los supuestos "cárteles" no tienen el poder internacional que se les atribuye y ninguno "ejerce, ni en espacios reducidos, un control absoluto del mercado";[8] y *3)* "todos los traficantes pierden, desde los más pequeños hasta los más grandes, sea porque caen en prisión, los maten o los desplacen desde los verdaderos centros del poder".[9] La aguda condena a esos "verdaderos centros del poder" se combina en la novela con una memorable serie de personajes que muestran la solidez narrativa de López Cuadras, solo comparable, a mi juicio, con libros como *Contrabando* (2008), de Víctor Hugo Rascón Banda; *El lenguaje del juego* (2012), de Daniel Sada, o incluso *2666* (2004), de Roberto Bolaño, como discutiré más adelante.

La escritura literaria más visible en México aparece sin embargo habituada a las balas y la sordidez como si fueran recursos inherentes al paisaje nacional, en particular en el norte del país. Las "narconovelas" que no recurren a los lugares comunes tan redituables de la narcoviolencia, la marginación y la pobreza, sin embargo, pierden su lugar de enunciación y dejan de ser "literatura del norte", como si el norte fuera únicamente comprensible a través de cuernos

---

[7] *Ibid.*, p. 193.

[8] *Ibid.*, p. 194.

[9] *Idem.*

de chivo operados por sicarios estrafalarios y capos que se deleitan con sangre mientras acarician un tigre de bengala en la sala de su casa. La industria editorial, como la del cine o la televisión, opera seguido en la repetición de sus convenciones, pero esa imaginación proyecta la fantasía del "narco" que está ya profundamente arraigada incluso en el momento espontáneo de la escritura, ahí donde el autor cree que "imagina" a un traficante, pero en realidad está repitiendo una caricatura recibida, está reciclando o, en el mejor de los casos, intenta una variación más del mismo gastado relato.

Pensemos en la diferencia que opone la obra de López Cuadras. En uno de sus cuentos más celebrados, "El león que fue a misa de siete", una iglesia de pueblo es asediada por un león que decide descansar en la humedad fría de la cantera santa, "rompiendo abruptamente su rutina elemental, desolada y polvorienta".[10] El pueblo es el mítico Guasachi, inventado por López Cuadras, que transforma la solemnidad del infierno insufrible de Comala en un llevadero páramo de mujeres hermosas, beisbol, cerveza Pacífico y traficantes con destinos trágicos. El cuento es memorable porque además puede leerse como una metáfora de los miedos que despierta una amenaza imaginaria basada en prejuicios y percepciones distorsionadas. El león llamado Barrabás, un viejo animal explotado en un circo, escapa cuando sus captores accidentalmente dejan la puerta de su jaula abierta. Famélico y lastimado por años de abuso, Barrabás busca comida y reposo. Una anciana lo alimenta pensando que es un perro. El león después encuentra refugio en la iglesia para mitigar el calor de la tarde, donde atemoriza al párroco y a los asistentes a la misa. Cuando descansa en el atrio, un policía que pasa por la iglesia le descerraja seis tiros simplemente porque el animal está donde no debía estar. Lo extraordinario es la distorsión que el pueblo entero transmite en la nota del periódico local que cubre el sacrificio del león: un valiente policía mata al amenazante león mientras hostiga a gente del pueblo durante la misa. Solo la anciana pronuncia la verdad: "Era como un perro grandote, con unos ojos muy tristes".[11] Se dramatiza entonces la lógica más básica de la seguridad: la violencia desmedida contra una amenaza percibida, pero no real, que transforma a

[10] César López Cuadras, *La primera vez que vi a Kim Novak. Cuentos y relatos de Guasachi*, México, Universidad Autónoma de Sinaloa, 2010 (1996), p. 24.
[11] *Ibid.*, p. 28.

los protectores en verdugos y que expone siempre a los más vulnerables y que termina tergiversada por el periodismo y los egos de personajes cobardes, alevosos o asesinos. Invirtiendo el relato bíblico, Barrabás no es un criminal que merecía la muerte, sino un animal inocente que ha sido abusado y finalmente matado sin piedad.

Los referentes intertextuales sobre violencia conducen también la mirada crítica de López Cuadras en *La novela inconclusa de Bernardino Casablanca.* A diferencia de las prácticas del periodismo narrativo que asume como modelo sin originalidad la obra de Truman Capote, López Cuadras se lo apropia como personaje y lo inserta en la trama de la novela que transcurre en Guasachi en 1975. Capote viaja a México invitado para ayudar a su amigo, el joven escritor Narciso Capistrán, a descifrar el enigmático crimen del dueño de un burdel. El negocio se llama Casablanca porque su dueño, Bernardino Rentería, según una de las putas, le da un aire a Humphrey Bogart. La mediación del cine y la literatura estadounidense es de nuevo crucial aquí para comprender la construcción de estos imaginarios de violencia. López Cuadras utiliza como referencia para Bernardino al protagonista de la película *Casablanca* (Michael Curtiz, 1942), Rick Blaine, un *expat* estadounidense que se mantiene al margen de la Segunda Guerra Mundial regenteando un restaurante bar en una de las pocas ciudades neutrales cercanas a Europa, entre los franceses colaboracionistas y las fuerzas alemanas de ocupación. Y como modelo de narración adopta al Truman Capote de *A sangre fría,* la novela de no ficción sobre el terrible asesinato de una familia en un pequeño poblado de Kansas que se considera en parte la iniciadora del género de *true crime.* El personaje de Capote en la ficción de López Cuadras, sin embargo, se enfrenta con Narciso a un crimen que no tendrá ni remotamente algo parecido a una investigación judicial. En el homicidio convergen los poderes oficiales y los fácticos, pero el "narco" es apenas una tímida razón más para justificar el orden de las redes criminales de Sinaloa. Bernardino puede parecer ícono de cine, pero rompe con los estereotipos de los personajes de *La reina del sur* de Arturo Pérez-Reverte, el arquetipo de todas las narconovelas bestsellers, para en cambio aparecer como un mediador entre mundos criminales, más cercano a Rick que a "El Chapo".

Truman Capote se emborracha en Guasachi, se interesa por sus insólitos personajes y guía al joven escritor para terminar su novela: "Quizá no tenga nada que ver con la verdad. Pero es una posibilidad. Eso es lo importante: tienes una brillante conjetura, y con ella puedes hacer una buena novela; lo demás, la verdad incluso, tíralo a la basura. No permitas que la verdad te decepcione".[12] Una historia de amor y traición, inserta en una historia de poder y corrupción, hace del asesinato de Bernardino el eje simbólico de un modo de vida que va más allá de la "guerra de cárteles" por la "plaza" y se asoma a una comunidad viva, azarosa, subyugada por inercias del poder que sobrepasan la percepción de que todo en México es reducible al "narco" y no a la rapiña de las clases políticas, la avaricia desfondada de los empresarios y la letalidad impune de policías y soldados. Como Rick en *Casablanca*, Bernardino construye un espacio de mediación que habrá de colapsar cuando las relaciones de poder y sus afectos terminen por cerrarse sobre él con peor suerte que el héroe de la película estadounidense.

La complejidad narrativa de López Cuadras puede resumirse en el protagonista de *Cástulo Bojórquez* (2001), que tampoco es el reiterativo "narco" unidimensional que imaginan tantos autores de "narconovelas". Cástulo "fue sembrador de amapola, narcotraficante, salteador de caminos, presidiario, policía judicial, parrandero, esposo intermitente, amante furtivo, padre de quince hijos conocidos e hijo pródigo de una madre que moría de desvelo con el rosario en la mano".[13] Un personaje así suspende los arquetipos y solo puede cobrar vida en una novela construida con precisión en la multiplicidad metonímica de sus ocupaciones que nunca cristalizan en la única identidad de "narco". Por sí sola, según Adriana Velderráin, esa novela "basta para colocar al sinaloense entre lo más granado no solo de su estado natal, sino de las letras mexicanas".[14]

---

[12] López Cuadras, *La novela inconclusa de Bernardino Casablanca*, Guadalajara, Ediciones Arlequín, 2007, p. 223.

[13] López Cuadras, *Cástulo Bojórquez*, México, Fondo de Cultura Económica, 2007 (2001), p. 9.

[14] Adriana Velderráin, "César López Cuadras (1951-2013)", *Letrarte*, 18 de abril de 2013. Pese a su originalidad y circulación entre académicos y escritores, la obra de López Cuadras ha tenido una escasa presencia editorial. *Cuatro muertos por capítulo* tuvo una única tirada en Ediciones B que fue agotada hace años. Debemos a ediciones Arlequín *La novela inconclusa de Bernardino Casablanca* y la polémica novela breve *Macho profundo* (1999), una doble diatriba contra el machismo y el feminismo extremos. Aunque no siempre disponible en sus librerías, el Fondo de Cultura Económica aún reimprime *Cástulo*

Los notables logros del proyecto literario de López Cuadras, irónicamente, son en su mayoría tan desconocidos en México como el libro de Rascón Banda o tan superficialmente leídos como los libros de Sada y Bolaño. Ganador del Premio Sinaloa de las Artes, López Cuadras es autor de cuatro novelas y un libro de cuentos, una bibliografía por ahora admirada por un público reducido, en su mayoría escritores y académicos. Como ha señalado Geney Beltrán Félix en una reseña, López Cuadras es acaso "uno de los secretos más inexplicablemente relegados de la narrativa mexicana".[15] Su narrativa es virtualmente inencontrable. Una suerte similar ha corrido *Contrabando*, de Rascón Banda, que ganó el Premio Juan Rulfo de novela en 1991, pero que debió esperar hasta 2008 para ser publicada póstumamente por la editorial Mondadori. (En 2013, durante la Feria Internacional del Libro del Palacio de Minería en la Ciudad de México, vi cómo los sobrantes de esa única edición se remataron entre los puestos de libros que se encuentran a un costado del palacio).

En la obra de López Cuadras el mito del "narco" se revela finalmente no solo como una distorsión de la realidad, sino como una forma pobre de representación insuficiente que, en sus excesos, impide comprender correctamente los imaginarios del norte del país y el "negocio" entre las comunidades rurales y urbanas que se adentran en el comercio de droga. La narconarrativa, menos que narrar, distorsiona la realidad del traficante al negar su precariedad, su biografía mínima, sus deseos frustrados, la vulnerabilidad de su vida a la intemperie en el "negocio" que terminará por destruirlo.

Bojórquez. Finalmente, los magníficos cuentos de *La primera vez que vi a Kim Novak* (1996) aún existen en papel gracias a la Universidad Autónoma de Sinaloa, que también publicó con el mismo FCE una coedición de *El delfín de Kowalsky*, la última obra inédita de López Cuadras.

[15] Geney Beltrán Félix, "Una de narcos", *Confabulario*, 25 de mayo de 2013.

Daniel Sada y el retorno de lo político

> Llegaron los cadáveres a las tres de la tarde. En una camioneta los trajeron —en masa, al descubierto— y todos balaceados como era de esperarse. Bajo el solazo cruel miradas sorprendidas, pues no era para menos ver así nada más paseando por el pueblo tanta carne apilada, ¿de personas locales? Eso estaba por verse.[1]

Nunca como antes resulta tan actual el arranque de *Porque parece mentira la verdad nunca se sabe* (1999), la obra maestra de Daniel Sada (1953-2011): la estremecedora imagen de una camioneta que reparte los cadáveres de víctimas de represión oficial adquiere una pertinencia cruel en estos días de crisis política en México. Propongo en lo que sigue recorrer algunos aspectos de la obra de Sada como vehículo de reflexión de la emergencia nacional detonada por el asesinato de seis personas y la desaparición de 43 estudiantes de la Escuela Normal Raúl Isidro Burgos de Ayotzinapa el 26 de septiembre de 2014. Como espacio privilegiado de significación, una de las posibilidades de la literatura reciente es —o debería ser— abordar críticamente el proceso histórico que enmarca nuestro presente. Me interesa ante todo señalar cómo, al proponerse objetivos políticos específicos, la narrativa de ficción puede generar oportunidades productivas de disenso intelectual. Ese disenso se articula en formas de resistencia explícita que desde lo simbólico desestabilizan la perniciosa hegemonía de los discursos oficiales. En medio de un panorama literario dominado por obras comerciales despolitizadas, frívolas e irrelevantes, volver a pensar *políticamente* por medio de la escritura literaria puede resultar una operación crucial para hacer visible la violencia de Estado y desafiar, como en el caso de Ayotzinapa, la más brutal dimensión criminal del poder oficial.

Ante la supuesta "guerra contra las drogas", la narrativa mexicana y estadounidense ha estado escasamente a la altura de la catástrofe política que se

[1] Daniel Sada, *Porque parece mentira la verdad nunca se sabe*, México, Tusquets, 1999, p. 13.

esconde en aquello que con exceso de soltura nombramos "narco". Como discutí antes, autores como Élmer Mendoza, Juan Pablo Villalobos, Alejandro Almazán y Bernardo Fernández, BEF, entre otros, no han hecho sino reproducir el discurso oficial que atribuye la violencia a una constante lucha de "cárteles de la droga" que simultáneamente desafían e incluso rebasan el poder del Estado. Como es recurrente en la música popular, el cine y el arte conceptual sobre el "narco", la mayoría de las narconovelas escritas en la primera década del siglo XXI abordan el fenómeno neutralizadas políticamente. Esto es el resultado de un *habitus* en el campo literario que premia las representaciones del "narco" que son consecuentes con la visión oficial que a diario refuerzan los principales medios de comunicación dentro y fuera de México.

Apenas unas cuantas semanas después del ataque a los normalistas en Iguala, el repudio nacional e internacional consiguió lo que no fue posible articular durante todo el sexenio de Calderón: un corto circuito en la dominante hegemonía que responsabiliza a un abstracto "narco" de la violencia de Estado. Como anota Óscar de Pablo, "[l]a probable colaboración del crimen organizado con la policía de Iguala en este ataque ha contribuido a oscurecer la naturaleza específicamente política de este crimen".[2] Pese a ello, las familias de las víctimas, junto a numerosos intelectuales, periodistas y activistas rechazaron con firmeza la tesis oficial que atribuye la desaparición de los normalistas a una impersonal acción de traficantes para, en cambio, culpar al Estado. Así lo explican Fernando Escalante Gonzalbo y Julián Canseco Ibarra: "A partir de ese momento, la frase 'fue el Estado' equivale a señalar al presidente de la República, con lo cual el episodio sale de la 'guerra contra las drogas', ya no es consecuencia de un conflicto entre organizaciones criminales, sino un asunto político, y de la política nacional".[3]

Los padres de los estudiantes desaparecidos, junto con las organizaciones civiles y la cobertura periodística que les siguió, resistieron los intentos del Estado por posicionarse simbólicamente del lado de la sociedad civil, como en su momento sí logró hacerlo cuando el Movimiento por la Paz

---

[2] Óscar de Pablo, "Iguala: Crimen de estado, crimen de clase", *Gkillcity*, 17 de noviembre de 2014.

[3] Fernando Escalante Gonzalbo y Julián Canseco Ibarra, *De Iguala a Ayotzinapa. La escena y el crimen*, México, El Colegio de México, 2019, pp. 28-29.

y Justicia, encabezado por Javier Sicilia, se reunió con el presidente Felipe Calderón, legitimándolo como una autoridad todavía viable. El crimen se desplazó del ámbito despolitizado del "narco" para comprenderse dentro de la responsabilidad estatal de un modo abarcador, desde la policía municipal de Iguala hasta la Presidencia de la República.

A la par de este extraordinario momento de repolitización, hurgamos en la literatura la misma voluntad crítica de someter a juicio la violencia de Estado. A finales de la década de 1990, la obra de Daniel Sada ya arrojaba claves útiles para comprender nuestras circunstancias actuales. *Porque parece mentira la verdad nunca se sabe* toma lugar en el ficticio pueblo de Remadrín, en el estado norteño de Capila y en un país llamado, no sin ironía, Mágico. En el centro de la historia se encuentra el descarado fraude electoral perpetrado por el alcalde Romeo Pomar, un siniestro político al servicio de las élites de su partido. Frente a los ciudadanos, un comando armado roba las urnas en plena jornada electoral. Aquí comienza la parte álgida de la trama: una protesta masiva que pretende llevar su indignación hasta la capital del estado es reprimida con una sangrienta masacre planeada por el gobernador.

Al avanzar por los caminos de terracería de la zona, el chofer de la camioneta cargada de cadáveres se desorienta y termina en un peligroso cañón con curvas cerradas. En tanto, el conductor y sus ayudantes se entretienen contando chistes hasta que desciende sobre ellos una parvada de buitres que se lanza a devorar los cadáveres. Todos comienzan a rezar:

> De repente un costalazo, otro, pero posmo al doble. Y de ahí para delante más enfáticos los rezos siendo que los rezadores creían oír casi a coro las voces de los cadáveres diciendo: ¡Tápenos!, ¡tápenos! Al caído lo notaron, pero otra maldita curva ex profeso lo borró, otrosí: un problema menos, pues no lo recogerían.[4]

La cobardía y la indiferencia deshumanizan al chofer y a sus ayudantes que deciden abandonar los cuerpos caídos a la rapiña de los buitres. No hay necesidad siquiera de encubrir el delito con una fosa común clandestina.

---

4 Sada, *op. cit.*, p. 413.

Para crear un chivo expiatorio, el gobernador del estado trama la renuncia forzada y la eventual desaparición del alcalde. Y para retomar el control del consternado Remadrín, el gobernador ordena la ocupación militar de las calles. Contingentes de soldados bloquean los caminos e impiden la entrada de alimentos. Los habitantes del pueblo no tienen otra opción que abandonar sus casas para sobrevivir en otras comunidades de la región. Trinidad y Cecilia, protagonistas de la novela, huyen sin noticia del paradero de sus hijos, Salomón y Papías, quienes desaparecieron durante la matanza.

En una reseña, el crítico Christopher Domínguez Michael considera que *Porque parece mentira la verdad nunca se sabe* "está más allá del fin y de los medios, de la política y de la ética, al manifestarse en un concierto casi insoportable de palabras, palabras sometidas a todas las acepciones y las declinaciones, donde solo la apariencia es vernácula, pues estamos ante la más 'artística' de las prosas".[5] Se intenta aquí un distanciamiento injustificado de las dimensiones políticas y éticas de la obra de Sada para privilegiar el análisis de sus mecanismos formales, como si fuesen extremos irreconciliables de un objeto literario escindido. Pero nunca hay un "más allá" de la política en la literatura: todo texto literario surge de una red de significación ideológica que siempre tiene un trasfondo político. El lector actual de la novela de Sada encontrará paralelos sorprendentes con la atrocidad de Ayotzinapa: el alcalde de Remadrín es inculpado como el principal autor intelectual de la matanza, al igual que el alcalde de Iguala, José Luis Abarca, quien, junto con su esposa María de los Ángeles Pineda, fueron inicialmente responsabilizados por la desaparición de los normalistas junto con una veintena de policías municipales. La participación de la policía y el Ejército resuenan igualmente entre la novela y la represión en Guerrero. Esto puede explicarse principalmente porque el caso de Ayotzinapa se inscribe en el monopolio de la violencia legítima e ilegítima que el Estado mexicano ha ejercido invariablemente a pesar de las discontinuidades políticas entre sus gobiernos.

En la extendida historia de violencia de Estado, es cierto que se construye en la práctica lo que Escalante Gonzalbo y Canseco Ibarra llaman "cultura antagónica":

---

[5] Christopher Domínguez Michael, "La lección del maestro", *Letras Libres*, año I, núm. 10, 1999, pp. 90-91.

> … un conjunto de automatismos favorable de antemano, por sistema, a la oposición, y que inspira una actitud de desconfianza hacia cualquier autoridad. Es una forma imprecisa de antiautoritarismo, una predisposición a favor de la protesta, y un registro moral con el que se puede contar, que hace que cualquier público sea inmediatamente receptivo cuando se critica al gobierno.[6]

La "cultura antagónica" que marca el crimen de Iguala ciertamente vincula eventos históricos separados en el tiempo. Recordemos, sin embargo, que los normalistas se encontraban en Iguala ese día porque habían tomado —sin autorización de las empresas— autobuses urbanos para trasladarse a la Ciudad de México para participar en un acto de conmemoración de la masacre de Tlatelolco del 2 de octubre de 1968. Recordemos que la escuela normal de Ayotzinapa se convirtió en un referente de los grupos armados de las décadas de 1960 y 1970, pues ahí se formaron dos de los más importantes líderes guerrilleros, Lucio Cabañas Barrientos y Genaro Vázquez Rojas. En ese sentido, los estudiantes normalistas son herederos no solamente de una "cultura antagónica" sino de un antagonismo histórico a la violencia estatal que en efecto se vincula con la masacre de Tlatelolco de 1968. Como señala el académico Sergio Aguayo, a esto debe añadirse la intervención estadounidense durante la masacre del 2 de octubre mediante la presión que Winston Scott, el jefe de la estación de la CIA en México, ejerció en el gobierno de Gustavo Díaz Ordaz para implantar la paranoia de una supuesta infiltración soviética en el movimiento estudiantil que en parte informó la decisión de atacar a los estudiantes.

> El jefe de la estación de la CIA tuvo una responsabilidad directa por lo acontecido en Tlatelolco. No es un caso aislado; forma parte de un patrón. Washington jamás ha reconocido el papel que ha jugado, en buena medida porque el gobierno mexicano tampoco le ha recordado la corresponsabilidad.[7]

Entre Tlatelolco e Iguala median importantes matices políticos, pero el crimen de Estado y sus condiciones trasnacionales opera de modos análogos.

---

[6] Escalante Gonzalbo y Canseco Ibarra, *op. cit.*, pp. 39-40.

[7] Aguayo Quezada, *op. cit.*, p. 130.

Ambos son el resultado directo de las políticas de seguridad instigadas desde Washington —el combate al comunismo, la "guerra contra las drogas"— y después adoptadas de modos criminales por el Estado mexicano. En la novela de Sada, el gobernador y sus subalternos cometen fraude, intimidación, tortura y asesinato sin consecuencia alguna. Novela y realidad se tocan aquí en más de un modo: el Estado y su impunidad son el común denominador de ambos.

Al volver al contexto histórico que separa a la novela y el crimen de Iguala, sin embargo, dos diferencias surgen de inmediato: el gobernador de Capila en la novela de Sada no solo no renuncia a su cargo —como sí lo hizo Ángel Aguirre, el gobernador de Guerrero—, sino que castiga al pueblo entero hasta orillar a sus habitantes al exilio. La novela de Sada responde así con precisión a una etapa anterior de la historia del Estado mexicano: los últimos años de los represivos gobiernos del PRI antes de perder la presidencia en 2000. A eso se debe que en la lógica de la novela resulte verosímil que el gobierno estatal, protegido en la impunidad absoluta y sin la abundante información que hacen circular ahora las redes sociales en internet, permita entregar los cadáveres de la masacre a sus familiares y después decida mejor destruir al pueblo entero.

Como he discutido a lo largo de este libro, el Estado policial del PRI fue desmantelado y reemplazado por los gobiernos de la supuesta alternancia democrática sin una clara política antidrogas, pero sí con una agresiva política militarista. La ausencia de una estrategia federal facilitó la creación de regiones en las que estructuras de poder locales asumieron el control de la economía clandestina con alianzas mafiosas entre gobernadores, procuradurías estatales y empresarios en estados como Tamaulipas, Chihuahua, Michoacán y, desde luego, Guerrero.

Hacia el final de su gobierno, el presidente Peña Nieto aceptó haber fracasado en "el objetivo de dar a los mexicanos paz y tranquilidad en cualquier parte de la geografía nacional".[8] La implicación aquí es que los procesos de violencia que asedian a la sociedad mexicana se producen por fuera del Estado y que en todo caso su fracaso consiste en haber podido eliminar las fuentes de esa violencia. Al analizar los efectos de la violencia de Estado en México, no obstante, el escritor y ensayista Carlos Montemayor advierte que el uso

---

[8] Rosa Elvira Vargas, "Peña Nieto reitera su respaldo a la *verdad histórica* de la PGR en el caso Ayotzinapa", *La Jornada*, 30 de agosto de 2018.

instrumentalizado del discurso sobre la "paz social" es una de las formas en que opera precisamente la violencia de Estado.

> Además de confundirse con la ausencia de una inconformidad popular, esta amplia idea [de la "paz social"] deja de lado la realidad de una polarización ya institucionalizada: la pobreza, la desnutrición, el desempleo, el analfabetismo, la marginación, la carencia de servicios de salud, la vivienda deficiente, los servicios públicos insuficientes o inexistentes, la desigualdad social extrema, la pérdida de talla o estatura de núcleos rurales e indígenas, el acortamiento del promedio de vida en zonas rurales y marginadas.[9]

Así, señala Montemayor, la inconformidad social se convierte en el problema a combatir en el nombre de la "paz social". A pesar de que la inconformidad surge ante la violencia social institucionalizada por el Estado.

Cuando Daniel Sada volvió a escribir sobre la violencia y el poder oficial con su novela póstuma *El lenguaje del juego* (2012), el país se encontraba ya en medio de la llamada "guerra contra el narco" emprendida por el presidente Calderón. Pero tanto en la novela de Sada como en la realidad, el "narco" tiene poco o nada que ver con los conflictos estatales. La política de seguridad de Calderón, menos que una estrategia para atacar al "crimen organizado", puede más bien entenderse como el criminal intento por recobrar la soberanía del Estado sobre el "narco" que el PRI detentó durante décadas.

En *El lenguaje del juego*, Sada posiciona precisamente al lenguaje como el dispositivo esencial que vuelve legible el fenómeno del "narco", es decir, siguiendo al filósofo francés Jacques Rancière, el lenguaje como la verdadera plataforma que condiciona lo que se *dice* y lo que se *ve* del tráfico de drogas. En la serie de televisión estadounidense *The Wire*, la palabra "juego" (*game*) designa al circuito de distribución y venta de droga que directa o indirectamente se integra a las redes de poder de la clase política, empresarial y policial de la ciudad de Baltimore. En la novela de Sada, ese juego parece indistintamente político y criminal, en el cual los caciques locales comercian con droga, entre otros negocios, al amparo del poder oficial, local y federal. El lenguaje *construye* aquí una realidad que determina las condiciones del juego, es decir, las reglas

[9] Montemayor, *op. cit.*, p. 182.

de enunciación del narcotráfico que luego se contradicen con la trama de la novela que muestra una realidad distinta.

La novela ocurre en el imaginario pueblo norteño de San Gregorio, cuya pronunciación continua, *sangre-gorio*, cobra sentido cuando se convierte en el epicentro de una sangrienta guerra entre grupos criminales que se identifican de inmediato como "cárteles". Los primeros brotes de violencia escalan repentinamente tras el asesinato del presidente municipal, homicidio que ocurre justo después de que el Ejército federal había ocupado la zona por varias semanas. Vale la pena detenerse en un pasaje que se tensa con la idea del "cártel" como una presencia en sí misma evidente:

> Ya de por sí se obviaba que un cártel poderoso tenía la pretensión de adueñarse de ipso de ese pueblo con visos de ciudad, que porque les cuadraba reteharto. [...] Bien visto ese lugar, pronto llegaría a ser un centro fabuloso para traer, guardar y distribuir droga. [...] y teniendo esos jijos al nuevo presidente de su lado, pues, ¡claro!, más fácil todavía. ¿Quién sería el interino? Alguien que ellos nombraran, por supuesto. [...] Extensa conjetura no tan desatinada.[10]

Como ocurre con todas las novelas de Sada, la voz narrativa funciona como un personaje más que contribuye a producir el sentido general de la trama, pero también a desestabilizarlo. En la cita anterior se "obviaba" que un nuevo "cártel" será respaldado por el nuevo presidente municipal que los narcos mismos nombrarían. La "extensa conjetura", como la llama el narrador, coincide en el plano del lenguaje con la narrativa oficial del "narco" que el gobierno de Calderón defendió hasta el final de su sexenio: poderosos "cárteles" luchan entre sí por el control de "plazas" valiosas para el tráfico de drogas. En la novela de Sada, *ese* es el lenguaje del juego. La acción misma, sin embargo, muestra a los lectores una realidad distinta: en el polvoriento e insignificante San Gregorio la ocupación del Ejército *precedió* a la confrontación entre dos grupos criminales. En medio de la guerra, los supuestos "cárteles" son agrupaciones armadas que se atacan entre sí mientras que el Ejército permanece como un observador pasivo, como esperando el resultado de esa confrontación para continuar con el "juego".

---

[10] Daniel Sada, *El lenguaje del juego*, Barcelona, Anagrama, 2012, p. 72.

Es revelador en este punto comparar la mitológica noción de "cártel" con la organización de Virgilio Zorrilla, el empresario y cacique local que entre sus negocios también incluye el del tráfico de droga. Como en el célebre cuento "Casa tomada", de Julio Cortázar, San Gregorio es ocupado por fuerzas desconocidas que derrotan sin mayor dificultad al "cártel" de Zorrilla, quien se ve obligado a exiliarse en Estados Unidos con su hijo, donde se dedican a drogarse juntos hasta morir de una sobredosis: el gran capo convertido en *junkie* de un picadero cualquiera. En tanto, explica el narrador: "el partido político en funciones fue el que dio la venia para…". La sugerente elipsis alude a la red política nacional que sostiene al nuevo capo de San Gregorio, cuya procedencia se ignora, pero que, sin duda, había "venido en avalancha con todo su poder".[11] Ese mismo poder es el que decide finalmente el reemplazo del presidente municipal, como se implica en la siguiente escena:

> … el alcalde interino, por su lado, localizó una esquina protectora en una sala magna en donde estaba una bandera nacional vistosa, metida en un armario de cristal, pues eso fue lo que abrazó el alcalde para sentirse a salvo: según él, sería el lábaro patrio un ángel de la guarda. Creerlo así servía, dado que era un cobijo abstracto-artificioso.[12]

El alcalde de un pueblo asediado por la violencia del "narco" se abraza de la bandera como un deshonrado Juan Escutia del siglo XXI. Al igual que en la película *El infierno* (2010), de Luis Estrada, en la que los traficantes, la presidencia municipal y la Policía Federal forman un mismo colectivo que acaso sí merecería la palabra "cártel" y que al final de la pelicula tiñe la bandera mexicana con su propia sangre, *El lenguaje del juego* muestra un país donde, como anota Juan Villoro, "todos los partidos políticos, la Iglesia, la policía y las familias fomentan el delito".[13]

El lenguaje del juego repolitiza su representación performativa del "narco" al dramatizar las acciones de los personajes que se enfrentan a la violencia sistémica en el norte del país. La inercia del lenguaje simultáneamente construye

---

[11] *Ibid*., p. 82.

[12] *Idem*.

[13] Juan Villoro, "La violencia en el espejo", *El País*, 3 de agosto de 2013.

y deconstruye la historia concreta de una localidad atrapada en un conflicto armado en el que participan políticos, militares, empresarios y traficantes, pero que continúa narrándose bajo la imprecisa épica de la "guerra de cárteles". Ante el desfase entre el lenguaje y lo *real* que simboliza, el narrador acota: "Por desgracia, o por fortuna, el misterio pertenece a un circuito plagado de supuestos que crece en demasía, pero jamás se rompe".[14] En este punto surge una pregunta: ¿la novela ilumina las condiciones de posibilidad del discurso oficial o es ese discurso el que condiciona y posibilita la trama de la novela? El principal hallazgo literario de Daniel Sada es el señalamiento implícito de que ambos fenómenos son constitutivos de toda narrativa mexicana contemporánea que se acerque al tema del narcotráfico, que en más de un modo el lenguaje *es* el juego.

La urgencia de reconsiderar lo político ha cobrado una mayor relevancia desde principios de la década de 1990, como ha sido la agenda para repensar el principio de antagonismo conceptualizado por Carl Schmitt que la politóloga belga Chantal Mouffe juzga imprescindible para todo orden social democrático. Mouffe advierte desde entonces que en "el proceso de neutralización y despolitización" actual "el capitalismo demócrata liberal se ha impuesto como la única solución racional al problema de organización de sociedades modernas".[15] En México, el despolitizado régimen de representación adoptado por la mayoría de las narconarrativas continúa estando epistemológicamente basado en la matriz discursiva oficial que el sociólogo Luis Astorga detectó hace más de 20 años durante la era del Estado soberano del PRI. La obra de Daniel Sada, junto con aquellas novelas que repolitizan las representaciones del "narco", revela las reglas discursivas del "narco" al contrastarlas con la realidad menos épica de los traficantes inmersos en los laberintos del poder en México. Esa realidad, acaso menos llamativa que la hollywoodense vida de "El Chapo" Guzmán, será, sin embargo, la materia prima de la narcoliteratura que prevalecerá cuando el reciclado lenguaje oficial del juego deje por fin de impresionarnos. Como en la novela de Sada, quedará en cambio la compleja red de criminalidad que enmarca al "narco" *dentro* del Estado y la sociedad

---

[14] Sada, *El lenguaje del juego*, p. 185.

[15] Chantal Mouffe, ed., *The Challenge of Carl Schmitt*, Nueva York y Londres, Verso, 1999, pp. 2-3.

civil, entre políticos, empresarios y policías, es decir, en la clara superficie de nuestra compartida esfera pública.

Las represiones políticas perpetradas por el PRI fueron narradas durante la segunda mitad del siglo XX por escritores como Elena Poniatowska en *La noche de Tlatelolco* (1971), Vicente Leñero en *Los periodistas* (1978) y Víctor Hugo Rascón Banda en *Contrabando* (2008), quienes mostraron, desde la ficción y el testimonio, la cruel letalidad de la violencia de Estado. Junto con estas obras, resulta crucial también releer la apasionada denuncia que Carlos Montemayor consiguió transmitir en *Guerra en el paraíso* (1991) para consignar los crímenes que el gobierno federal cometió para exterminar a la guerrilla de los profesores normalistas Lucio Cabañas y Genaro Vázquez. Nuestra literatura actual tiene ahora la enorme tarea de retomar el legado crítico de la literatura mexicana ante la nueva emergencia en el estado de Guerrero para someter a un examen simbólico los bordes criminales del poder oficial.

En esa dirección, volvamos a la primera página de *Porque parece mentira la verdad nunca se sabe* para observar el trayecto de ese terrible camión que reparte los cadáveres de las víctimas del Estado. Dos décadas después de la publicación de la novela de Sada, nos inquieta leer que la trama comienza justamente cuando los cuerpos ultrajados por la impunidad y la indiferencia son devueltos a sus familiares. Entre el horror de esa brutal masacre imaginaria hubo todavía personajes que sintieron el deber básico de entregar los muertos a sus deudos. En el presente real del Estado mexicano, nadie ha sido aún capaz de ese mínimo gesto de humanidad que por ahora solo parece posible en las páginas de una novela. Esperemos que en alguna parte de México alguien haya por fin comenzado a narrar nuestra realidad inmediata.

Roberto Bolaño y el rostro del supuesto narcotraficante

En *2666* (2004), la novela póstuma de Roberto Bolaño (1953-2003), hay una escena en un bar de Santa Teresa —como se sabe, basada en la fronteriza Ciudad Juárez— en la que un policía judicial llamado Juan de Dios Martínez observa en la terraza del local a un hombre vestido de ranchero, sentado de espaldas, y cuyo rostro nunca puede ver directamente. El policía especula que se trata de un narcotraficante. Frente al ranchero está un joven acordeonista y una violinista, quienes intentan atraer su atención: "Lo más triste de todo, pensó Juan de Dios Martínez, era que el narcotraficante o la espalda trajeada del supuesto narcotraficante, apenas se fijaba en ellos, ocupado en conversar con un tipo con perfil de mangosta y con una fulana con perfil de gata".[1]

Cuando los músicos por fin llaman la atención del supuesto narcotraficante y sus acompañantes, algo ocurre que intriga al policía:

> El tipo con perfil de mangosta se levantó de la silla y le dijo algo al oído al acordeonista. Luego volvió a sentarse y el acordeonista se quedó con un gesto de disgusto dibujado en los labios. Como un niño a punto de echarse a llorar. La violinista tenía los ojos abiertos y sonreía. El narcotraficante y la tipa con perfil de gata pegaron sus cabezas. La nariz del narco era grande y huesuda y tenía un aire aristocrático. ¿Pero aristocrático de qué? Salvo los labios, el resto de la cara del acordeonista estaba desencajada. Ondas desconocidas atravesaron el pecho del judicial. Este mundo es extraño y fascinante, pensó.[2]

---

[1] Bolaño, *op. cit.*, p. 476.
[2] *Ibid.*, p. 477.

El supuesto narcotraficante permanece siempre anónimo, sin rostro, y es el único que no se distingue por un atributo animal (mangosta, gata). Su identidad imaginada le confiere de inmediato una función social específica que excede a la persona convencional y despliega violencia y poder sin tener que moverse de la mesa: *es* un "narco". Cuando aparece su perfil por un instante, el judicial piensa en la aristocracia, en una élite que no consigue situar dentro del esquema de la sociedad conocida. La escena ilustra así la problemática manera en que se articula el imaginario del "narco" que predomina en la mayoría de las llamadas "narconovelas" en México: historias basadas en reflejos limitados de un fenómeno cuya realidad nos resulta inaccesible, lo *real* del "narco" únicamente posible a través de la construcción imaginaria de ciertos trazos de su violencia vista a una distancia infranqueable, donde la sensación del poder de una élite se *intuye*, pero no puede conocerse.

Dos décadas después de su primera edición, *2666*, la novela más ambiciosa y compleja de Bolaño, ha sido leída por la crítica académica como una escritura que desafía la noción de una tradición literaria nacional. Algunos sugieren entender la novela como una reflexión sobre procesos históricos mundiales que revela el violento fracaso de la modernidad occidental que experimentan en común, en el contexto del libro, México, Estados Unidos y Europa. Sharae Deckard, por ejemplo, propone comprender la estructura de *2666* como "sistemáticamente histórico-mundial, uniendo una semiperiferia particular (Ciudad Juárez) y una coyuntura histórica particular (el capitalismo tardío del milenio) con un vasto alcance geopolítico".[3] En el modelo de Deckard, cada una de las cinco partes de *2666* explora formas y géneros literarios distintos como un intento de totalización de la tradición occidental: "La parte de los críticos" sería una novela de sátira académica; "La parte de Amalfitano", un *thriller* filosófico; "La parte de Fate", una *road novel beat*; "La parte de los crímenes", una novela detectivesca; y "La parte de Archimboldi", una *künstlerroman* y una novela histórica.[4] Sergio Villalobos, por su parte, analiza *2666* como una "articulación planetaria del mundo a través de la guerra global",[5]

---

[3] Sharae Deckard, "Peripheral Realism, Millennial Capitalism, and Roberto Bolaño's *2666*", *Modern Language Quarterly*, vol. 73, núm. 3, 2012, p. 353.

[4] *Ibid.*, p. 356.

[5] Sergio Villalobos-Ruminott, "A Kind of Hell: Roberto Bolaño and the Return of World Literature", *Journal of Latin American Cultural Studies*, vol. 18, núm. 2-3, 2009, p. 194.

siguiendo aquí la noción propuesta por el historiador italiano Carlo Galli para comprender las dinámicas mundiales que desactivan los conceptos decimonónicos de soberanía, territorio y nación. Estos acercamientos, desde luego válidos y productivos, se preocupan por trazar el arco histórico con el que Bolaño vincula la esclavitud africana, el holocausto y los asesinatos de mujeres en Ciudad Juárez.

No obstante, *2666* ofrece también una aguda representación crítica de los primeros años del siglo XXI en México que la crítica enfocada en una perspectiva global ha pasado por alto. Como ya he discutido antes, la máquina presidencial del PRI sometió durante siete décadas a generaciones enteras de narcotraficantes. No se trató de una relación de complicidad o de tolerancia, sino de una total subordinación del crimen organizado al poder político. Con la derrota del PRI en la elección presidencial de 2000, el Estado policial pasó a ser un Estado securitario. Y mientras Bolaño escribía, el país ya se despeñaba hacia un nuevo poder político fragmentado con la consolidación del neoliberalismo y su creciente militarismo como principio de gobierno. Entre sus muchos aciertos, *2666* da cuenta de esa fragmentación del Estado neoliberal y sus relaciones de poder en la frontera México-Estados Unidos.

En la discusión sobre el lenguaje de la narconovela, algunos novelistas como Yuri Herrera suponen que es posible articular una narrativa crítica renunciado el léxico dominante ("sicario", "plaza", "cártel", el "narco" mismo). Pero, como observa Eugenio Santangelo, la tachadura léxica "deja que se siga leyendo, de manera palimpsestal, lo que se borra".[6] Lo que se desliza en ese palimpsesto es el pensamiento hegemónico que no requiere únicamente de una palabra, sino de un arco narrativo que, sin nombrarlo, restituya de nuevo la imagen espectral del "cártel", por ejemplo, con la palabra "reino" en la novela *Trabajos del reino*, de Herrera.

Para escribir literatura contrahegemónica en torno al "narco" es crucial entender, siguiendo a José Revueltas, que el objetivo de todo escritor, más que

---

[6] Eugenio Santangelo, "Comunidades que jarchan: políticas de la lengua y el habitar en las tres novelas de Yuri Herrera", en *De la alegoría a la palabra. El reino de Yuri Herrera*, coord. Ivonne Sánchez Becerril, México, UNAM, 2019, p. 24.

"escribir bien", debería ser "comunicar bien",[7] lo que equivale a articular un saber específico que desde la literatura consiga elucidar de un modo crítico el narcotráfico, evitando la fuerza de los discursos oficiales que buscan reducir el comercio de la droga a imaginarios "cárteles" que sobrepasan el poder del Estado y supuestamente controlan múltiples regiones del país.

Consideremos una de las definiciones que Bolaño formuló sobre la "gran literatura":

> Es una cuestión de iluminación, tal como entiende Rimbaud esta palabra. Es una cuestión de videncia. Es decir, por un lado es una lectura lúcida y exhaustiva del árbol canónico y por otro lado una bomba de relojería. Un testimonio (o una obra, como queramos llamarle) que explota en las manos de los lectores y que se proyecta hacia el futuro.[8]

2666 consigue una crítica alternativa del "narco" porque, en vez de invertir su capital en recursos formales o en opciones léxicas, Bolaño produce una *iluminación* sobre el fenómeno del tráfico de drogas: relocaliza al Estado y sus lógicas de poder en el centro de su análisis, es decir, reposiciona al Estado como el significante central del narcotráfico, y no al revés. *2666* se adentra en los laberintos del poder oficial y descubre al "narco" siempre inscrito bajo el nombre de los empresarios, de los policías y de los políticos gobernantes, siempre *adentro* de las estructuras de Estado.

Así lo veremos con el personaje del joven policía Lalo Cura, que se sorprende de encontrar traficantes que no buscan apagar una insaciable sed de sangre y que no viven de modos excéntricos y ridículos en búnkeres amurallados. El arquetipo oficial del "narco" se disuelve en *2666* con el personaje de ese empresario que entre sus múltiples negocios *además* invierte en el comercio de la droga, siempre vigilado y controlado por la policía y la política local. El lector se identifica a sí mismo en la inocencia política de Lalo Cura:

---

[7] José Revueltas, "Réplica sobre la novela: el cascabel al gato", *Visión del Paricutín (y otras crónicas y reseñas)*, eds. Andrea Revueltas y Philippe Cheron, México, Era, 1983, p. 213.
[8] Roberto Bolaño y Rodrigo Fresán, "Dos hombres en el castillo. Una conversación electrónica sobre Philip K. Dick", *Letras Libres*, junio de 2002, p. 40.

> Después hablaron de Pedro Rengifo y Lalo Cura se preguntó cómo había sido posible que él no se diera cuenta de que don Pedro era narcotraficante. Porque todavía eres chamaco, dijo Epifanio. Y después dijo: ¿por qué crees que tiene tantos guardaespaldas? Pues porque es rico, dijo Lalo Cura. Epifanio se rio. Ándele, dijo, vamos a dormir, que usted está más dormido que despierto.[9]

Como Lalo Cura, el lector de narconovelas convencionales está más dormido que despierto si consume la idea de que un "narco" debe ser igual a un temible delincuente, un otro inaceptable, incapaz de parecerse a un miembro respetable de nuestra sociedad, imposible menos aún que se parezca a nosotros mismos.

Hay otro aspecto luminoso en la intuición ingenua de Lalo Cura que se expresa en otro personaje. En la tercera de las cinco partes que integran *2666*, el personaje de Oscar Fate, un periodista negro de Nueva York, se convierte en el repentino salvador de una joven que podría haber sido una más de los cientos de mujeres en el metroplex posindustrial de la ciudad fronteriza de Santa Teresa. Al calor del alcohol y drogas, Fate sigue a un grupo de locales hasta la casa de uno de ellos, donde advierte que la vida de Rosa Amalfitano, la hija de un profesor chileno exiliado en Santa Teresa, corre peligro. En una de las secuencias de acción más cinematográficas de la novela, Fate golpea y derriba a un hombre que lo amenaza con una pistola, y escapa con Rosa, a quien apenas conoce. Juntos cruzan la frontera hacia Estados Unidos, desde donde Rosa planea abordar un avión a su natal España, siguiendo el plan de escape ideado por su padre. A salvo, Rosa sabe que el éxito de su huida no fue fortuito y así se lo explica a Fate: "Estamos vivos porque no hemos visto ni sabemos nada".[10]

Las improvisadas acciones de Fate en esta parte de *2666* son el resultado de un conocimiento equívoco y superficial de Santa Teresa. Su ignorancia, como en el caso de Lalo Cura, es el resultado de un limitado entendimiento de la violencia sistémica en la frontera. Así es denunciado en una cita con frecuencia subrayada por la crítica: "Nadie presta atención a estos asesinatos,

---

[9] Bolaño, *op. cit.*, p. 592.

[10] *Ibid.*, p. 435.

pero en ellos se esconde el secreto del mundo".[11] Este problema político está codificado en el personaje de Fate: su incapacidad por entender no solo no desvía sus actos, sino que de hecho *los produce*. Su postura ética es el resultado de lo que el filósofo francés Alain Badiou llama "una relación sin relación",[12] es decir, acciones sin un móvil político específico que no tienen consecuencias para la red criminal de la frontera. En otras palabras, Fate puede salvar a Rosa precisamente porque su intervención es políticamente inocua. Su ignorancia es el salvoconducto que les permite cruzar la frontera. Es, por así decirlo, *el hombre que sabía demasiado poco*.

La obra de Bolaño difiere aquí de ciertas representaciones del fenómeno en la narrativa mexicana. El escritor Eduardo Antonio Parra, por ejemplo, afirmó en un debate sobre literatura y violencia que la mera residencia en el norte de México ofrece un acceso de información privilegiado para los escritores nativos. Para entender al "narco", escribe Parra, hay que *habitar* en su región natural y relacionarse íntimamente con él.

> ¿Cómo funciona el narco? En el norte se sabe, porque la vida está inmersa en él, porque todos tenemos algún conocido que milita en sus filas, que su universo muestra una lógica interna, un férreo sistema de valores —contrarios a los de la sociedad, pero valores al fin—, una coherencia inamovible.[13]

Parra no explica cómo ocurre este proceso de conocimiento que revela su "lógica interna", sobre todo porque la literatura sobre el tema que él defiende —incluyendo la obra de Yuri Herrera y Bernardo BEF Fernández, por ejemplo— está mediada por el discurso oficial antidrogas y no por esa revelación que supuestamente emana de vivir en Tijuana o Ciudad Juárez. La "lógica interna" del tráfico de drogas que Parra cree conocer es en realidad la lógica de la seguridad, su violenta política militarista y su recurrente mitología sobre el "narco".

---

[11] *Ibid.*, p. 439.

[12] Alain Badiou y Slavoj Žižek, *Philosophy in the Present*, Cambridge, Polity Press, 2009, p. 11.

[13] Eduardo Antonio Parra, "Norte, narcotráfico y literatura", *Letras Libres*, 31 de octubre de 2005.

Por el contrario, ciertos personajes de *2666*, como Fate y Lalo Cura, son de hecho neutralizados por su incapacidad de determinar correctamente el sentido de lo político en Santa Teresa. Jacques Derrida deconstruye el concepto de lo político propuesto por Carl Schmitt argumentando que la verdadera identidad del enemigo nunca puede establecerse concretamente, pues su taxonomía permanece ambigua y "accesible solo en el discurso", ya que "ninguna política ha sido adecuada a su concepto".[14] En su célebre tratado sobre *Las políticas de la amistad*, Derrida afirma que todo individuo puede iniciar independientemente un acto de amistad sin invocar necesariamente a un amigo correspondiente o a un enemigo antagónico. Así, según Derrida, en el nivel más básico, la praxis material de lo político elude el principio de antagonismo propuesto por Schmitt. Pero ¿qué ocurre con aquellos personajes que sí *comprenden* las redes de criminalidad y de poder? ¿Qué ocurre cuando la intervención se vuelve deliberadamente política?

La representación que Bolaño hace de la frontera está estructurada alrededor de una colectividad de personajes que confronta políticamente el feminicidio de Santa Teresa, no desde una postura ética despolitizada, sino produciendo una acción política transformadora. *2666* es en este sentido una novela sobre ciudadanos que reclaman un lugar en el campo político en contra de la fuerza corruptora de políticos, policías, militares y empresarios involucrados en el crimen organizado. El problema de la mayoría de las narconarrativas que se enfocan en las víctimas es que al mismo tiempo dejan de lado la dimensión política del crimen. Por ello es crucial comprender las distintas formas de violencia que operan una determinada sociedad. Slavoj Žižek señala la importancia de atender menos los casos de violencia *subjetiva* —que él define como los actos de violencia perpetrados por individuos claramente identificables— para articular, en cambio, una crítica de la violencia *sistémica*, es decir, "las más sutiles formas de coerción que sostienen las relaciones de dominación y explotación".[15] A diferencia de la crítica que Derrida hace del concepto de lo político de Carl Schmitt, Žižek argumenta que en un mundo de violencia sistémica la distinción entre el amigo y el enemigo "es siempre

---

[14] Jacques Derrida, *The Politics of Friendship*, trad. George Collins, Nueva York y Londres, Verso, 2005, p. 114.

[15] Slavoj Žižek, *Violence*, Nueva York, Picador, 2008, p. 9.

un procedimiento performativo que, en contraste con sus apariencias engañosas, trae a la luz y construye el 'verdadero rostro' del enemigo".[16] Refutando a los críticos que se apresuran en declarar el agotamiento de lo político y el triunfo de la globalización posnacional, Žižek sostiene que "nuestras plurales y tolerantes democracias siguen siendo profundamente schmitteanas",[17] pues todavía se apoyan en la lógica binaria del amigo versus el enemigo y están más que nunca obsesionadas con la demarcación precisa de las fronteras geopolíticas mundiales.

Junto con aquellas novelas que repolitizan las representaciones del "narco", *2666* plantea interrogantes cruciales que requieren de nuestra atención inmediata. ¿Puede una colectividad reconstituir el campo político para convertirse de nuevo, como analiza Jacques Rancière, en "la parte de los que no tienen parte"?[18] ¿Es la literatura una práctica intelectual privilegiada capaz de crear un discurso performativo y a la vez político? Entre quienes responden que no a estas preguntas y en cambio insisten en la condición pospolítica de nuestros tiempos, el crítico estadounidense Brett Levinson afirma:

> Entre más ejecuta *2666* su deber como literatura, más pierde su sentido como declaración política e histórica. Entre más dice de la historia, más renuncia a su estatuto como literatura. La literatura nunca es política. Atendiendo a la política, olvida la literatura; atendiendo la literatura, le da la espalda a la política. No puede tener las dos cosas sin dejar caer ambas.[19]

2666, a mi juicio, responde a esta crítica: la literatura es un discurso performativo siempre potencialmente político, y lo político es ante todo una operación performativa para identificar a los amigos y separarlos de los enemigos. La literatura puede revelar el verdadero rostro simbólico del poder y la posibilidad igualmente real de confrontarlo.

---

[16] Slavoj *Žižek*, "*Homo sacer* in Afghanistan", *Lacanian Ink*, núm. 20, 2002, p. 100.

[17] *Ibid.*, p. 101.

[18] Jacques Rancière, *Disagreement: Politics and Philosohpy*, Minneapolis, University of Minnesota Press, 1999, p. 77.

[19] Brett Levinson, "Case Closed: Madness and Dissociation in *2666*", *Journal of Latin American Cultural Studies*, vol. 18, núm. 2-3, 2009, p. 187.

Resistir la tentación de la complaciente mitología del "narco" que ha dado fama y fortuna a tantos novelistas mexicanos que sueñan con alcanzar el éxito de *La reina del sur* es una de las muchas enseñanzas de la obra de Bolaño. En este sentido, los críticos que insisten en que Bolaño *no* escribió una obra maestra, en mi opinión, no han leído con detenimiento *2666*. Por mi parte, desde luego, señalo apenas *una* de sus múltiples posibilidades de lectura sin reducir de ningún modo los alcances de su obra al tema del "narco". Y aunque Bolaño solo explora tangencialmente el fenómeno del tráfico de drogas, su tratamiento es magistral. Al volver a la escena sobre el traficante cuyo rostro nunca vemos en *2666*, se advierte la dramática imposibilidad de observar lo *real* del narcotráfico. Como intenta ese policía de Bolaño que observa al supuesto narcotraficante, es necesario asumir una imaginación crítica que nos permita narrar el "narco" más allá de las vestimentas y las acciones que lo vuelven igual a sí mismo, es decir, idéntico a su recurrente cliché. La novela intenta de ese modo esclarecer las redes de poder en las que opera, elucidar desde lo literario las coyunturas políticas y económicas que lo condicionan, y preguntarse, con ese personaje de Bolaño, qué aristocracia representan, a que élite en verdad pertenecen.

Juan Villoro y el país demasiado parecido a sí mismo

Al comienzo de "La alfombra roja", un ensayo sobre el narcotráfico en México, Juan Villoro (1956) recuerda los rituales del secreto, el eufemismo y los signos crípticos del poder oficial mexicano en tiempos del PRI. En aquellos años bastaba con un peculiar y sutil aforismo para que un presidente en México cifrara su proyecto de nación: el lema "defenderé el peso como un perro" del presidente José López Portillo (1970-1976) culminó con el "ni los veo ni los oigo" que Carlos Salinas de Gortari (1988-1994) dedicó a la oposición durante un informe de gobierno. Pero, como bien anota Villoro, una vez destruido el pacto político que en 1929 sacó al país de esa recurrente y maleable guerra civil que llamamos Revolución mexicana, los mensajes de la política en la primera década del siglo XXI se enunciaron en el estruendo de las balas y en el horror implacable de decenas de miles de hombres y mujeres asesinados en formas impensablemente creativas. Entre otros cambios sustanciales, las dos presidencias del PAN transformaron los espacios de la violencia política revolucionariamente institucionalizados por el PRI: de las solitarias ejecuciones en carreteras despobladas como las que dramatizó Martín Luis Guzmán en *La sombra del caudillo* (1929), la derecha venida a más trasladó la dialéctica de la brutalidad a las calles concurridas y a las plazas públicas. Anota Villoro: "Hemos llegado a una nueva gramática del espanto: enfrentamos una guerra difusa, deslocalizada, sin nociones de 'frente' y 'retaguardia', donde ni siquiera podemos definir los bandos. Resulta imposible determinar con un razonable grado de confianza quién pertenece a la policía y quién es un infiltrado".[1]

[1] Juan Villoro, "La alfombra roja", *El Malpensante*, núm. 105, febrero de 2010.

Después de la "guerra contra el narco" ordenada por el presidente Felipe Calderón en 2006, los mecanismos del poder oficial nos obligan a preguntarnos quiénes son en realidad los miembros de esos difusos bandos. Si la noción esencial de lo político, como advierte Carl Schmitt, consiste en distinguir al amigo del enemigo, hoy más que nunca debe ser nuestra primera tarea vencer la imposibilidad de representación del "narco" e intentar discernir quiénes verdaderamente integran los bandos que desgarran el país y quiénes en verdad están del lado de la sociedad civil que confronta esa amenaza. El periodismo en México se ha esforzado en documentar la crónica de las víctimas; ahora falta el nombre de los victimarios. Juan Villoro, en el transcurso de estos años terribles, ha contribuido significativamente al debate y al mismo tiempo ha promovido generosamente el trabajo de ciertos académicos, periodistas y literatos que han abordado el tema con inteligencia crítica y desafiando las formas habituales de analizar al "narco" que predominan en los acercamientos de la mayoría de los estudios académicos, reportajes periodísticos y novelas y cuentos escritos en México.

Cuando Villoro obtuvo en 2008 el Premio Iberoamericano de Periodismo por "La alfombra roja", la "guerra contra las drogas" de Calderón apenas comenzaba. El motivo de la alfombra roja proviene de una instalación donde el *ready-made* de Duchamp se entrecruzaba con la tradición *noir* de la novela policial: la artista sinaloense Rosa María Robles cubrió el piso con cobijas teñidas de la sangre de los ejecutados que fueron envueltos en esas rústicas mortajas.[2] El comentario político que subraya Villoro es de una crueldad ineluctable: el narcotraficante ha adquirido el estatus de celebridad ante un público que se maravilla con la minucia de sus vidas y el horror de su muerte como si fuesen estrellas de cine y televisión, una mezcla seductora entre *Los Soprano*, *Caracortada* y *Los ricos también lloran*. Ya desde ese temprano texto Villoro anotaba el nivel mítico del fenómeno:

---

[2] Las ocho cobijas que fueron utilizadas para la instalación "Alfombra roja" montada en 2007 en el Museo de Arte de Sinaloa fueron reclamadas por la Procuraduría General de la República (PGR) como parte de investigaciones en curso. Robles utilizó posteriormente su propia sangre para continuar la instalación. El 10 de septiembre de 2010, Robles presentó su exposición "Navajas" en el Centro de Arte Contemporáneo Wifredo Lam, en La Habana. Véase Merry MacMasters, "Protagoniza Rosa María Robles su versión fotográfica del Ángel de la Independencia", *La Jornada*, 26 de agosto de 2010.

Como los superhéroes, los narcos carecen de currículum; solo tienen leyenda. Desconocemos a sus pares en los Estados Unidos. En México son ubicuos e intangibles. Lo mismo da que se encuentren en un presidio de máxima seguridad o en una mansión con jacuzzi de concha nácar, pues no dejan de operar. Curiosamente, la negación de la violencia ha dado paso a un temor muy informado. Para certificar que los capos son los "otros", seres casi extraterrestres, memorizamos sus exóticos alias e inventariamos sus dietas de corazón de jaguar con pólvora o langostinos espolvoreados con tamarindo y cocaína.[3]

Villoro el cronista no podría haber dejado de lado el tema más urgente de nuestros tiempos. Lector agudo y cuidadoso de especialistas como Luis Astorga y Fernando Escalante Gonzalbo, Villoro articula una crítica política del "narco" que lo coloca junto a unos cuantos periodistas y académicos que integran una minoría ilustrada y que en mi opinión suscriben dos tesis claves para comprender la dimensión política del "narco" en México. La primera tesis señala que casi todo enunciado de conocimiento sobre el "narco" es el resultado de un monopolio discursivo detentado por el Estado mexicano. Ese monopolio evolucionó hacia una matriz de discurso performativo que predomina hasta hoy y cuyo principal objetivo no es explicar los mecanismos del comercio ilegal de drogas, sino determinar los parámetros de su definición: organizaciones violentas, degeneradas, inmorales, psicópatas, en los márgenes de la sociedad civil, que desafían el poder del Estado. Sin mayores pruebas que sustenten la narrativa que construye estos términos, en México se habla de presuntos "cárteles" que se declaran la guerra incesantemente, rompiendo la lógica económica de la noción de "cártel", que supone distintos grupos de interés colaborando por un objetivo común. La segunda tesis deconstruye la mitología del "narco" y reescribe su historia como la historia del Estado disciplinando a las organizaciones criminales. Dicho de otro modo: el "narco" en México no solo no antagoniza con el Estado, sino que es en realidad el resultado de una operación política y judicial dirigida desde el mismo Estado, que estructura y a la vez limita el mercado ilícito de estupefacientes. Al trabajar con ambas tesis en sus ensayos y narraciones, Villoro se ha establecido en México como uno de los últimos intelectuales públicos con la claridad e

[3] Villoro, "La alfombra roja".

independencia necesarias para articular una crítica política efectiva sobre el fenómeno del narcotráfico.

Los ecos sociales de la historia del crimen organizado en México y sus formas de representación han fascinado a Villoro a lo largo de su carrera literaria. En su novela *El disparo de argón* (1991), el tráfico de órganos funciona como el fantasma que asedia a una pequeña comunidad de oftalmólogos que debe confrontar la irrupción del crimen en una clínica especializada en mejorar la vista de sus pacientes. Aprender a *ver* críticamente la realidad es también el motivo de *Materia dispuesta* (1997), novela en la que un adolescente discierne entre la ideología nacionalista que defiende su padre, un afamado arquitecto, y los escombros que quedan cuando esa ideología, junto con el corrompido proyecto de nación manufacturado por el PRI, por fin se colapsan material y simbólicamente con el terremoto que destruyó la capital en 1985. Luego, en *El testigo* (2004), la mayor novela de Villoro, un intelectual autoexiliado en Francia regresa al México de la alternancia democrática para descubrir que la derecha recién llegada al poder intenta recodificar el nacionalismo fracasado hacia un giro neoconservador en el que resulta lógico canonizar al poeta Ramón López Velarde. Es en este nuevo (des)orden nacional en el que el crimen organizado cobra mayores espacios de acción ante el vacío de poder que produjo la caída del PRI en el 2000. El "narco" aparece en la novela como una incipiente amenaza que corre libre de las ataduras del gobierno federal y que ahora debe pactar con los emergentes poderes fácticos de los estados del norte del país. *El testigo* es en ese sentido la crónica fiel de la recomposición del tráfico de drogas cuando la estructura nacional del PRI se fragmentó en los nuevos acuerdos entre gobernadores, policías estatales y empresarios legítimos y de otra índole.

En 2012, cuando Villoro publicó *Arrecife*, su más reciente novela, el país ya había atravesado por la hecatombe. La trama presenta a dos músicos derrotados por la brutal y miserable realidad mexicana que deciden explotar los referentes del fracaso nacional como parte de un peculiar proyecto turístico. Mario y Tony han dilapidado su juventud en los entresueños lúcidos de las drogas y en una efímera banda de rock que bautizaron "Los Extraditables", que reduce la imagen del llamado "Cártel de Medellín" al reclamo que el traficante colombiano Pablo Escobar hizo de la política de seguridad transterritorial impuesta por Estados Unidos en Colombia desde 1984 con la firma del tratado de extradición entre ambos países. Luego del fracaso de la banda de rock, Los Extraditables sobrevivientes operan un hotel en la Riviera Maya, cuyo principal objetivo es atraer a esos turistas extranjeros que buscan formas de entretenimiento entre los residuos del neoliberalismo latinoamericano. Explica Mario, el exmúsico metido a gerente del hotel:

> En todos los periódicos del mundo hay malas noticias sobre México: cuerpos mutilados, rostros rociados de ácido, cabezas sueltas, una mujer desnuda colgada de un poste, pilas de cadáveres. Eso provoca pánico. Lo raro es que en lugares tranquilos hay gente que quiere sentir eso. Están cansados de una vida sin sorpresas. [...] Si sienten miedo eso significa que están vivos: quieren *descansar sintiendo miedo*.[4]

El experimento de las vacaciones extremas es desde luego un éxito. Las turistas gringas gozan ser secuestradas por comandos armados con cuernos de chivo que irrumpen en el santuario nocturno del penthouse. Los burócratas disfrutan con los balazos de la guerrilla que los saluda durante una excursión entre pirámides mayas. Los Extraditables ya no son aquellos delincuentes que desafiaron al Estado colombiano: son ahora los administradores de un hotel-simulacro, el "narco" domesticado y reducido a una función más de la economía global.

El motivo de la pirámide y del pasado precolombino aparece en la exactitud precisa del empobrecido presente mexicano: es el último artefacto histórico por explotar. Villoro lo reformula con toda la frialdad del empresario: la Pirámide es el complejo hotelero donde los turistas pagarán por dosis de adrenalina, por jugarse a medias la vida en un país cuyo mejor producto de exportación es una posible muerte junto a las aguas contaminadas del Caribe. Dos asesinatos que producen una subtrama detectivesca confirman que el riesgo puede ser real y que una visita al hotel equivale en verdad a jugar una ruleta rusa. Villoro trabaja así con lo que queda, las ruinas de las ruinas, el recuerdo agotado del México pintoresco de López Velarde. Mientras que "La suave patria" le exigía a la nación: "Patria, te doy de tu dicha la clave: / sé

[4] Juan Villoro, *Arrecife*, Barcelona, Anagrama, 2012, p. 63.

siempre igual, fiel a tu espejo diario",[5] Villoro refuta en boca del gerente de la Pirámide: "Este país se parece demasiado a sí mismo. Ofrece pasado, pasado y pasado. Guitarras, atardeceres y pirámides".[6]

La Pirámide es por ello un hotel que solo ofrece el presente y que ha comprendido con claridad las dos opciones del empresario mexicano: o administra la bancarrota junto con el lavado de dinero del narcotráfico, o trabaja con la principal materia prima del paisaje nacional, la violencia. Si no es posible vender arena limpia y restaurantes donde nadie vacíe un cuerno de chivo sobre los comensales, entonces hay que capitalizar sobre el peligro y la debacle, admirar los corales podridos, despeinarse con una ráfaga de balas, convivir con la desesperación de una guerrilla inventada en un país donde los zapatistas están más ocupados en buscar qué comer que en escuchar los ingeniosos discursos del Subcomandante Marcos. "La naturaleza le gusta a todo mundo y los cachorritos de todas las especies agitan el corazón, pero si no estropeas algo no comes. La Pirámide venía del despojo, la gente pobre lo seguía siendo, pero moría menos o no tan pronto",[7] anota el adelantado creador del resort. Villoro retoma aquí la tesis de Martín Caparrós y su ensayo *Contra el cambio. Un hiperviaje al apocalipsis climático* (2010) para notar que, después de destruir el mundo para su beneficio, las superpotencias exigen a los países subalternos que construyan reservas naturales y playas vírgenes, obligándolos a renunciar al beneficio de la explotación de las riquezas minerales. Que nadie tenga energía nuclear salvo quienes prohíben a otros que construyan nuevos reactores.

El narrador de *Arrecife*, Tony, sabe que, en un país en que la historia se dedica a contar los asesinatos ordenados por el gobierno, todo lo que queda por hacer es extraer alguna ganancia de ello. Se dice que su padre fue victimado en la matanza estudiantil de Tlatelolco en 1968, y el niño Tony se creía merecedor de una indemnización específica: "Cuando sonaba el timbre del departamento, imaginaba a un mensajero del gobierno con una televisión a colores por tener un caído en Tlatelolco".[8] Y así, cuando un maestro de primaria lo premia por los méritos pasivos de su padre desaparecido por el Estado,

---

[5] Ramón López Velarde, "La suave patria", en *Obras*, comp. José Luis Martínez, México, Fondo de Cultura Económica, 2004, p. 264.

[6] Villoro, *Arrecife*, p. 62.

[7] *Ibid.*, p. 61.

[8] *Ibid.*, p. 25.

el narrador reclama: "No quería un 10 en civismo. Quería que el gobierno me diera una televisión".[9]

Novela policial, crónica del desastre neoliberal, narconovela sutil y ácida, *Arrecife* aborda el final de esa sucesión de equívocos multitudinarios que llamamos historia de México. *El disparo de argón* nos enseñó a narrar la fragmentada Ciudad de México que existía en los barrios de la megalópolis de la capital, cuyo centro estaba en todas partes menos en *La región más transparente* de Carlos Fuentes. Con *Materia dispuesta*, Villoro articula la mirada de la generación que creció en el estrépito de los terremotos y que tuvo que aprender a abrirse paso entre los escombros de la patria asediada por las placas tectónicas y las fisuras de los discursos nacionalistas, sus formas violentas de la masculinidad, sus familias representando la ilusión funcional de la sociedad mexicana. Con *El testigo*, Villoro se adelanta al juicio de la historia reciente y nos revela el hondo fracaso del giro neoconservador de la supuesta alternancia democrática: el suicidio político que implica dejar que Televisa dicte los límites de la realidad y que el mundo empresarial transforme al país entero en un country club con balaceras continuas dentro y fuera de sus muros. *Arrecife* se agrega para advertir que tras el apocalipsis nacional de cientos de miles de homicidios atribuidos al "narco", ese otro fantasma inventado por el Estado, solo es posible sobrevivir reproduciendo la experiencia de la violencia como producto exótico de nuestros tianguis internacionales, junto al mezcal, el petróleo y las telenovelas, cuyas estrellas ahora decoran con su rubia compañía a nuestra delictiva pero muy fotogénica clase política.

Como he discutido hasta aquí, la industria editorial ha reconocido y premiado numerosas narconarrativas que, sin importar su nivel de realismo, se posicionan en las coordenadas del discurso oficial. Lejos de las reiteraciones mitológicas de la narcoliteratura más comercial, al México de Villoro solo le queda venderse a sí mismo, pero no su pasado de rosa pastel que ya solo existe en la poesía de López Velarde y en el proyecto de Estado derrotado de la modernidad priista.

En 2013 Villoro publicó el ensayo "La violencia en el espejo", en el que examina el saldo del sexenio de Felipe Calderón, que por mucho supera la tímida destrucción que en 2008 denunciaba "La alfombra roja". Para deslindarse

[9] *Idem.*

de las víctimas de su "guerra contra las drogas", el gobierno de Calderón exacerbó la política militar antidrogas que Estados Unidos fue propulsando en México consistentemente desde finales de la década de 1980. Justificando el más sangriento programa de biopolítica concebido en la historia moderna de México, Calderón instrumentalizó la narrativa oficial que aseguraba que el país estaba en manos de peligrosos "cárteles" de la droga mucho más preocupados en aniquilarse entre sí que en seguir generando las supuestas ganancias que los han llevado a las listas de millonarios de la revista *Forbes*. Anota Villoro en ese ensayo:

> El narcotráfico parece menos grave si resulta comprensible. Durante seis años, el presidente Felipe Calderón insistió en una lógica de combate con bandos, líneas de fuego, tropas leales y enemigas, donde el gobierno quedaba fuera del problema y combatía a los otros [...]. La realidad es distinta: el narcotráfico forma parte de la sociedad. Ver a los capos como alienígenas que almuerzan el hígado de un delator, coleccionan jirafas de oro y usan pistolas de marfil resulta tranquilizador porque confirma que son distintos a nosotros. Pero, como las cosas en los espejos, están más cerca de lo que aparentan.[10]

Villoro se une aquí a una corriente crítica que, para entender el problema del "narco", propone volver la mirada hacia el Estado y sus políticas antidrogas, las cuales, como la insólita aporía de la revolución institucional, son en realidad políticas prodrogas, es decir, a favor de su control, su redituable sometimiento. Acaso ahí radique el secreto de la continuidad política que ha operado la política de seguridad que ha mediado en los gobiernos de derecha o izquierda del siglo XXI: el proyecto de administrar con eficacia un país posapocalíptico que no se ruboriza al lucrar con su tragedia nacional y que más bien hace de la autodestrucción una brillante oportunidad económica, que utiliza al crimen organizado para una compleja trama geopolítica y que siempre encuentra el lado positivo del tejido social ultrajado. Ese país ha sido denunciado con valor y sin ambigüedad por la prosa ensayística de Villoro al igual que por su imaginación novelesca. En su itinerario, Villoro suma su voz a la de los otros escritores cuyas intervenciones políticas desde la literatura son

---

[10] Villoro, "La violencia en el espejo".

claves de nuestro presente y sin duda serán los primeros referentes de nuestro futuro inmediato: como he analizado en esta sección, me refiero a Roberto Bolaño y *2666* (2004), que da forma narrativa al nuevo orden político post-PRI de Ciudad Juárez y el triunfo del "narco" local, ahora regulado por las élites políticas estatales y sus brazos policiacos; a Daniel Sada y su novela *El lenguaje del juego* (2012), la historia del terco dueño de una pizzería en un pequeño poblado del norte que se convierte en el centro de una lucha entre poderes locales y foráneos por el control del mercado de la droga en tiempos de la supuesta "guerra contra el narco" ordenada por el presidente Calderón; y, finalmente, a César López Cuadras y *Cuatro muertos por capítulo* (2013), la lúdica narración de una trágica familia de traficantes que sueña con volverse un "cártel". Tras la muerte de Bolaño, Sada, López Cuadras y la publicación, coincidentemente póstuma, de esas tres novelas, no es fácil localizar proyectos narrativos que se distancien de la narrativa oficial que describe al "narco" como la sempiterna lucha de "cárteles" y sus capos exóticos. En un país demasiado parecido a sí mismo, la obra de Villoro continúa ese trayecto para seguir pensando los efectos letales de las políticas de seguridad, el colapso de la modernidad estatal y la mercantilización de la violencia. En ese país demasiado parecido a sí mismo, Juan Villoro nos ha enseñado a reconocernos.

CUARTA PARTE

Traficantes, soldados y policías en la frontera

Líneas imaginarias del poder

POLÍTICA Y MITOLOGÍA EN LA LITERATURA SOBRE CIUDAD JUÁREZ

Es casi un lugar común entre la crítica citar la respuesta que Roberto Bolaño ofreció a la pregunta "¿cómo es el infierno?": "Como Ciudad Juárez, que es nuestra maldición y nuestro espejo, el espejo desasosegado de nuestras frustraciones y de nuestra infame interpretación de la libertad y de nuestros deseos".[1] La imagen propuesta por Bolaño tiene un trasfondo mitológico evidente que reduce todo espacio social de la ciudad a sus niveles de violencia más excepcionales. Para algunos críticos, esta reducción y otras imágenes similares aparecen sobre todo en su novela póstuma *2666* (2004). La obra trata de la vida de un enigmático escritor alemán que sobrevive la Segunda Guerra Mundial y que deberá viajar a la ciudad fronteriza de Santa Teresa —basada en Ciudad Juárez— para ayudar a su sobrino en prisión, acusado del asesinato de cientos de mujeres que han desaparecido ahí durante una década. Algunos han juzgado negativamente la obra de Bolaño a partir de dos formas complementarias entre sí: primero, como la articulación de una narrativa mitificante que se inscribe en un horizonte de significación sin historia y, segundo, como un proyecto literario desprovisto de una intención política deliberada, es decir, o como una mitología deshistorizada, o como una narrativa despolitizada. Quiero discutir ahora los alcances, pero también los límites, de estas dos líneas críticas no solo en torno a la obra de Bolaño, sino también en relación con otros proyectos literarios que abordan la región fronteriza entre México y

[1] Roberto Bolaño, *Entre paréntesis*, ed. Ignacio Echevarría, Barcelona, Anagrama, 2004, p. 339.

Estados Unidos. Esto me permitirá un breve análisis de lo que a mi juicio son algunas de las más efectivas formas de representación de la violencia reciente en Ciudad Juárez, para concluir con una reflexión sobre la función en general de la literatura ante los conflictos armados en la sociedad contemporánea.

I. La crítica neutralizada

En la crítica de Bolaño que subraya la configuración mitológica de sus estrategias de representación se encuentra el prominente trabajo académico de Ricardo Vigueras-Fernández, quien parte

> del hecho innegable de que Juárez ha pasado a ser una construcción imaginaria a partir de realidades que, al ser sobredimensionadas, adquieren una serie de connotaciones que en principio no tenían. En el caso de Juárez, todas estas connotaciones son la miseria, la explotación laboral, la ignorancia, la corrupción política, los feminicidios y, más recientemente, los altos grados de violencia cotidiana que hacen correr la sangre sin que las autoridades resuelvan nunca los crímenes ni detengan culpables.[2]

Para Vigueras, mucha de la violencia imaginada se inscribe en una ciudad cuya cotidianidad sociopolítica es igualmente imaginada. Es así como los novelistas terminan por asumir como real las propias ficciones sin referentes que proponen sus libros.

Las representaciones mitológicas de Ciudad Juárez, según Vigueras, son el resultado de una muy peculiar práctica que él denomina "literatura juárica", es decir, "la que se escribe fuera de Juárez sobre Ciudad Juárez como espacio mítico, no como locación real, y con natural desconocimiento de la vida y la muerte cotidianas en Ciudad Juárez".[3] Así, explica Vigueras, la obra de Bolaño se ha convertido en el significante maestro de esta continua mitificación de Ciudad Juárez presente en prácticamente todos los campos de producción

---

[2] Ricardo Vigueras-Fernández, "Edmond Baudoin y Troub's en Ciudad Juárez: del mito a la vida cotidiana", en *Fronteras metafóricas*, comp. Magali Velasco Vargas y Guadalupe Vargas Montero, Ciudad Juárez, Universidad Autónoma de Ciudad Juárez, 2012, pp. 145-46.

[3] *Ibid.*, p. 147.

cultural, entre los cuales *2666* sobresale como "la obra maestra de la literatura juárica".[4] Por el contrario, anota el académico, "la literatura juarense es la que habla de Ciudad Juárez y se escribe en Ciudad Juárez".[5] La problemática distinción que Vigueras hace entre la "literatura juárica" y la "literatura juarense" depende categóricamente no solo de un conocimiento profundo de lo real fronterizo, sino también de una ontología de la presencia que vuelve imprescindible la cercanía física con el referente real. Bajo esta exigencia, la literatura juarense solo puede escribirse *desde* Ciudad Juárez para conseguir eludir las construcciones mitológicas que según él caracterizan obras como las de Bolaño. Vigueras acierta en su crítica de las construcciones mitológicas que aparecen en las representaciones exógenas de Ciudad Juárez. Al mismo tiempo, sin embargo, construye un nuevo mito autoritativo: la escritura *en* Ciudad Juárez como la única representación autorizada para enunciar lo real, el escritor *presente* en la frontera como el único emisario legítimo de lo real.

Entre la mitología del espacio de enunciación y la imposibilidad política de significarlo, la obra de Bolaño ha producido múltiples interpretaciones que condicionan su potencial crítico. Ya he examinado la narrativa de Bolaño, por el contrario, como ejemplo de una desmitificación política de Ciudad Juárez. Me interesa ahora subrayar la manera en que estas agendas críticas prefiguran condiciones para analizar la literatura sobre Ciudad Juárez. Antes que describir proyectos literarios como el de Bolaño, estas agendas revelan sus propios límites constitutivos: para articular su noción de "literatura juarense", Vigueras configura un nuevo mito que le permite designar arbitrariamente lo que él considera literatura mitológica.

En la crítica que aborda el tema del narcotráfico y del feminicidio en Ciudad Juárez es común encontrar este tipo de acercamientos teóricos que terminan reproduciendo los fenómenos que se proponían analizar. Ante esta contradicción, me parece oportuno volver a estudiar precisamente las formas de representación literaria que entran en tensión con las dimensiones mitológicas de la narrativa y la posibilidad de generar un conocimiento crítico de las redes políticas que facilitan la violencia en Ciudad Juárez. Me detengo ahora en dos obras literarias que pueden leerse bajo ese propósito: la pieza teatral

---

[4] *Idem.*

[5] *Idem.*

Hotel Juárez (2003), de Víctor Hugo Rascón Banda (1948-2008), y la novela *Policía de Ciudad Juárez* (2012), de Miguel Ángel Chávez Díaz de León (1962). Los dos textos, como discutiré más adelante, se estructuran como apropiaciones simbólicas de lo real que articulan un saber crítico de la violencia fronteriza. Y a pesar de estar escritas con recursos mitológicos y un problemático borramiento de las dinámicas fronterizas entre México y Estados Unidos, las dos obras muestran un énfasis político en sus estrategias de representación *desde* y *sobre* Ciudad Juárez. Esto me llevará a señalar, hacia el final de este ensayo, la notable agencia política inscrita en estas prácticas textuales como el componente imprescindible para comprender la historia de las producciones culturales en torno a Ciudad Juárez.

II. El teatro y la materialidad del feminicidio

Uno de los primeros periodistas en cubrir el feminicidio en Ciudad Juárez fue el estadounidense Charles Bowden, cuyo artículo "While You Were Sleeping" ("Mientras usted dormía"), publicado en 1996 en la influyente revista *Harper's*, dio por primera vez visibilidad internacional al fenómeno. El artículo analiza el feminicidio como parte integral de una condición de precariedad social generalizada en Ciudad Juárez, resultado de un proceso de descomposición política y económica radicalizado con la entrada en vigor del Tratado de Libre Comercio entre México, Estados Unidos y Canadá en 1994. Según Bowden, Ciudad Juárez permitía desde entonces avizorar el futuro de las sociedades posindustriales:

> Este futuro está basado en los ricos haciéndose más ricos, los pobres haciéndose más pobres, y el crecimiento industrial produciendo pobreza más rápido que la riqueza que distribuye. Tenemos estos modelos en nuestras cabezas acerca del crecimiento, el desarrollo, la infraestructura. Juárez no se ve como ninguna de estas imágenes y así nuestra habilidad para ver esta ciudad va y viene, [pero] principalmente se va.[6]

---

[6] Charles Bowden, "While You Were Sleeping", en *The Charles Bowden Reader*, eds. Erin Almeranti y Mary Martha Miles, Austin, University of Texas Press, 2010, p. 106.

El texto de Bowden ofrece un recorrido crítico por distintos sectores de la ciudad. Su mirada está guiada por el trabajo periodístico de fotógrafos locales que Bowden consulta para comprender las dinámicas de la violencia. Aunque su estilo es personal y subjetivo, inscribiéndose en la tradición del *new journalism* estadounidense, difícilmente sus comentarios pueden leerse como una narración mitológica. El único momento en el que Bowden se refiere a los asesinatos de un modo mítico es cuando lee en un periódico de Ciudad Juárez una noticia sobre la desaparición de una joven:

> Miré a un amigo con el que estaba desayunando y le dije: "¿De qué se trata esto?". Él me contestó con soltura: "Oh, ellas desaparecen todo el tiempo. Las secuestran, las violan y las matan". ¿Ellas? "Oh", continuó, "tú sabes, las muchachas jóvenes que trabajan en las maquiladoras, las fábricas extranjeras, las que salen de trabajar cuando todavía está oscuro". Claro, yo sabía que la violencia es el clima normal en Juárez. Como le dijo un vendedor de fruta a un periódico estadounidense: "Incluso el diablo tiene miedo de vivir aquí".[7]

Este comentario, que en buena medida refleja la opinión impresionista del público promedio, aparece en los primeros párrafos del artículo. El resto del texto se presenta como el esfuerzo de Bowden por comprender el fenómeno más allá de esas condiciones mitológicas. A través de sus visitas por la ciudad, la recolección y análisis de datos duros sobre la economía local, nacional e internacional, todo junto con la cuidadosa documentación de primera mano por parte de los fotógrafos juarenses, Bowden integra una intervención en el tema que va más allá de la mera descripción subjetiva de esa violencia con una mirada crítica de las condiciones de posibilidad de la violencia.

Irónicamente, la gran mayoría de los numerosos libros de investigación periodística publicados a lo largo de la siguiente década parecen acometer la misma operación, pero en sentido contrario: a partir de la compleja realidad social de Ciudad Juárez se construye con frecuencia un mito que radicaliza la violencia de género en la ciudad. Entre esos libros, el caso emblemático es sin duda *Huesos en el desierto* (2002), de Sergio González Rodríguez. Desde

---

[7] *Ibid.*, p. 105.

la primera página, González Rodríguez afirma que hasta el momento de su escritura —casi una década después de que se comenzaron a reportar los asesinatos en 1993— se había registrado "un centenar de asesinatos en serie" en una "orgía sacrificial de cariz misógino propiciada por las autoridades".[8] A lo largo del libro, González Rodríguez insiste en la existencia del mayor asesino serial de la historia mundial, protegido por el más perverso sistema político y policial del que se tenga memoria. En la academia, el feminicidio es también objeto de esa misma interpretación voluntarista. Al leer *2666*, por ejemplo, Jean Franco subraya la violencia de género como una expresión cultural inherente a la sociedad mexicana. Explica Franco:

> México representa, de forma exagerada, una hostilidad contra las mujeres que, a pesar del feminismo, a pesar de la adquisición parcial de derechos para las mujeres, está profundamente incrustada. No estamos hablando aquí de un hombre lobo, de un hombre convirtiéndose en lobo, sino de formas extremas de masculinidad que son respaldadas por la sociedad misma.[9]

Ante este tipo de análisis que promueve la inverosímil acción de un asesino serial y que acusa la violencia de género como una práctica cultural normalizada por la sociedad misma, la investigadora Molly Molloy contrapone información estadística más precisa para concluir que los medios de comunicación han construido en parte "un mito" que no contribuye a comprender realmente el grave fenómeno del femicidio:

> De los casi 400 casos documentados en los archivos de Esther Chávez [una de las principales activistas locales] entre 1990 y 2005, alrededor de tres cuartas partes de los casos fueron violencia doméstica, y los casos fueron esencialmente resueltos. Es decir, el asesino fue identificado como un conocido o pareja doméstica o pariente de la víctima. Solo alrededor de 100 fueron casos completamente irresueltos. Estos son los casos que han recibido (y continúan recibiendo) la mayoría de la atención mediática, artística y académica. El único estudio estadístico real

[8] Sergio González Rodríguez, *Huesos en el desierto*, Barcelona, Anagrama, 2006, p. 11.
[9] Jean Franco, *Cruel Modernity*, Durham, Duke University Press, 2013, pp. 244-245.

sobre el tema [...] concluyó que la proporción de homicidios femeninos en Ciudad Juárez era menor que en Houston.[10]

Molloy se refiere aquí a un artículo de Pedro H. Albuquerque y Prasad Vemala, quienes se proponen "analizar críticamente la sabiduría convencional y algunas de las tesis que son comunes en el campo de la literatura".[11] Como nota Molloy, este cuidadoso estudio estadístico muestra que el índice promedio del feminicidio en Ciudad Juárez es similar al de ciudades estadounidenses como Los Ángeles y Houston, e incluso menor que el de varias ciudades del norte de México. Contra la opinión popular, Albuquerque y Vemala explican que la presencia de las maquiladoras no es relevante para el fenómeno, pues solo 10% de las víctimas trabajaban en ese sector. El estudio también revela que, a pesar de que los medios y las producciones literarias con frecuencia se enfocan en las víctimas más jóvenes, la realidad es que 37% de las mujeres asesinadas tenía entre 15 y 24 años, mientras que 47% de las víctimas era mayor de 24 años de edad, muchas de ellas desempleadas y cohabitando con una pareja fija: "La noción de que las víctimas del feminicidio en Ciudad Juárez son jóvenes trabajadoras de maquiladoras desafortunadamente deja fuera del debate a un gran número de víctimas que no encaja en ese estereotipo, contribuyendo a la falta de comprensión del serio problema del feminicidio en la región fronteriza".[12]

Es en esa recurrente caracterización falaz de las víctimas que se manifiesta la distorsión mitificada del feminicidio que señala Molloy. Cuando desde lo literario se enuncian formas de representación que reproducen el estereotipo de la joven mujer victimizada inevitablemente desaparecen las condiciones más determinantes del fenómeno: el desempleo, la extrema desigualdad económica, la vulnerabilidad de las instituciones, la corrupción institucional, la explotación trasnacional de la mujer obrera en la era neoliberal. En su lugar quedan el machismo y la misoginia supuestamente constitutivos de la

[10] Christopher Hooks, "Q&A with Molly Molloy: The Story of the Juarez Femicides is a 'Myth'", *The Texas Observer*, 9 de enero de 2014.

[11] Pedro H. Albuquerque y Prasad Vemala, "Femicide Rates in Mexican Cities along the US-Mexico Border: Do the Maquiladora Industries Play a Role?", *Social Science Research Network*, 15 de junio de 2023, p. 5.

[12] *Ibid.*, p. 13.

"cultura" mexicana, el sensacionalismo del cadáver de la joven ultrajada por un fantasioso asesino serial protegido por las altas esferas del poder.

La pieza teatral *Hotel Juárez,* del escritor chihuahuense Víctor Rascón Banda, responde en parte a esa percepción mitológica del feminicidio. El drama se centra en Ángela, una joven originaria del estado de Durango que es deportada tras una temporada como trabajadora indocumentada en Estados Unidos. Se entiende que ha sido deportada en Ciudad Juárez, donde decide buscar a su hermana Aurora, una joven trabajadora de maquiladora desaparecida semanas antes. Ángela se hospeda en el Hotel Juárez, ubicado marginalmente al sur de la carretera Panamericana, entre los límites de la ciudad y el aeropuerto. Esa zona de Ciudad Juárez se distingue por la desolación desértica que rodea a las colonias residenciales de clase media-baja, a una distancia considerable del centro urbano.

Es crucial notar primero que la condición de posibilidad de la trama está en la explotación de la mujer de bajos recursos tanto en Estados Unidos como en México, reducido su cuerpo a una mano de obra tanto desechable como reemplazable. La vida de mujeres como Ángela está arrinconada, expuesta como vida redundante en los dos lados de la frontera.

En Juárez, el hotel está estructurado como un sistema de clase que discrimina de acuerdo con la posición política y económica de los huéspedes. Ramsés, un ilusionista charlatán que vive temporalmente ahí, explica a Ángela que, en el segundo piso, por ejemplo, está la habitación del gerente, la junior y master suites, donde se hospedan personajes notables como toreros, cantantes, algunos ganaderos que sobreviven las permanentes sequías y, desde luego, narcotraficantes, estos últimos "buenos clientes, callados, a la sorda, bien pertrechados".[13] En el tercer piso se hospedan traficantes de personas con grupos de centroamericanos indocumentados. En los siguientes pisos duermen comerciantes de la economía informal: contrabandistas de ropa de segunda mano, importadores de carros usados, vendedores callejeros de drogas sintéticas. En el sexto y último piso, la espiral ascendente de la miseria termina con los huéspedes más pobres: jubilados, mujeres solteras, prostitutas viejas y, entre ellos, Ángela y Ramsés.

---

[13] Víctor Hugo Rascón Banda, *Hotel Juárez*, en *Umbral de la memoria. Teatro completo de Víctor Hugo Rascón Banda*, tomo III: *El teatro del crimen*, comp. Enrique Mijares, Chihuahua, Instituto Chihuahuense de la Cultura, 2010, p. 442.

El comentario de la distribución social de las habitaciones es revelador: el hotel, como la ciudad entera, vive una segregación radical que discrimina aun entre los sectores marginales. No es lo mismo ser una mujer contrabandista de ropa usada que una mujer desempleada y sin pareja. Los personajes son plenamente conscientes de las capas de miseria que rodean la urbe de casi 2 millones de habitantes. Así lo dice Ramsés:

> Juárez es una ciudad flotante. Es una ciudad de paso. Pero muchos se quedan. Aquí se van quedando los "sin papeles", los fracasados, los débiles, los que dudan. Los fuertes pasan. Hay un cinturón color tierra alrededor de la ciudad. Crecen y crecen las colonias sin agua, sin luz, sin calles. Gente que levanta sus casas de cartón y de láminas. Cuando se resignan a quedarse, usan el cemento. Juárez no es la 16 de Septiembre, ni Las Américas, ni el puente de Santa Fe, ni la carretera Panamericana. Hay otro Juárez que invade el desierto y crece entre dunas, chaparrales y mezquites. Es como un animal que se extiende, como una mancha viva que avanza.[14]

Notemos que, a pesar de su sordidez, el Hotel Juárez está ubicado en la muy transitable carretera Panamericana, que según Ramsés es todavía parte de la zona urbana. Mientras que la ciudad aún mantiene áreas relativamente funcionales y habitables para la clase media, en los márgenes se encuentran numerosos asentamientos irregulares en condiciones de pobreza extrema que de hecho convierten la estancia en el hotel en un lujo inalcanzable para la mayoría de los fronterizos. A pesar del tremendismo de la trama, las condiciones de pobreza más radical de la ciudad *no* están representadas directamente. Al no incluir las regiones más precarias de la ciudad, Rascón Banda permite al espectador entrar en una zona ambigua que combina la supervivencia con el desposeimiento y la ilegalidad, donde es posible visualizar dinámicas de opresión y corrupción a manos de los poderes fácticos de la ciudad: políticos, policías y empresarios.

Tal es la situación de Ángela, quien rápidamente se ve asediada primero por Ramsés y después por "El Johnny", un chófer al servicio del gerente del hotel y de un comandante de la policía que también se hospeda ahí. Los tres

[14] *Ibid.*, pp. 457-458.

se encuentran en medio de una trama política liderados por un "licenciado" que se entiende que trabaja para el Partido Revolucionario Institucional (PRI), el mismo que gobernó el país consecutivamente por 71 años. El licenciado intenta con escaso éxito influir en las elecciones locales donde domina el derechista Partido Acción Nacional (PAN). Más adelante, ese licenciado pide a Ángela, quien ha sido secretaria en Estados Unidos, que traduzca del inglés lo que parece ser un acuerdo por escrito entre traficantes que establece el modo de enviar una cierta "mercancía", así como el pago por medio de depósitos en cuentas bancarias de Holanda o Suiza.[15] Ángela entabla por su parte una amistad con Lupe, una trabajadora de maquiladora que participa en protestas por las condiciones de explotación de la fábrica. Lupe cuenta a Ángela que en la bodega del hotel hay un cuarto donde hay cámaras de video, luces y una cama. "El Johnny" había ofrecido a Ángela participar en una película pornográfica, por lo que se deduce que ese es su improvisado estudio. Es ahí donde el comandante golpea y viola a Rosalba, una joven de 15 años que no logró cruzar como indocumentada a Estados Unidos y que consigue alojarse temporalmente con "El Johnny". Lupe constata que en ese espacio se escuchan "llantos de mujer".[16]

Después de que Ángela traduce el acuerdo entre traficantes, el licenciado ordena su asesinato para asegurar su silencio. El comandante y "El Johnny" irrumpen en la habitación de ella, donde la encuentran dormida al lado de Ramsés. Amenazando al comandante con una pistola, "El Johnny" decide dejarlos ir, pues recrimina al comandante haber violado (y probablemente asesinado) a Rosalba. También se revela en este punto que "El Johnny" y Ramsés son hermanos. Cuando Ángela y Ramsés intentan escapar, el comandante toma otra arma. Entre el fuego cruzado mueren todos excepto "El Johnny", quien abandona el cuarto luego de cerrar los ojos al cadáver de su hermano.

Más que el sitio *natural* de asesinatos en serie, el hotel representa el sitio de la *contingencia* del delito, pues se encuentra en esa zona liminar entre la urbe funcional y los asentamientos irregulares, con escasa vigilancia policiaca y con un abundante flujo migratorio. Rascón Banda describe de este modo una

[15] *Ibid.*, p. 460.

[16] *Ibid.*, p. 463.

materialidad del delito como resultado de un contexto en el que el Estado de derecho corrompido y la vulnerabilidad de la migración y de la pobreza son conducentes al crimen. No hay en la pieza teatral la dramatización de una cultura del machismo y la misoginia, sino una experiencia material del machismo y la misoginia facilitada por condiciones sociales que exacerban esos fenómenos.

Publicada en 2003, *Hotel Juárez* trabaja inevitablemente sobre la cobertura mediática nacional e internacional que se producía en ese momento en torno al feminicidio. Por ello recurre a la figura de la joven trabajadora de la maquiladora como arquetipo de la víctima. No obstante, Rascón Banda también presenta otras condiciones estructurales del fenómeno: la pobreza, la corrupción policial, la explotación de la mujer, la avaricia de la clase empresarial. Al reproducir una entrevista real que un periodista hizo a un egipcio inculpado por la policía de Juárez como asesino serial, Rascón Banda nota cómo los feminicidios continuaron a pesar de la detención de ese y otros presuntos asesinos. Desde luego el machismo y la misoginia son también factores relevantes en los crímenes, pero esos fenómenos por sí solos no explican la violencia en Ciudad Juárez. Por ello Rascón Banda sitúa la pieza teatral en un contexto histórico que representa la violencia fronteriza sin sugerir que la sociedad entera es machista y sin la fantasía de un asesino en serie. *Hotel Juárez* contextualiza el feminicidio en su contingencia política y económica, en las dinámicas de poder que convierten a la mujer pobre en uno de los grupos sociales más vulnerables de la frontera.

III. La novela y lo político del "narco"

Cuando describe la presencia del "narco" en el contexto de los asesinatos de mujeres en Ciudad Juárez, la antropóloga Rita Segato analiza el surgimiento de un "segundo Estado" o un "Estado paralelo"[17] integrado por organizaciones criminales que son al mismo tiempo la condición de posibilidad del feminicidio como del tráfico de drogas en la ciudad fronteriza. Según Segato,

[17] Rita Laura Segato, "Territorio, soberanía y crímenes de segundo estado: la escritura en el cuerpo de las mujeres asesinadas en Ciudad Juárez",

el criminal arquetípico de esa frontera puede simbolizarse en la figura de un "barón feudal y posmoderno"[18] que domina la región:

> Sin embargo, en el más que terrible orden contemporáneo posmoderno, neoliberal, posestatal, posdemocrático, el barón se volvió capaz de controlar de forma casi irrestricta su territorio como consecuencia de la acumulación descontrolada característica de la región de expansión fronteriza, exacerbada por la globalización de la economía y las reglas sueltas del mercado neoliberal en vigencia. Su única fuerza reguladora radica en la codicia y en la potencia de rapiña de sus competidores: los otros barones del lugar.[19]

Analizando la lógica operativa del neoliberalismo, Segato utiliza arquetipos como "el barón" para mostrar convincentemente la violencia que se produce en un contexto masculino, es decir, comprende que las dinámicas de la violencia están siempre signadas por una relación de género. Menos persuasiva es la noción de un "Estado paralelo", pues implica que el Estado legítimo se ha fragmentado y que se encuentra en una permanente emergencia política. Una vez borrada la presencia del Estado legítimo, Segato *imagina* jefes criminales que superan al poder oficial que ha sido descalificado de antemano. Así, al convertir el fenómeno en una constante lucha entre criminales rivales, su análisis, acaso inadvertidamente, despolitiza el tráfico de drogas y a cambio lo moraliza, asumiéndolo como una manifestación del mal en la sociedad contemporánea machista.

Esta forma de imaginar el "narco", como he analizado en este libro, es el resultado directo de un discurso oficial que ha permeado en la sociedad durante décadas y que posiciona al crimen organizado como un enemigo en permanente desafío de la soberanía del Estado. Como ya he discutido a detalle, la política antidrogas en México se ha transformado esencialmente en una violenta estrategia de "seguridad nacional" y continúa activa en el despliegue de decenas de miles de soldados y policías federales en las ciudades con mayor índice de narcotráfico, Ciudad Juárez entre las más afectadas. Durante los primeros años de la militarización antidrogas, entre 2007 y 2010, los homicidios

---

[18] *Ibid.*, p. 13.

[19] *Idem.*

se incrementaron en más de mil por ciento. Así, al menos 10 mil 085 de los más de 121 mil homicidios registrados durante la "guerra" de Calderón ocurrieron en Ciudad Juárez.[20]

En ese contexto político convulso se lee *Policía de Ciudad Juárez*, de Miguel Ángel Chávez Díaz de León. La novela se publicó en 2012, inmediatamente después de los años más conflictivos de la estrategia de Calderón que convirtieron a Juárez en la ciudad más violenta del país. El protagonista es el agente Pablo Faraón, jefe de la "Brigada Listón", el equipo de policías municipales que acordona las escenas de crímenes con la cinta amarilla que impide el paso a los ciudadanos comunes. El trabajo de Faraón y su compañera Ruth Romo —motejados el "Comandante Amarillo" y la "Teniente Cinta"—[21] se ve constantemente interrumpido por la rapiña de los propios agentes de policía que roban cualquier objeto de valor mientras investigan y el sensacionalismo de los fotógrafos de prensa, que no dudan en reacomodar cadáveres para mejorar el ángulo de sus imágenes. Faraón es originario de uno de los barrios pobres de Ciudad Juárez, el Arroyo Colorado. A partir de las memorias de Faraón y sus recorridos por las calles, la novela reconstruye décadas de historia fronteriza en la segunda mitad del siglo XX, cuando la ciudad se modernizó y se fue expandiendo a la par de sus zonas industriales y las decenas de colonias nuevas que fueron poblando los márgenes desérticos.

Con la explosión urbana se incrementó también el crimen organizado. Según Faraón, la ciudad estaba controlada por "La Regla", una mafia al servicio del "Cártel Paso del Norte". Repentinamente aparecen el "Cártel de Durango" y su jefe, "El Chavo" Gaitán, que se proponen desplazar a "La Regla" para controlar el flujo de droga en la ciudad. La novela claramente opera aquí como un *roman à clef*: "El Chavo" Gaitán es una referencia directa a Joaquín "El Chapo" Guzmán, supuesto jefe del "Cártel de Sinaloa", mientras que "La Regla" se corresponde con "La Línea", que según el gobierno federal fue en su momento "el brazo operativo del 'Cártel de Juárez'". El grupo se hacía llamar así porque forzaba la *alineación* de todos los traficantes de droga

[20] Molloy, *Frontera List*. Para un análisis estadístico de los asesinatos atribuidos al "narco" durante la presidencia de Calderón en Ciudad Juárez y otras entidades del país, véase Escalante Gonzalbo, "Homicidios 2008-2009. La muerte tiene permiso".

[21] Miguel Ángel Chávez Díaz de León, *Policía de Ciudad Juárez*, México, Océano, 2012, p. 8.

en la ciudad, sometiéndolos a un mismo mando. Hasta esta parte, *Policía de Ciudad Juárez* reproduce punto por punto la narrativa oficial sobre el "narco" en México: Juárez, al igual que ciudades como Tijuana, Michoacán o Monterrey, está siendo disputada por grupos rivales de traficantes que buscan el control de la "plaza". Temprano en la novela, Faraón explica que "La Regla" controla "además la mitad de la policía municipal y a una mayoría de los agentes ministeriales del gobierno del estado, incluyendo a sus mandos principales".[22] Entre los agentes sobornados está el mismo Faraón, quien acepta, además de su salario, un pago mensual de 15 mil pesos. Y, aunque nunca le han exigido nada a cambio, advierte: "Nos compran a güevo los de La Regla, si no, triste tu calaca".[23]

Como es frecuente en las novelas negras que abordan el tema del narcotráfico, *Policía de Ciudad Juárez* utiliza recursos narrativos propios del género a pesar de la problemática mitología que producen. Un ejemplo de ello es el medio galón de leche que Faraón encuentra "en mil quinientas de las 2 mil y garra de ejecuciones" y que funciona como firma o "mensaje que dejaban los sicarios de La Regla".[24] Siguiendo las convenciones del policial, la novela introduce a un psicópata que va dejando sus huellas en los terribles crímenes que comete. Su nombre es "El Atoto" (originario de Atotonilco, un pueblo del estado de Guanajuato), ávido bebedor de leche y jefe implacable de "La Regla". "El Atoto" muestra a Faraón su poder al asesinar al comandante de la policía municipal, para luego matar a 35 personas en una rutera (un autobús colectivo), todos, según "El Atoto", colaboradores de "El Chavo" Gaitán.

A partir de este momento, sin embargo, la trama da un giro narrativo de la mitología a la política: la policía municipal es desactivada y entrega el control absoluto al Ejército mexicano y a la Policía Federal, quienes toman las calles por órdenes del presidente de la República. Desesperado por la violencia oficial que acecha a los traficantes locales, "El Atoto" cita a Faraón y le explica la situación real en las calles:

[22] *Ibid.*, p. 33.
[23] *Ibid.*, p. 34.
[24] *Ibid.*, p. 33.

> Todo mundo está sacando marmaja del río revuelto, ya cualquier pinche mocoso se suelta pidiendo cuota y presumen de ser extorsionadores, se ponen a secuestrar como si fueran a comprar pan dulce y nosotros a mate y mate y dándonos en la madre. [...] Lo que ves en los periódicos es puro pedo, están cayendo fuertes cargamentos, pero los sardos y los federales se quedan con ellos, y luego nos los quieren revender a precio de oro.[25]

"El Atoto" asegura que la gente de "El Chavo" Gaitán está siendo igualmente diezmada y extorsionada por las fuerzas federales, por lo que propone un pacto de pacificación entre los dos bandos de traficantes e incluso se ofrecen "para barrer la casa de los pendejos que andan trabajando por su cuenta. Si los de Gaitán cooperan, hasta en dos semanas dejamos a Juárez libre de roñosos".[26] Aunque Faraón sigue creyendo que se trata de una "guerra de cárteles", las fuerzas del Estado mantienen una clara supremacía que orilla a las dos organizaciones criminales a buscar una tregua. A cambio de su ayuda, Faraón pide a "El Atoto" que localice a la hija de Ruth, quien desapareció junto con su entonces marido, un comandante de la policía que fue asesinado por órdenes de la misma corporación.

Hacia el final de la novela, Faraón pregunta a "El Atoto" quiénes son los jefes máximos de la organización criminal. La elipsis de la respuesta es sugerente: "Ni te imaginas, más te vale no saber".[27] La novela se resuelve cuando los principales miembros de "La Regla" son asesinados en un bar de la ciudad. Solo "El Atoto" escapa con vida. Al final, el "narco" se ve obligado a entregar a la hija de Ruth y la novela termina cuando ella y Faraón se dirigen a buscarla. Independientemente de las explicaciones de la violencia que suscita la novela, "La Regla" ha sido destruida por las fuerzas federales con la intermitente colaboración de los "narcos" rivales.

Fuera de la novela, la realidad mostraba los efectos implacables de la política de seguridad. En abril de 2012, el mismo año en que se publicó *Policía de Ciudad Juárez*, el Departamento de Justicia de Estados Unidos anunció que José Antonio Acosta Hernández, conocido como "El Diego", se declaró culpable

[25] *Ibid.*, p. 82.

[26] *Ibid.*, p. 84.

[27] *Ibid.*, p. 119.

de narcotráfico y lavado de dinero como jefe de "La Línea" en Ciudad Juárez. Las autoridades lo sentenciaron a prisión de por vida y lo culparon además de ordenar o participar en el asesinato de más de mil 500 personas, incluyendo la masacre de jóvenes estudiantes en la colonia Villas de Salvárcar en 2010.[28] Este personaje refrenda la proximidad del relato de ficción y las narrativas que construyen las instituciones de seguridad, con escasa evidencia, en torno a los traficantes. Pese al poder desmedido que la novela y las autoridades atribuyen a los supuestos "cárteles" de la droga, la realidad final de los traficantes propone un comentario crítico fundamental para comprender el mundo de la droga en México: el poder del Estado siempre prevalece.

Queda, sin embargo, una reflexión final que no puede pasarse por alto. A lo largo de *Policía de Ciudad Juárez*, ninguno de los personajes en ningún momento de la novela hace alusión al hecho de que Ciudad Juárez se encuentra junto al país más militarizado de la tierra, que a su vez ha instigado en México un largo proceso de militarización que se expresó, desde 2006, con el respaldo político y económico de Washington. De hecho, la frontera como tal ni siquiera se nombra. La trama de la novela, como ocurre con mucha de la narrativa mexicana sobre el narcotráfico, pareciera sugerir que el "narco" es sólo un problema doméstico y que la violencia es parte inherente de esa "guerra" que libra el Estado contra los "cárteles". El borramiento de la presencia estadounidense en la violencia de Estado de la política antidrogas es un problema fundamental para el entendimiento cultural del fenómeno. Como he argumentado hasta ahora, esa omisión no es accidental, sino el producto de los discursos hegemónicos sobre el "narco" que se repiten espontáneamente aun en la literatura juarense que más íntimamente conoce sus calles y sus comunidades. Es un problema, como hemos visto, que no podrá sortearse hasta fisurar decididamente las epistemologías de la seguridad que sustentan las narconovelas, las cuales aseguran en buena medida su éxito comercial porque coinciden con las expectativas de lectura que piensan el fenómeno

---

[28] Entre otros crímenes, se acusó a José Antonio Acosta Hernández del homicidio de dos empleados del consulado de Estados Unidos en Juárez y la pareja de uno de ellos. También se lo responsabilizó de un coche bomba que mató a cuatro personas en el centro de la ciudad. Véase Departamento de Justicia de Estados Unidos, "Juarez Drug Cartel Leader Pleads Guilty to Charges Related to U.S. Consulate Murders and Is Sentenced to Life in Prison", 5 de abril de 2012.

del narcotráfico tal y como aparece en los demás productos culturales, en los medios de comunicación y entre las instituciones de gobierno que construyen ese imaginario en un principio.

IV. De la mitología a la política

Como enseña Ernesto Laclau, toda formación discursiva hegemónica se produce a partir de la articulación de una metáfora que sintetiza de modo esencial un proyecto político determinado. La metáfora funciona gracias a un borramiento de las condiciones contingentes de su propia enunciación, pues está basada en cadenas de atributos que se asocian falazmente de forma metonímica pero que se invisibilizan por la misma metáfora. Laclau cita aquí el célebre estudio de Roman Jakobson sobre la estructuración del lenguaje a partir de dos procedimientos basados en la combinación y en la sustitución de elementos lingüísticos. Ambos procedimientos, continúa Jakobson, pueden entenderse respectivamente como recursos de metonimia y metáfora. Laclau retoma la teoría de Jakobson para aplicarla a las formaciones discursivas en la sociedad contemporánea, pero ese procedimiento analítico resulta también útil para comprender las representaciones de la violencia en la frontera. Tanto el feminicidio como el narcotráfico son metáforas que borran la historia contingente de poder y opresión que las produce para hacer prevalecer una conveniente mitología. Dichas articulaciones mitológicas han sostenido la tesis de que la violencia de género es el resultado de una generalizada práctica del machismo mexicano y de asesinos seriales sin precedente en la historia mundial. Similarmente, el narcotráfico ha sido descrito como la suprema fuerza criminal que rebasa al poder del Estado y que controla gran parte del territorio nacional.

Haciendo eco del pensamiento teórico posestructuralista, Laclau discute la desarticulación crítica de los discursos hegemónicos para revelar las líneas imaginarias del poder que los configuran. Para materializar esa crítica, "la disolución de una formación hegemónica implica la reactivación de la contingencia: el regreso de una fijación metafórica 'sublime' a una humilde asociación metonímica".[29] He intentado subrayar en las obras literarias aquí

[29] Ernesto Laclau, *The Rhetorical Foundations of Society*, Londres y Nueva York, Verso, 2014, p. 63.

estudiadas esa misma narrativa de la contingencia política que consigue disolver algunas de las metáforas de la violencia que predominan en las producciones literarias más recientes. Esa aguda función política de la literatura en la sociedad contemporánea está también activa en el trabajo de autores que, por momentos, han representado al tráfico de drogas por fuera de la inercia mitológica y más bien inmerso en potentes formas de violencia estatal. Comprender y promover el potencial político de estas voces que comienzan a multiplicarse podría renovar las agendas críticas de la literatura mexicana de nuestro futuro inmediato.

Julián Cardona y Charles Bowden, herejes predicando en el infierno

"La frontera no siempre ha estado ahí",[1] anotan los editores en la presentación de un dosier dedicado a Ciudad Juárez en 2010 en la revista cultural *Guaraguao*. La afirmación es contundente y significativa pues, a pesar de la convulsión social que se vive en la frontera, el hecho es que Ciudad Juárez, o por lo menos su versión contemporánea, *apareció* en el horizonte de reflexión académica y periodística global a mediados de la década de los noventa. Dos fenómenos han marcado la imagen que suscita el nombre de Juárez como metáfora trascendente de la modernidad tardía mexicana: los asesinatos de mujeres y el narcotráfico. Ambos problemas se han naturalizado como símbolos de una permisiva violencia que es constitutiva del orden social de la ciudad. El efecto de esta naturalización es desde luego problemático: Ciudad Juárez, como he discutido ya, es un significante vacío que con frecuencia se llena con el reverso negativo de los procesos históricos del país. Pero ese imaginario entra en tensión con un archivo periodístico local cuya importancia no puede exagerarse.

Entre ese archivo, que desde luego incluye el trabajo de numerosos periodistas fronterizos, destaco la colaboración entre el reportero estadounidense Charles Bowden y el fotógrafo mexicano Julián Cardona. El trabajo de ambos, después de casi dos décadas de proyectos entrelazados, se ha convertido en un referente obligado de todo estudioso de la frontera. Los ensayos de Bowden y

[1] Daniel Gamper y Luis Alfonso Herrera Robles, "Editorial", *Guaraguao*, núm. 34, 2010, p. 5.

el periodismo gráfico de Cardona han producido una forma de mirar con un entendimiento alternativo de Ciudad Juárez. Analizo en lo que sigue algunos de los alcances y límites de esa colaboración para así someter a examen esa mirada que ha marcado nuestro conocimiento de la historia reciente de los más insólitos eventos fronterizos de nuestros tiempos.

I. Aprender a *ver*

Comencé a trabajar como reportero en *El Diario de Juárez* (actualmente *El Diario* a secas) en 1996, el mismo año en que Bowden publicó "While You Were Sleeping" ("Mientras usted dormía") en la revista *Harper's*. Aquel artículo fue uno de los primeros que llamó la atención internacional que en la siguiente década transformó a Ciudad Juárez en el reducto nacional de la violencia y la marginación. Como la gran mayoría de los fronterizos, yo no conocía la realidad que se describe en ese texto. La profunda descomposición social y la sistémica corrupción de sus estructuras de poder me fueron delineadas a través de la mirada lírica y personal de Bowden. El texto fue polémico y recuerdo las objeciones de varios colegas que consideraban el artículo como la fantasía oportunista de un reportero estadounidense que intenta hacerse de un nombre cubriendo una ciudad supuestamente peligrosa. Pero, reporteando al lado de varios de los fotógrafos, entre ellos Cardona, pronto entendí que Juárez escondía niveles de complejidad que apenas comenzaban a hacerse visibles. El trabajo de Bowden y de los fotógrafos fue sin duda un parteaguas para la opinión internacional, pero también mostró a los juarenses aspectos desconocidos de su ciudad cuyas posibilidades de representación simplemente ignoraban.

La crónica de Bowden fue el resultado de varias estancias de investigación en Juárez guiadas por fotógrafos de *El Diario*. Julián Cardona aparece en el artículo como uno de los "maestros" que enseñan a Bowden a *ver* la ciudad de un modo distinto al de la mayoría de los periodistas extranjeros que comenzaron a escribir sobre la frontera a finales de los noventa:

> Julián, de alrededor de 30 años, es un hombre flaco, alto y de piernas largas, con una voz profunda. En la calle lo llaman El Compás. Se ríe con facilidad y

siempre parece estar observando. Una noche en el periódico, mientras yo avanzaba con dificultad en una densa pila de negativos, me miraba como un juez implacable. Finalmente saqué el negativo de un policía sosteniendo el zapato de una muchacha asesinada que fue encontrada en el desierto. Cardona lo vio y por primera vez se permitió una pequeña sonrisa. "Esta es una buena imagen", dijo, casi con alivio.[2]

Recuerdo escenas casi idénticas: Julián literalmente enseñándome a *ver* el trabajo cotidiano del equipo de fotógrafos, poniendo a prueba mi sentido periodístico en ciernes ante una imagen que ofrecía por sí sola los elementos esenciales de una crónica. En la fotografía elegida por Bowden, el zapato de una muchacha en manos de un policía en las dunas del desierto de Juárez pone de manifiesto la capacidad de síntesis que Cardona construye en la composición de cada imagen para aprehender la violencia sistémica de la ciudad. Pero esos códigos de composición exigen del público una mirada inteligente y dispuesta a discernir los varios planos captados en cada cuadro. Son el privilegio de una mirada que ha aprendido a expandir sus propios límites.

Slavoj Žižek define la noción de violencia sistémica a la que me refiero aquí como "la violencia inherente en un sistema" que no se reduce a la violencia física directa.[3] Las fotografías de Cardona constantemente vuelven visibles las causas y los efectos de esa violencia en una sola imagen. Sin el efectismo de la típica fotografía que retrata los reductos subjetivos de la violencia (cadáver, destrucción, miseria), el trabajo de Cardona repara en múltiples aspectos de los sistemas de dominación y explotación que generalmente operan en forma sutil en la sociedad contemporánea. De ese modo, el policía *descubriendo* el zapato de la mujer ultrajada en el desierto supone distintos niveles de significado que esbozan una o varias tesis sobre las dinámicas de violencia que se ejercen en los sectores más vulnerables de la población, así como la relación que este fenómeno tiene o puede tener con los cuerpos policiales y las demás instituciones oficiales de la frontera.

Desde el inicio de la colaboración, las fotografías de Cardona establecieron con la prosa de Bowden un intenso diálogo intelectual sobre las estructuras

---

[2] Bowden, "While You Were Sleeping", p. 109.

[3] Žižek, *Violence*, p. 9.

de poder que con frecuencia se dejan de lado en la mayoría de los análisis sobre Ciudad Juárez. Periodista de investigación, autor de más de 10 libros sobre desastres ambientales y políticos, Bowden encontró al interlocutor ideal en Cardona, fotógrafo autodidacta con una vasta trayectoria en los medios de comunicación de la ciudad. La férrea independencia de ambos los volvió paradójicamente un equipo. El primer resultado de esta colaboración fue el artículo en *Harper's*, publicado en 1996. Parte sustancial del material fotográfico que interesó a Bowden en ese texto fue incluido originalmente en una exposición organizada un año antes por los fotógrafos de los principales medios de comunicación de Juárez. Cuenta Bowden: "Nadie en El Paso, separada de México por 30 pies de río, estuvo interesado en exponer su trabajo, así que ellos encontraron una pequeña sala en Juárez y colgaron impresiones grandes [de su trabajo] que en realidad no podían costearse. Llamaron a su exposición 'Nada que ver'".[4]

El título "Nada que ver" cifró la ambigüedad que representó el colectivo fotográfico al mostrar imágenes de un Juárez siniestro, pero silenciado por discursos de poder y por una élite que funda su riqueza en la explotación y la vejación de la población más vulnerable: migrantes sin educación, mujeres obreras de maquiladora, niños expuestos a todo tipo de criminalidad. Hasta la irrupción de esas imágenes, en Juárez no había *nada que ver* en relación con estos fenómenos ignorados por una sociedad acostumbrada a pasar su mirada por alto. Al volver materialmente ineludible el registro de la devastación radical de la era neoliberal, los fotógrafos modificaron las políticas de representación doméstica e internacional sobre enclaves fronterizos como Juárez.

II. El futuro entre nosotros

El trabajo de esos fotógrafos fue la materia prima del libro en el que aparecen las firmas de Bowden y Cardona por primera vez juntas: *Juárez: The Laboratory of Our Future* (*Juárez: el laboratorio de nuestro futuro*). Se publicó en 1998, cuando aún faltaba más de una década para que la ciudad entrara en la profunda

[4] Bowden, "While You Were Sleeping", p. 106.

Foto 1. Medias remendadas y teñidas para reventa por alrededor de un dólar cada una en la colonia Puerto de Anapra. Julián Cardona, cortesía del Tom & Ethel Bradley Center de la California State University en Northridge.

crisis de violencia y descomposición social que experimenta actualmente y años antes de que aparecieran como paracaidistas los autores de libros que han convertido los asesinatos de mujeres y el narcotráfico en un redituable negocio editorial. Me detengo en una fotografía de esos últimos años del siglo XX: observamos el tendedero de una familia humilde en uno de los barrios más cercanos a la línea fronteriza (foto 1). Cardona entrevistó a la madre de familia que adquiría medias de segunda mano en El Paso, Texas. Después de remendarlas, las medias eran teñidas y secadas al sol en el terregal del patio. La aparición de estas formas de supervivencia en los años noventa ya evidenciaban las alternativas al capitalismo tardío emergente en la ciudad.

En *Picture Theory* (1994), W. J. T. Mitchell define la noción de "imagentexto" como la materialización de la "escritura" en el sentido que le confería el teórico francés Jacques Derrida. Así, "la escritura, en su forma física y gráfica, es una sutura inseparable de lo visual y lo verbal".[5] En esa tensión no existe necesariamente un balance, sino órdenes de representación que, por momentos, someten la imagen a cierta enunciación textual o, por el contrario, un texto condensado en una composición visual. Según Mitchell, los imagentextos

[5] W. J. T. Mitchell, *Picture Theory*, Chicago, The University of Chicago Press, 1994, p. 95.

pueden producir dos efectos: o generan un *ilusionismo* que engaña al espectador y que lo obliga a aceptar el simulacro de su representación en el efectismo de sus recursos, o bien producen un *realismo* que "se asocia con la capacidad de las fotografías para mostrar la verdad de las cosas" sin imponer un determinado sentido de interpretación al espectador.[6]

Las fotografías de Cardona deben entenderse como imagentextos que plantean ese efecto de realismo que señala Mitchell. Con sus intervenciones en *Juárez: el laboratorio de nuestro futuro*, Cardona decidió refutar el modelo de economía globalizada defendido en los noventa, entre otros, por Francis Fukuyama, quien en su momento dio por hecho que "la globalización es inevitable" y que "los mercados son los conductores más eficientes del desarrollo económico".[7] Una foto captura el fracaso del capitalismo globalizado en la frontera. Es el momento en que un fotógrafo forense documenta el cadáver de un joven acuchillado más de 30 veces (foto 2).

La dinámica narrativa de la fotografía es eficaz: Cardona retrata el momento en el que se construye una mirada crítica en torno a un cadáver, el instante en el que una comunidad aprende a ver los efectos de la marginación y la pobreza producto del deterioro económico del México neoliberal.

Bowden estudia las imágenes y conjetura con los fotógrafos que Ciudad Juárez es ante todo el territorio de los más crudos efectos de la globalización, el *ground zero* de las estructuras neoliberales de gobierno que se impusieron en México a partir del Tratado de Libre Comercio en 1994. Ciudad Juárez como experimento del futuro por venir, escribe Bowden: "Esta vez no sabremos cómo llamarlo, porque en el siglo XX hemos usado todos los nombres: progreso, revuelta, revolución, terrorismo, guerras de liberación nacional, genocidio. Hemos agotado nuestro lenguaje tratando de escribir con palabras lo que sabemos que vendrá".[8]

La tesis del libro estremece por su puntual clarividencia cuando la ciudad aún no había sido objeto de la inconmensurable atención mediática que la describe actualmente como una de las urbes más violentas del mundo. El

---

[6] *Ibid.*, p. 325.

[7] Francis Fukuyama, "Fukuyama revisa su fin de la historia", *Milenio Semanal*, núm. 112, 25 de octubre de 1999.

[8] Charles Bowden, *Juárez: The Laboratory of Our Future*, Nueva York, Aperture, 1998, p. 117.

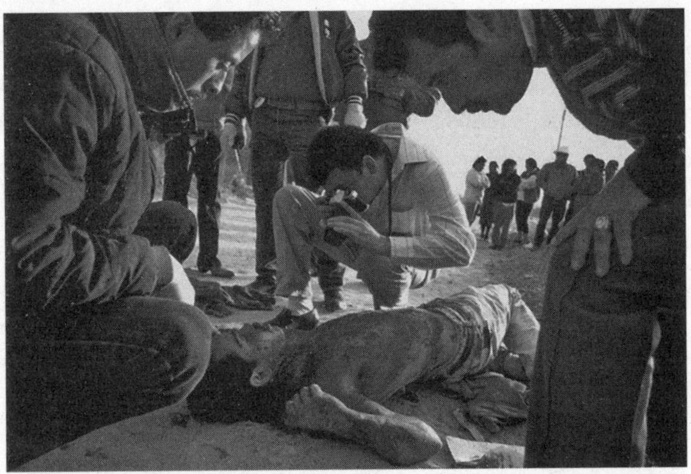

FOTO 2. Fotógrafo forense documenta el cadáver de un hombre apuñalado más de 30 veces. El cuerpo se encontró en los límites territoriales de las pandillas "La Fama" y "Los Calaveras", en la colonia 16 de Septiembre. En la década de 1990 se estimaba que alrededor del 40% de los homicidios podían atribuirse a la violencia entre pandillas. Julián Cardona, cortesía del Tom & Ethel Bradley Center de la California State University en Northridge.

futuro estaba ya en los cadáveres de hombres y mujeres asesinados en absoluta impunidad y en una ciudad que apenas entraba en proceso de transformación social, cultural y, sobre todo, política.

El primer trabajo escrito en México sobre el fenómeno del feminicidio fue publicado en 1999 por una editorial independiente de Chihuahua y editado por un grupo de comunicólogas y periodistas fronterizas que titularon el volumen colectivo *El silencio que la voz de todas quiebra*. Ese mismo año, el sello Planeta puso en circulación *Las muertas de Juárez*, de Víctor Ronquillo, periodista del Distrito Federal. En los siguientes años fueron apareciendo numerosos libros y reportajes sobre los asesinatos de mujeres, abriendo un importante debate sobre la violencia de género en la era neoliberal, pero también alimentando un imaginario prejuicioso que insiste en mitologías culturales que en poco o nada contribuyen a esclarecer las causas reales del problema, como discutiré más adelante.

Juárez: el laboratorio de nuestro futuro combina imágenes de 13 fotógrafos juarenses, un prólogo de Noam Chomsky y un epílogo de Eduardo Galeano.

Con esta intervención, Bowden fue uno de los primeros periodistas estadounidenses en reflexionar sobre los efectos de políticas económicas alevosas que transformaron radicalmente la realidad fronteriza. En su texto, Chomsky analiza los problemáticos beneficios del neoliberalismo consolidado durante la presidencia de Carlos Salinas de Gortari (1988-1994). El libro termina revelando la pobreza extrema y la acumulación de riqueza en unas cuantas familias como el principal resultado de la política neoliberal. En las fotografías, los asesinatos de mujeres asumen una centralidad que reclama su propio espacio de debate y que impone preguntas inaplazables. Las víctimas aparecen en un contexto político, histórico y económico específicos. El feminicidio, explica la obra, no es sino el siniestro efecto del desmantelamiento sistemático de instituciones y del Estado de derecho en el país, lo que acelera el desagarre de un de por sí enfermizo tejido social.

A pesar de la puntual relevancia de *Juárez: el laboratorio de nuestro futuro*, su lectura pionera de las problemáticas fronterizas se vio afectada por decisiones editoriales que mermaron la circulación del libro y su recepción en general. A la fecha continúa sin reeditarse. Por el contrario, *Huesos en el desierto*, de Sergio González Rodríguez, publicado en 2002 por la editorial Anagrama, es desde entonces la referencia más citada entre círculos intelectuales y académicos. Este ensayo recoge entrevistas, noticias de prensa y expedientes judiciales y forenses complementados por una serie de reflexiones sobre aspectos culturales y políticos en torno a los asesinatos. Entre las diferentes teorías sobre el feminicidio que propone, González Rodríguez reproduce el testimonio de un agente meritorio de la Policía Judicial estatal (nombramientos ilegales también conocidos como "madrinas") y especula que cientos de asesinatos de mujeres fueron perpetrados por dos individuos, "Alejandro Máynez y su 'primo' Melchor",[9] coludidos con el jefe del Grupo Especial Antisecuestros

[9] Esta versión fue en su momento criticada por el periodista juarense José Pérez Espino, quien señaló inconsistencias en *Huesos en el desierto*: "González Rodríguez prefirió imaginar que investigar. Es probable que algunos de los homicidios no esclarecidos los hayan perpetrado sicarios de la mafia. Pero es insostenible la versión de que los casi 300 casos [ahora más de 500] sean crímenes 'rituales' cometidos por 'dos personas'. Sus afirmaciones a la prensa contradicen lo publicado en su propio libro, del cual se desprende que en Ciudad Juárez han ocurrido homicidios por las más variadas causas: motivos pasionales, por violencia intrafamiliar o enfrentamientos entre pandillas, por ejemplo". Véase José Pérez Espino, "La invención de mitos en los medios y la lucrativa teoría de la conspiración", *Derechos*

de la Policía Judicial estatal y un directivo de la policía municipal de Ciudad Juárez.[10] Hacia las últimas páginas, y como parte de un "posfacio a la tercera edición", González Rodríguez presenta el argumento de un híbrido entre novela histórica y relato negro, y afirma que los cientos de asesinatos de mujeres son en realidad el resultado de un sabotaje político y económico planeado por "un grupo de empresarios y políticos de Ciudad Juárez, con influencia al más alto nivel del país".[11] Ambas explicaciones se revelan mutuamente excluyentes: mientras que la primera teoría denuncia a quienes serían los dos asesinos seriales más importantes de todos los tiempos (a Jack el Destripador solo se le imputan con certeza cinco de las 11 mujeres descuartizadas que le atribuye la leyenda), la segunda teoría es en cambio imprecisa y vaga a tal grado que remite al argumento de una película comercial de Hollywood.

Al contrastar *Juárez: el laboratorio de nuestro futuro* con *Huesos en el desierto*, encuentro la diferencia esencial entre ambos libros. En las fotografías de Cardona y el texto de Bowden aparece una realidad inmediata retratada sin la ilusión de una o varias teorías que lo expliquen todo. El trabajo de Bowden y Cardona avanza por las calles de Juárez como si fuese el primer día del recorrido para ambos, como si cada mañana estuvieran ante una ciudad desconocida que resiste ser descifrada en su totalidad. Recuerdo en particular unas de las fotografías de Cardona, una de las más pequeñas y en apariencia menos llamativas de la colección. Es el interior con paredes límpidas de loseta azul cielo del anfiteatro de Ciudad Juárez. Hay tres cadáveres acostados sobre planchas que por un instante me hacen pensar en un dormitorio universitario compartido. Dos noches antes, seis personas en total habían sido asesinadas en un popular restaurante sobre la avenida Paseo Triunfo de la República. En ese año de 1997 se desataron tiroteos públicos entre supuestos narcotraficantes tras la muerte de Amado Carrillo Fuentes, el jefe del "Cártel de Juárez", que según las autoridades murió durante una cirugía plástica que le cambiaría el rostro y le permitiría evadir la justicia. Los medios locales invirtieron semanas cubriendo la noticia de la balacera. Al llegar a la morgue, de inmediato se nos prohibió el paso. Cardona simplemente caminó hacia el interior.

Humanos. Órgano Informativo de la Comisión de Derechos Humanos del Estado de México, vol. 12, núm. 73, mayo-junio de 2005, p. 64.

[10] González Rodríguez, *Huesos en el desierto*, p. 172.

[11] *Ibid.*, XX.

Un empleado aparece en el fondo de la fotografía sin reaccionar a tiempo para detenerlo. El ángulo del cuadro está desnivelado, como si la cámara estuviera a punto de caer hacia la derecha, como si los cadáveres corrieran también el riesgo de deslizarse sobre las planchas (foto 3).

Yo escribí la nota para *El Diario de Juárez,* pero, salvo el nombre del presunto "narco" que había sido el objetivo de la matanza, la identidad de los otros volvió ese mismo día a un absoluto anonimato que se perdió en los archivos del periódico. Estudiar los brutales efectos de la violencia de género ha sido una consigna necesaria, urgente y dramática para el periodismo local y extranjero, pero ni un ataque entre supuestos narcotraficantes puede realmente ser dilucidado en toda su extensión, como si lo real del "narco" nos eludiera constantemente. El veloz ritmo de preguntas articuladas rebasa siempre las posibles respuestas itinerantes de un reportero y un fotógrafo que todos los días vuelven a empezar sin saber mucho de lo que en verdad está ocurriendo en las calles.

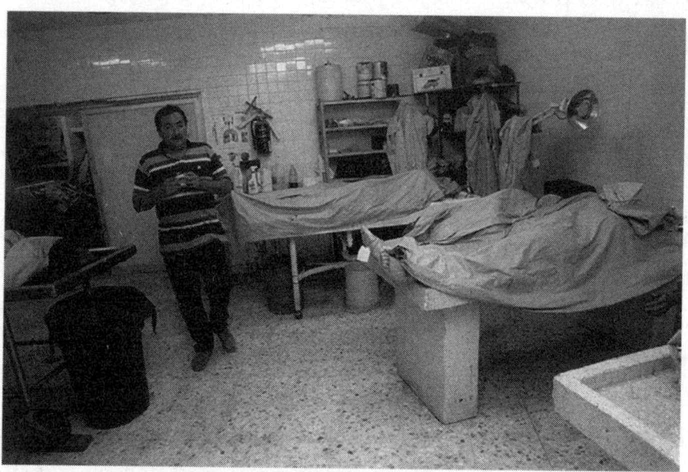

FOTO 3. Empleado de la morgue en Ciudad Juárez. En las planchas, los cadáveres de tres personas asesinadas el 3 de agosto de 1997 en una balacera en el restaurante Maxfim en Ciudad Juárez. La policía identificó el cuerpo de Alfonso Corral Olaguez, un traficante de Durango que era el objetivo del ataque en el que murieron otras cinco personas. Julián Cardona, cortesía del Tom & Ethel Bradley Center de la California State University en Northridge.

Foto 4. Un grupo de trabajadores indocumentados (la mayoría mexicanos de San Luis Potosí junto con un hondureño) reparan el techo de un edificio de departamentos en Gulfport, Misisipi en 2006. Julián Cardona, cortesía del Tom & Ethel Bradley Center de la California State University en Northridge.

III. La muerte o el exilio

El siguiente libro de Bowden y Cardona fue *Exodus/Éxodo* (2008), un exhaustivo viaje transfronterizo siguiendo los flujos masivos de migrantes hacia el norte. El proyecto surgió de un artículo firmado por ambos que se publicó en la influyente revista *Mother Jones*. Las fotografías de Cardona y el ensayo de Bowden ilustran dos décadas en distintos puntos de la frontera entre México y Estados Unidos, para luego adentrarse en algunas de las ciudades de Estados Unidos (Nuevo Orleans, Houston, Phoenix) donde los migrantes han tenido una presencia económica y cultural importante (foto 4).

Luego, de regreso a sus lugares de origen, como el estado de Oaxaca, en el sur del país, donde Cardona documentó las mansiones construidas con dinero que los migrantes envían a sus familiares y que se ha vuelto una de las más grandes fuentes de ingreso a nivel nacional (foto 5).

Las imágenes en blanco y negro muestran finalmente el solitario y peligroso viaje de los migrantes por los desiertos de Arizona en los cruces de

Foto 5. Felícitas Ruiz Ramos, de 85 años, camina junto a su casa en el poblado de San Andrés Ixtlahuaca, Oaxaca, en noviembre de 2008. La casa fue construida por su hijo, Gerardo Pérez Ruiz, trabajador inmigrante en Estados Unidos. Julián Cardona, cortesía del Tom & Ethel Bradley Center de la California State University en Northridge.

Foto 6. Un basurero improvisado en desierto de Altar, Arizona, en abril de 2006. Migrantes indocumentados se reúnen en esta zona con traficantes de personas después de caminar 65 kilómetros por el desierto. Ahí se les ordena deshacerse de sus mochilas y botellas de agua, además de reemplazar su ropa con vestimenta más "estadounidense" antes de entrar a una casa de seguridad como parte del trayecto hacia distintas ciudades del país. Julián Cardona, cortesía del Tom & Ethel Bradley Center de la California State University en Northridge.

Altar o Sásabe, mientras que en otras son detenidos por agentes de la Border Patrol y en otras más los Minutemen aguardan al acecho para hacer sus propios arrestos ilegales. La fotografía de la portada es tal vez uno de los más poderosos comentarios sobre el tema de la migración que yo he visto jamás: un páramo del desierto convertido en un basurero improvisado, saturado por los despojos que van quedando en el trayecto de los migrantes. Mochilas, zapatos, botellas de plástico vacías, ropa para personas de todas las edades cubren casi por completo la arena ardiente de día y gélida de noche (foto 6).

La continua tragedia migratoria tiene fecha exacta de inicio. Los interminables empleos de las maquiladoras fueron una ilusión que el Tratado de Libre Comercio desmanteló a lo largo de la frontera en 1994. Estados Unidos endureció su política migratoria unos meses antes: el 19 septiembre de 1993, como Cardona anota con precisión en el epílogo de *Exodus*, la porosa línea fronteriza entre Juárez y El Paso se cerró para siempre. Cardona recuerda que antes de la operación "Hold the Line" era posible cruzar el río Bravo en un neumático. El viaje de apenas unos minutos costaba dos dólares. Muchos jóvenes juarenses lo hacían para ir a fiestas o a conciertos de rock en El Paso. Repentinamente, esa mañana de septiembre, Ciudad Juárez se transformó:

> Hombres que cruzaban a diario para trabajar en construcción, agricultura o jardinería ahora tiraban piedras a agentes de la Patrulla Fronteriza cubiertos con máscaras antigás y equipo para repeler protestas en el puente Santa Fe. Una semana después de comenzado el bloqueo, el precio para ser llevado a Estados Unidos subió de 20 a 100 dólares. Los inmigrantes encontraron rutas más secretas y peligrosas, como túneles de drenaje bajo el río hacia El Paso. Tres meses y medio más tarde, el TLC entró en vigor y bloqueos similares fueron puestos en marcha en las zonas urbanas de toda la frontera entre México y Estados Unidos.[12]

Según Bowden y Cardona, la ola migrante constituye el mayor éxodo en la historia universal. El desplazamiento masivo es tal vez el signo más evidente del fracaso del capitalismo tardío como promotor de la movilidad social, pero simultáneamente es evidencia de su éxito como sistema de explotación

[12] Charles Bowden y Julián Cardona, *Exodus/Éxodo*, Austin, University of Texas Press, 2008, p. 265.

de cuerpos racializados y vulnerables. El ensayo de Bowden se intercala con una reflexión sobre la Revolución mexicana y sus posibilidades de resistencia en el cuerpo mismo de aquellos campesinos que nunca recibieron la justicia social prometida por los caudillos de 1910. La migración, escribe Bowden, es la única vía posible para continuar las exigencias pendientes de aquella lucha traicionada por las clases políticas y militares de México.

A partir de 1993 comenzaron a documentarse las desapariciones de mujeres. En 1997 se desató la violencia en las calles que, entre otros incidentes, incluyó el asesinato de las seis personas en aquel restaurante que mencioné antes. El laboratorio de nuestro futuro que fue Juárez a finales de los noventa se había convertido una década más tarde en "la ciudad del crimen", *Murder City* (2010), como se titula el último libro en colaboración de Bowden y Cardona. El arco histórico de criminalidad que enmarca el trabajo de ambos selló el vaticinio de lo anticipado por las cámaras de los fotógrafos juarenses: una ciudad a punto de despeñarse en una ola interminable de violencia. *Murder City* retoma la crónica de la ciudad durante la presidencia de Felipe Calderón, quien ordenó la "guerra" contra el narcotráfico a finales de 2006 con un estado de sitio nacional por medio del despliegue de contingentes del Ejército y la Policía Federal que únicamente en Ciudad Juárez sumaron casi 10 mil elementos. Ese año la cifra total de asesinatos en Ciudad Juárez no rebasó las 400 víctimas. En 2010 la realidad era otra: 3 mil 622 asesinatos. De acuerdo con un estudio hecho por el Consejo Ciudadano para la Seguridad Pública y la Justicia Social, el aumento de más de mil por ciento en la tasa de asesinatos convirtió a Juárez en "la metrópoli más violenta a nivel mundial".[13] Entre 2009 y 2010 se cometieron en Juárez más de 190 asesinatos por cada 100 mil habitantes, según ese documento. En la misma proporción, le seguían en 2009 San Pedro Sula, Honduras, y San Salvador, El Salvador, con 119 y 95 asesinatos, respectivamente. "Mucho tiene que ver que algunos militares han sido cooptados por el narcotráfico, por lo que es necesario analizar su salida de Juárez", declaró José Antonio Ortega Sánchez, presidente de esa asociación civil.[14]

[13] Martha Elba Figueroa, "De lejos, siguen a Juárez otras ciudades violentas", *El Diario*, 11 de enero de 2010.

[14] *Idem*.

Para esos años, el fenómeno del feminicidio ya era solo una fracción del caos. Como argumenta Bowden en *Murder City*, el número de asesinatos de mujeres representa apenas el 10 o 12% de los homicidios registrados en la ciudad cada año. A la par de la necesidad de denunciar los sistémicos crímenes contra mujeres, es importante advertir que los homicidios de hombres ocurren en el mismo vacío de orden judicial y en la más desfondada impunidad. Escribe Bowden:

> … ignorar a los muertos permite a los Estados Unidos ignorar el fracaso de sus modelos de libre comercio, los cuales en Juárez están produciendo pobres y gente muerta más rápido que cualquier otro producto. Por supuesto que los asesinatos de mujeres en Juárez son escasamente investigados o resueltos. Los asesinatos en Juárez siempre son escasamente investigados, así que, en la muerte, las mujeres finalmente reciben el mismo trato que los hombres muertos.[15]

Una de las fotografías de Cardona incluida en *Murder City* sintetiza la realidad extrema de esos años: el póster de una hermosa mujer impreso, una modelo de cabello voluminoso y ondulado, pero con el rostro resquebrajado por el papel maltratado y con un orificio de bala atravesando la comisura de sus labios entreabiertos. Dentro del hueco se ve la tierra parda. Pareciera que el póster fue arrancado a tiros de una pared y lanzado a la terracería. Julián lo encontró en una casa donde en 2004 la Policía Federal desenterró los cadáveres de 12 personas (foto 7).

Un informante transmitió en una grabación uno de los homicidios a la agencia estadounidense de Inmigración y Aduanas (ICE, sus siglas en inglés), que optó por no hacer nada hasta que agentes de la DEA fueron atacados por el *friendly fire* de policías que trabajaban con los narcotraficantes involucrados. En otra fotografía, esa misma casa aparece revuelta, con paredes cuarteadas, basura y desperdicios.

La imagen del póster baleado se reprodujo en la portada del primer número de la revista británica *Frontline*, fundada por corresponsales extranjeros. Esa primera edición presentó un desplegado con una selección de fotografías de

---

15 Charles Bowden, *Murder City: Ciudad Juárez and the Global Economy's New Killing Fields*, Nueva York, Nation Books, 2010, p. 14.

Foto 7. Publicidad con el rostro de una joven que fue utilizado como objetivo de tiro en el patio de la llamada "Casa de la Muerte" en Ciudad Juárez. En enero de 2004, la Policía Judicial Federal excavó 12 cadáveres de ese patio. Un informante pagado por Immigration and Customs Enforcement (ICE), la agencia de migración y aduanas de Estados Unidos, fue implicado en los crímenes. Por lo menos el primero de los homicidios fue reportado por ese informante a agentes de ICE en El Paso, Texas. Estos hechos salieron a la luz solo porque agentes de la DEA fueron atacados por error por policías que trabajaban con los traficantes. Julián Cardona, cortesía del Tom & Ethel Bradley Center de la California State University en Northridge.

Cardona acompañadas de un texto suyo titulado "J-war-ez". Emulando el típico acento de un hablante nativo del inglés, Cardona convierte el mismo nombre de Ciudad Juárez en el sitio de una guerra. Pero la violencia en la frontera permanece en un doble registro material y simbólico en la fotografía. Juárez, diríamos en primera instancia, es el lugar donde incluso el rostro impreso de una mujer se expone a recibir un balazo. Pero, en una segunda interpretación, la fotografía articula un comentario sobre las políticas de representación de la violencia misma. La responsabilidad criminal de la omisión de los agentes estadounidenses queda *fuera* del cuadro y en cambio solo aparece ese símbolo de la violencia de género que informa el trabajo superficial de numerosos periodistas y académicos. La fotografía de Cardona no captura entonces el machismo generalizado en la sociedad fronteriza, como supondrían las opiniones más apresuradas, sino el proceso terminado de reificación de una metáfora cuya contingencia histórica ha sido borrada. Literalmente no hay *nada que ver* en la fotografía, pues las relaciones de poder que produjeron los asesinatos en esa casa permanecen fuera de nuestro alcance. La fotografía llega tarde al lugar de los hechos, cuando los distintos factores que produjeron los asesinatos ya se han condensado en la metáfora del feminicidio. Con toda la fuerza de su realismo, la fotografía nos recuerda que estamos ante una imagen prefabricada, y que los verdaderos protagonistas de la trama permanecen en una impunidad invisible. Después de comprender, paradójicamente, que no hay *nada que ver*, nuestra mirada busca los bordes de la fotografía. Ahí, nos dice el trabajo de Julián Cardona, aguarda la contingencia de nuestro presente aún por descubrir.

IV. La herejía documentada

En el texto de *Frontline*, Cardona habla con un activista de derechos humanos que omite su nombre pero que refuta la tesis del gobierno federal y la "guerra contra las drogas". No se trata del "Cártel de Sinaloa" y su jefe Joaquín "El Chapo" Guzmán tratando de arrebatar la "plaza" al "Cártel de Juárez". Ni siquiera ocurrió una lucha entre "cárteles". Lo que ocurrió fue una confrontación entre fuerzas federales que llegaron para arrebatar el control del narcotráfico y el narcomenudeo local a "La Línea", una organización integrada por policías municipales y estatales corruptos. Juárez ya no es solo uno de los corredores predilectos para el tráfico de drogas. En la última década se transformó en una zona de alto consumo y de organizaciones criminales que ya no respondían al sometimiento histórico en que las fuerzas federales mantuvieron a los "narcos" de las décadas de 1970 y 1980. Consideremos el aumento dramático de denuncias de todo tipo de crímenes y delitos cometidos por soldados y agentes federales, o por comandos de sicarios armados que operaban sin el menor contratiempo en una ciudad tomada por 10 mil soldados y policías federales. Concluye el texto de Julián: "¿Y si El Chapo no está detrás de esto, entonces quién? 'Es el Ejército, estúpido'. Esto es lo que se escucha en la calle. La búsqueda de una respuesta verdadera a esta pregunta es un motivo suficiente para seguir escribiendo la historia desde aquí".[16]

[16] Julián Cardona, "J-war-ez", *Frontline,* 2009, p. 9.

Las ideas entre Cardona y Bowden establecen un análisis que se corresponde. Según Bowden, existen dos versiones discursivas de México. Por un lado, está el México del valiente presidente Calderón que decidió no tolerar más a las organizaciones de narcotraficantes, arriesgando su capital político por el bien de la nación. Visto desde Estados Unidos, este México aparece como una república "hermana" donde existe una funcional sociedad civil, leyes y su correspondiente Estado de derecho. La militarización antidrogas, recordemos, es el resultado de décadas de presión y chantaje estadounidense para militarizar México como parte de su agenda hemisférica de seguridad aunque esto cueste la vida de cientos de miles de personas.

Pero ese México simplemente "no existe".[17] En la segunda versión de México, escribe Bowden:

> … la guerra es *por* las drogas, por la enorme cantidad de dinero que se genera en las drogas, donde la policía y el Ejército luchan por su parte de las ganancias, donde la prensa es controlada con el asesinato de reporteros y con banquetes hechos de una consistente dieta de sobornos, y donde la línea entre el gobierno y el mundo de la droga nunca ha existido.[18]

Los dos periodistas suscriben una corriente crítica que explora la centralidad de la clase política, del Ejército y de las corporaciones policiacas en la evolución del narcotráfico. En su paso como corresponsal por Ciudad Juárez en 2011, el reportero británico Ed Vulliamy se entrevistó con Cardona, quien detalló el trabajo periodístico que en ese momento hacía en colaboración con el reportero juarense Ignacio Alvarado. La tesis de ambos, anota Vulliamy, aparecía entonces como una "herejía":

> El Ejército mexicano, sospechan, podría estar usando la crisis para facilitar, o incluso involucrarse en una campaña de lo que llaman "limpia social" del basurero humano: los indeseables, los drogadictos, los vagos y los ladronzuelos o más que ladronzuelos. El Ejército prácticamente no disipó esta idea cuando, en una conferencia de prensa el 1.° de abril de 2008, Jorge Juárez Loera, el general a cargo

[17] Bowden, *Murder City*, p. 18.
[18] *Idem*, énfasis original.

del enésimo distrito militar (del que Juárez forma parte), describió cada muerte ocurrida bajo su vigilancia como "un delincuente menos".[19]

El trabajo de Cardona y Bowden, junto con el de otros reporteros como Ignacio Alvarado, recibe escasa atención mediática si se lo compara con los libros de periodistas que, como en el caso de Diego Enrique Osorno, Anabel Hernández y Alejandro Almazán, por mencionar a los más visibles, reproduce la lógica oficial que insiste en que la violencia es el producto directo de una supuesta lucha de "cárteles" que dominan en ciertas zonas del país y que sobrepasan el poder del Estado. Contra la opinión de reconocidos periodistas legitimados por los propios discursos oficiales, el trabajo de Bowden y Cardona es, en efecto, lo más cercano a una herejía periodística que refuta el credo de los "cárteles" que suscribe la mayoría en México.

Entre todo, es justo reconocer la validez de cierta corriente crítica que ha señalado con razón algunas limitaciones y efectos improductivos en el trabajo de Bowden y Cardona. Para el investigador y activista juarense Willivaldo Delgadillo, por ejemplo, libros como *Juárez: el laboratorio de nuestro futuro* han sido responsables de la construcción de una mirada que ha generado una leyenda negra sobre la frontera:

> Al hacer circular en un texto la imagen de una mujer asesinada y con ella el fantasma del bárbaro fronterizo poseído por el mal radical, logró situar a este territorio en un plano ahistórico. Su discurso anticapitalista y antineoliberal está construido con un vocabulario apocalíptico que marca y encierra a los demás como subalternos y desechables. Su utilización de figuras metafóricas como gulags, tribus arcaicas, sonámbulos y enmascarados hace que su voz se confunda y alinee con la de los agentes del neoliberalismo que pretende denunciar.[20]

---

[19] Ed Vulliamy, "Mientras Juárez cae", *Letras Libres*, trad. Marianela Santoveña, marzo de 2011, p. 63. El general Jorge Juárez Loera fue asesinado el 21 de mayo de 2011 en el periférico de la Ciudad de México. Se acusó después a una mujer, que supuestamente tenía una relación sentimental con Juárez Lorea, de ser la autora intelectual del asesinato por un asunto de negocios. Véase "Extraditan a presunta autora intelectual del asesinato del general Juárez Lorea", *La Jornada*, 19 de febrero de 2013.

[20] Willivaldo Delgadillo, *Fabular Juárez. Marcos de guerra, memoria y los foros por venir*, Ciudad Juárez, Brown Buffalo Press, 2020, p. 49.

Investigaciones periodísticas como *Murder City* ciertamente corren el riesgo de generalizar un problema producido en condiciones históricas y políticas precisas, pero que en ciertos momentos de su lectura parece consustancial y constitutivo de la sociedad fronteriza misma. El extremo de esta mirada está quizás presente en el libro *Dreamland: The Way Out of Juárez* (2010), en el cual Bowden utiliza la noción ahistórica y despolitizada del sueño como metáfora para explicar las dinámicas del crimen en la ciudad, y así no sorprende entonces que describa los crímenes en Ciudad Juárez "como una desviación del orden natural de las cosas".[21] Por otro lado, los análisis de Bowden pueden caer en contradicciones e incluso reiterar la mitología oficial de la lucha de "cárteles" y llegar a señalar, como ocurre en ese mismo libro, que "el poder de la industria de la droga ha excedido el poder del Estado".[22]

Sin embargo, los señalamientos en apariencia exagerados y tremendistas de los libros de Bowden y Cardona tienen un sólido fundamento en la experiencia inmediata de lo real. En su reporte *México. Nuevos informes de violaciones de derechos humanos a manos del Ejército,* publicado en 2009, Amnistía Internacional hace un llamado púbico para que en el contexto de la supuesta "guerra contra el narco" se entienda que

> el delito no se combate con más delito, y la gravedad de una crisis no puede convertirse en una justificación del uso de métodos ilegales, ni en un pretexto para cerrar los ojos ante la comisión de abusos. El objetivo de este informe es poner de manifiesto un grave panorama de violaciones de derechos humanos perpetradas recientemente por miembros del Ejército mexicano y pedir que las autoridades civiles y militares tomen de inmediato medidas eficaces para poner fin y remediar estos abusos.[23]

La ONG documenta cientos de denuncias de casos en que ciudadanos de Juárez y de otras partes del país fueron secuestrados, torturados y asesinados a manos de soldados enviados por el gobierno federal en lo que se denominó

---

[21] Charles Bowden y Alice Leora Briggs, *Dreamland: The Way Out of Juárez*, Austin, University of Texas Press, 2010, p. 10.

[22] *Ibid.*, p. 2.

[23] Amnistía Internacional, *México. Nuevos informes de violaciones de derechos humanos a manos del Ejército*, Madrid, Editorial Amnistía Internacional, 2009, p. 7.

como el Operativo Conjunto Chihuahua para atacar a los supuestos "cárteles de la droga". La Comisión Estatal de los Derechos Humanos recibió en esos años más de mil 450 denuncias de desapariciones, torturas y cateos ilegales.[24] Lo peor del reporte de Amnistía Internacional, sin embargo, es lo que *no* consigue documentar: "Amnistía Internacional cree que estas cifras no reflejan el verdadero número de casos de tortura, desaparición forzada y homicidio ilegítimo, que es mucho mayor".[25]

Cité al principio de este ensayo la frase punzocortante "la frontera no siempre ha estado ahí" y me apresuré a explicar en estas páginas cómo Ciudad Juárez *apareció* en el horizonte del mundo contemporáneo *circa* 1996, entre otras causas, porque periodistas como Charles Bowden y Julián Cardona recorrieron juntos sus calles y escribieron lo que vieron. Pero es necesario reconocer el impreciso determinismo de mi interpretación, la reductiva fuerza de esa frase. Ciudad Juárez ha estado ahí desde hace siglos, antes de la conformación de México y Estados Unidos, fundada en 1659 como la Misión de Nuestra Señora de Guadalupe de los Mansos del Paso del Norte, una comunidad de unos 4 mil nativos conversos al cristianismo.[26] Pero la visibilidad intermitente de Ciudad Juárez a lo largo de la historia fronteriza nos ha deslumbrado con su relevancia clave del devenir de ese país que apenas cuenta con dos siglos de haberse inventado y que ya ha tenido que venir a guarecerse a su frontera cuando se desatan las tormentas. Me basta con recordar dos episodios que no por obvios dejan de ser trascendentes: el carruaje apremiado (que Alejo Carpentier llamaría real maravilloso) que el 14 de agosto de 1865 llevó a Paso del Norte a Benito Juárez (cuyo apellido renombraría la ciudad), el único presidente indio de nuestra historia, que trajo consigo además la capital portátil del país para que no quedara en manos de los franceses que ocupaban la Ciudad de México; y la mañana del 8 de mayo de 1911, cuando los valientes soldados de la primera revolución del siglo XX cumplieron las órdenes de Pancho Villa y Pascual Orozco (las mismas órdenes que el temeroso

[24] Luis Carlos Cano, "Sumas mil 450 quejas vs. Ejército", *El Universal*, 10 de septiembre de 2009.

[25] Amnistía Internacional, *op. cit.*, p. 6.

[26] Juan de Dios Olivas, "Ciudad Juárez llega a sus 363 años", *La Verdad*, 8 de diciembre de 2022.

Francisco I. Madero quiso frenar) para arrebatar a las fuerzas federales el control de Ciudad Juárez y forzar con ello la renuncia incondicional de Porfirio Díaz. Casi un siglo más tarde, Ciudad Juárez volvió a incendiarse para jugarse en ella el destino del país y el de esa "guerra contra el narco" que es el resultado de un largo proceso de militarización trasnacional entre México y Estados Unidos y que se expresa como un continuo estado de sitio en el que se asesina impunemente a personas de los sectores más vulnerables y desprotegidos de México. Entre otros periodistas comprometidos, Julián Cardona y Charles Bowden nos enseñaron a ver esta ciudad en llamas por medio de su trabajo y a pesar de su trabajo mismo. No sé si la han entendido. No sé si se puede entender verdaderamente una ciudad, pero sé que su trabajo ha conseguido *significarla*, que no es sino otra manera más torpe de decir que han conocido sus calles, que han hablado con su gente y que han hecho las preguntas correctas.

V. Coda con víscera y poesía

Bowden y Cardona trabajaron juntos en varias exposiciones fotográficas acompañadas por ensayos narrativos. Una de las más exitosas fue la exposición "La historia del futuro", que incluyó un ensayo del propio Cardona. En ese texto, Cardona concluye: "Juárez sopla como cortante viento helado y se filtra por las ventanas de nuestras almas en demanda de nuestra atención. Abrazamos sus imágenes como sustitutos de nuestros propios vacíos, pero se diluyen al instante en nuestra confortable realidad. No descubrimos a Juárez, Juárez nos descubre".[27]

Cardona recibió la Cultural Freedom Fellowship de la Fundación Lannan en 2004.[28] En 2013 el Instituto para las Artes y los Medios de la California

[27] Julián Cardona, "World Class City", en *The History of the Future/La historia del futuro*, ed. Nancy Sutor, Santa Fe, Lannan Foundation, 2008, p. 24. Una frase de esta cita fue la idea seminal del documental "If Images Could Fill Our Empty Spaces", de la periodista Alice Driver, un acercamiento a la violencia en Ciudad Juárez basado en el trabajo de Bowden y Cardona entre otros. El documental está disponible en YouTube: https://www.youtube.com/watch?v=V6dyp_rwuqI.

[28] Véanse los detalles del reconocimiento en la página oficial de la Lannan Foundation:

State University, Northridge, adquirió más de 8 mil 500 imágenes digitalizadas y alrededor de más de 9 mil fotografías en film del acervo personal de Cardona.[29] El prolífico trabajo de Bowden apareció con frecuencia en los principales medios de Estados Unidos. Bowden recibió numerosas distinciones y, como recuerda la revista *The New Yorker*, por su "lírica austera" fue considerado "un periodista de sangre y vísceras con una sensibilidad de poeta".[30]

Durante el trayecto por los territorios tocados por la migración, Bowden ensayó esbozos biográficos sobre Cardona, su trayectoria como fotógrafo en la frontera y algunos de los rasgos más decisivos de su personalidad. Por momentos observa a su compañero de viaje de esos años y anota: "Él capturará la eternidad, esa belleza entre el hedor y el polvo y la tierra y el vidrio roto y los labios pintados de las jovencitas que se ofrecen en los portales".[31] Al terminar su última colaboración para *Murder City* en 2008, Bowden agregó una nota final en la que cuenta cómo Molly Molloy, investigadora y bibliotecaria de la New Mexico State University, terminó exasperada por el "torrente de muerte"[32] que se esforzó en registrar ese año, tal y como había venido haciendo en años pasados desde su sitio de internet *Frontera List*, que ha proporcionado información clave para libros como *Murder City*. Escribe Bowden:

> La fatiga de documentar las muertes es una experiencia común. Recuerdo a mi amigo, el fotógrafo Julián Cardona, a principios de junio [de 2008] después del asesinato a balazos de una niña de 12 años, diciéndome: "No puedo hacer esto más, es una causa perdida". Y por un breve tiempo, dejó de tomar fotografías. Y entonces, desde luego, volvió a hacerlo.
>
> Yo mantuve un archivo con notas periodísticas hasta mayo o junio, cuando alcanzó mil 500 páginas a renglón cerrado. Y tiré la toalla.

<http://www.lannan.org/cultural-freedom/detail/julian-cardona-awarded-2004-cultural-freedom-fellowship>.

[29] "CSUN Aquires Works by Mexican Photographer Julián Cardona", CSUN Today, 16 de enero de 2013.

[30] Meredith Blake, "The Exchange: Charles Bowden on Juárez, 'Murder City'", *The New Yorker*, 24 de mayo de 2010.

[31] Bowden y Cardona, *op. cit.*, pp. 186-187.

[32] Bowden, *Murder City*, p. 319.

Crucé el puente de Juárez a El Paso en junio o a principios de julio jurando que nunca regresaría. Pero regresé. Y Julián Cardona y Molly Molloy también continuaron con su trabajo.[33]

Mientras dormía, Charles Bowden murió el 30 de agosto de 2014. Lo visité en su casa de Tucson en 2009. Nos presentó, vía email, Julián Cardona. De nuestra conversación, recuerdo sobre todo su indignación constante por la violencia en Juárez y todo el trabajo periodístico que *nos* quedaba por hacer. Me incluyó en esa consigna y de hecho intentó convencerme de investigar algunos temas. No lo hice.

Julián Cardona murió el 21 de septiembre de 2020 en Ciudad Juárez. En 2021 se publicó póstumamente su libro *Abecedario de Juárez*, un glosario de términos y expresiones que fueron circulando en la frontera durante los peores años de la militarización antidrogas. La selección de cada entrada léxica explora diferentes dinámicas de violencia política y militar analizando los imaginarios que fueron enmarcando los conceptos. Las palabras se estudian mediante datos duros, archivo oficial y hemerográfico, testimonios y reportajes hechos por el propio Cardona.

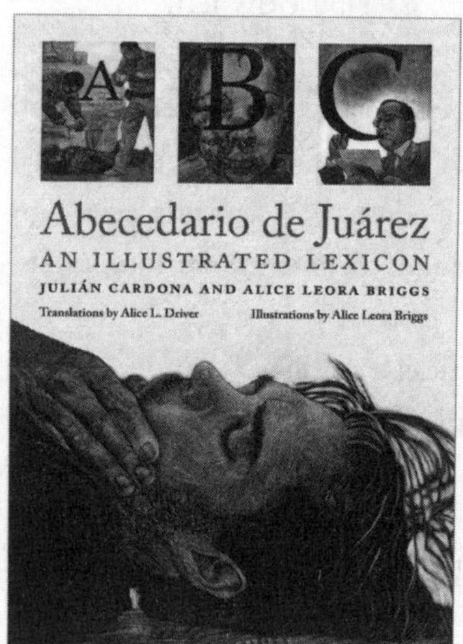

Portada del libro *Abecedario de Juárez* (2021), de Julián Cardona y Alice Leora Briggs, colección de palabras y expresiones durante los años álgidos de la violencia militar antidrogas en Ciudad Juárez.

[33] *Ibid.*, pp. 319-320.

Anotó, por ejemplo, cómo el presidente Calderón se refirió a los traficantes como "cucarachas" el 14 de diciembre de 2011 durante un desayuno con soldados de la Marina. Esa deshumanización, frecuente en los gobiernos fascistas y genocidas, produjo un proceso de "limpia" que en Juárez, según Cardona, debía entenderse como una serie de asesinatos extrajudiciales en un área o territorio administrado secretamente por una o más autoridades como el presidente de la República, gobernadores estatales, alcaldes o jefes de policía. De acuerdo con muchos ciudadanos, su objetivo es eliminar a presuntos criminales para reemplazarlos con contratistas más maleables.[34]

Otro término cercano fue "limpieza social", que, según Cardona, ocurrió en Juárez como "matanzas sistemáticas y basada en criterios de clase de ciudadanos de Juárez considerados indeseables, incluyendo, entre otros, a drogadictos, internos en centros de rehabilitación por adicciones, payasos de la calle, delincuentes comunes, trabajadoras sexuales e indigentes".[35]

Según cifras oficiales, registradas por Cardona en su libro, entre 95 y 97% de las víctimas de la supuesta "guerra contra el narco" residían en Ciudad Juárez. Solo 3% había llegado recientemente de otras regiones del país. Entre enero de 2010 y julio de 2011 —el año más violento hasta la fecha en Ciudad Juárez— 98% de las víctimas de homicidio estaban desarmadas, "una observación que habla de un exterminio, no de guerra".[36]

En su último libro, Julián Cardona mantuvo hasta el final su proyecto crítico de la política de seguridad binacional en la frontera. Su principal herejía consistió en advertirnos de esta era de exterminio que ya desborda el contexto fronterizo. Capturó nuestro presente y su mirada es ahora la nuestra.

---

[34] Julián Cardona y Alice Leora Briggs, *Abecedario de Juárez: An Illustrated Lexicon*, trad. Alice L. Driver, Austin, The University of Texas Press, 2021, p. 113.

[35] *Ibid.*, p. 119.

[36] *Ibid.*, p. 148.

¿Quién controla la "plaza"?

LA CIUDAD, EL ESTADO Y EL CRIMEN ORGANIZADO

En 2014, durante la etapa más álgida del conflicto armado en el estado de Michoacán, la llamada "Tierra Caliente" del sur de México, el reportero José Gil Olmos, de la revista política *Proceso*, resumió la situación de extrema emergencia al anotar que, en ese momento, "había por lo menos doce organizaciones legales e ilegales fuertemente armadas dispuestas a disparar en cualquier momento: las policías comunitarias, las autodefensas ciudadanas, los grupos criminales La Familia Michoacana, Los Caballeros Templarios, Los Zetas, el Cártel Jalisco Nueva Generación y el Cártel del Golfo, además del Ejército y las policías estatal, municipal y federal".[1]

Tal multiplicidad de fuerzas armadas estimuló la imaginación crítica de periodistas, intelectuales y académicos desde muy distintos enfoques. Claudio Lomnitz, por ejemplo, subrayó la erosión del orden comunitario causada por las distintas organizaciones de narcotráfico que transitaron por la Tierra Caliente michoacana. En su interpretación "en clave antropológica", Lomnitz aboga por una recomposición de las relaciones comunitarias, pues el tejido mismo ha quedado dañado por el control itinerante que ejercieron primero "Los Zetas", luego "La Familia Michoacana" y finalmente "Los Caballeros Templarios".[2] Rossana Reguillo, por su parte, hizo eco de una opinión infundada, pero muy generalizada, sobre "la posibilidad de que en México se

[1] José Gil Olmos, "El fatídico experimento de Peña Nieto", *Proceso*, 3 de marzo de 2015.

[2] Claudio Lomnitz, "Tierra Caliente: lectura en clave antropológica", *La Jornada*, 22 de enero de 2014.

produjera una articulación entre narco y guerrillas".[3] En el extremo opuesto, Antonio Navalón observó las autodefensas como una fuerza positiva, pues según él habían iniciado una revolución que posicionaba a los combatientes como "los zapatistas del siglo 21".[4] Con mayor gravedad, el escritor Héctor Aguilar Camín explicó a su vez la causalidad del conflicto como parte de "la segunda guerra en su territorio que Estados Unidos le impone a México" y que "permitió la formación de un Estado paralelo en un territorio donde el que gobierna es el crimen organizado".[5] Así, en esa región bajo el supuesto dominio simultáneo de Estados Unidos, el Estado mexicano y el Estado paralelo del "crimen organizado", cuyos "cárteles" gobiernan mientras se combaten mutuamente, determinar quién realmente detentaba el control en ese año resultaba una tarea imposible. Si nos atenemos a las opiniones antes citadas, en Michoacán todos y nadie controlaban la "plaza", como se nombra en los medios de comunicación a las ciudades y regiones en control del crimen organizado. En la multiplicidad de fuerzas encontradas, cada interpretación cancela la anterior. Y entonces: ¿quién controlaba la "plaza" michoacana?

Dos hechos complicaron todavía más una posible respuesta. Primero, la portada de la misma revista *Proceso* del 18 de mayo de 2014, y su encabezado, "Las autodefensas domesticadas", que explicaba la conversión de "los zapatistas del siglo 21" en una policía rural por orden del gobierno federal a solo 15 meses de haber aparecido en el horizonte político del conflicto como un grupo comunitario armado que supuestamente se autogestionaba para combatir a "Los Caballeros Templarios" cuando el propio Estado se negaba o no podía hacerlo. En investigaciones anteriores, *Proceso* había reportado que las autodefensas estaban siendo respaldadas, protegidas y finalmente neutralizadas por el gobierno federal. El 27 de junio de 2014 el gobierno asestó el mayor golpe simbólico a las autodefensas con la captura y encarcelamiento de su principal líder, el doctor José Manuel Mireles, acusado de portación ilegal de armas reservadas para las Fuerzas Armadas. Como se ha señalado en los medios de comunicación, existen documentos oficiales que prueban que las autoridades federales autorizaron a Mireles personalmente para portar ese tipo

---

[3] Rossana Reguillo, "Algunas razones para mi 'aparente rendición'", *Nuestra Aparente Rendición*, 29 de agosto de 2011.

[4] Antonio Navalón, "Los zapatistas del siglo 21", *El País*, 3 de febrero de 2014.

[5] Héctor Aguilar Camín, "La guerra perdida de México", *Milenio*, 6 de marzo de 2015.

de armas de fuego. Según el exgobernador de Michoacán, Leonel Godoy, la estrategia de Peña Nieto fue selectiva al capturar a Mireles. "Los auténticos autodefensas", dijo Godoy en una entrevista, "fueron encarcelados y algunos otros asesinados por parte de aquellos que ahora son parte del crimen organizado".[6] Mireles fue liberado bajo fianza el 12 de mayo de 2017, casi tres años después de su detención. Mientras trabajaba como subdelegado del Instituto de Seguridad y Servicios Sociales de los Trabajadores del Estado (ISSSTE) en Michoacán, se planteó la posibilidad de que se postulara como candidato a gobernador de ese estado. Mireles murió en noviembre de 2020 por secuelas del covid-19.[7]

El segundo de estos hechos, todavía más importante, fue la captura en marzo de 2015 de Servando Gómez Martínez, alias "La Tuta", en su momento el máximo líder de "Los Caballeros Templarios", que repitió el ciclo de ascenso y caída de los capos que ha sido una constante histórica del narcotráfico en México desde la década de 1970. En una de las últimas declaraciones tras su detención, "La Tuta" definió así las actividades de "Los Caballeros Templarios": "De delincuencia organizada no tenemos nada. [...] Será desorganizada la pinche delincuencia". Y agregó tajante: "Lideré una banda de pendejos".[8]

"La Tuta", quien llevaba meses escondido en una cueva habitada por murciélagos, fue arrestado en un puesto de hot-dogs justo antes de la visita oficial a Inglaterra del presidente mexicano Enrique Peña Nieto. La detención coincidió además con los cuestionados nombramientos de Arely Gómez como titular de la Procuraduría General de la República (PGR) y de Eduardo Medina Mora como ministro de la Suprema Corte de Justicia de la Nación. Entre otros señalamientos críticos, se subrayó que la procuradora era hermana de Leopoldo Gómez, vicepresidente de Televisa, mientras que Medina Mora había sido acusado de graves violaciones a los derechos humanos como funcionario público, además de que su íntima amistad con Bernardo Gómez, otro vicepresidente de la misma empresa Televisa, también generaba serios

---

6 Francisco Castellanos J., "Liberación de Mireles evidencia que el gobierno actuó de manera selectiva: Leonel Godoy", *Proceso*, 12 de mayo de 2017.

7 Óscar Luna, "Murió José Manuel Mireles por covid", *Reforma*, 25 de noviembre de 2020.

8 Andrea Noel, "'La Tuta' vivía en una cueva cuando fue capturado", *Vice*, 4 de marzo de 2015.

conflictos de interés.[9] La coincidencia entre las maniobras policiales y los reprochables nombramientos políticos recordaba también en ese momento a la segunda detención de Joaquín "El Chapo" Guzmán, lograda en 2014, tres días después de la visita oficial del presidente Barack Obama en México durante la cual destacó la política de "seguridad nacional" del gobierno de Peña Nieto, como discutí antes en el presente libro.

Sorprendentemente, en estas agendas críticas sobre el narcotráfico en México se mantiene ese modelo de interpretación que describe el fenómeno como una compleja estructura económica trasnacional que desborda las estructuras de Estado en la era neoliberal. Saturada de un léxico teórico proveniente de la antropología, la sociología, la economía, la filosofía e incluso la religión, el narcotráfico es estudiado por estos especialistas como el resultado de una caída estructural del Estado, este último reemplazado por "televisoras oligopólicas o empresas criminales trasnacionales", como advierte el académico experto en seguridad Edgardo Buscaglia.[10] A esos "vacíos de poder", como los llama Buscaglia, se debe que los narcotraficantes mexicanos, según la Secretaría de Relaciones Exteriores de Peña Nieto, supuestamente hubieran extendido sus operaciones "en por lo menos 46 países, tan lejanos como Corea del Norte, Togo, Costa de Marfil, Egipto, Turquía, Malasia y Nueva Zelanda".[11]

¿Cómo se explica que la captura de los capos y el permanente estado de guerra en el que se atacan sin tregua los supuestos "cárteles" no interrumpan la hegemonía de los criminales mexicanos a nivel nacional y global? Como creo haber hecho ya evidente, la noción de "plaza" opera como un significante vacío estructurado como una función narrativa desprovista de contenido específico. Según los expertos y opinólogos antes citados, la "plaza" es el

---

[9] Eduardo Medina Mora fue director del Centro de Investigación y Seguridad Nacional (Cisen) y secretario de Seguridad Pública durante la presidencia de Vicente Fox (2000-2006). Posteriormente fue el titular de la Procuraduría General de la República durante la presidencia de Felipe Calderón (2006-2012). Su nombramiento como ministro de la Suprema Corte de Justicia de la Nación fue denunciado por organizaciones civiles, académicos, activistas y periodistas, además de una petición en Change.org que reunió casi 45 mil firmas. Véase Tania L. Montalvo, "5 argumentos en contra de Medina Mora en la Corte y las respuestas del exprocurador", *Animal Político*, 10 de marzo de 2015.

[10] Edgardo Buscaglia, *Vacíos de poder en México*, México, Debate, 2013, p. 13.

[11] *Ibid.*, p. 49.

lugar del caos, de la ruptura comunitaria, del control neoliberal de criminales trasnacionales, del dominio de los monopolios de la comunicación, de la ocupación del imperialismo estadounidense e incluso de una nueva iteración de la Revolución mexicana.

Históricamente, sin embargo, la "plaza" del crimen organizado aparece en un horizonte de significación política muy distinto. La noción emergió a finales de la década de 1970 como la concesión que el Estado mexicano permitía a determinados grupos de traficantes para operar bajo el control oficial. En las siguientes dos décadas, esa misma noción se ha redefinido como el centro de articulación de los "cárteles de la droga", estructuras criminales que se piensan como alternativas al Estado. Para concluir este libro, me interesa analizar las estrategias de representación que convirtieron la noción de "plaza" en el lugar del "narco" más allá del dominio estatal, según se lee en investigaciones periodísticas y narrativas de ficción sobre el tráfico de drogas en ciudades como Juárez, Culiacán o Tijuana. A contracorriente de quienes las consideran como las zonas donde el narcotráfico ha superado al poder del Estado, discutiré cómo esas ciudades designan en realidad espacios en contingencia en los que se activa una multiplicidad de actores, organizaciones e instituciones que involucran alianzas entre políticos, policías, militares, empresarios y traficantes. Allí estará en juego una definición efectiva de la soberanía del Estado mexicano ante el campo criminal, sobre todo de su sistema jurídico-policial luego de las transformaciones neoliberales que se aplicaron gradualmente en México desde la década de 1980. De ese modo, propongo entonces reinsertar la "plaza" del narcotráfico en un complejo horizonte histórico y político. Con ello señalaré finalmente que toda "plaza", es decir, toda ciudad y región donde se visibiliza el estado de excepción sobre las economías clandestinas del país, es necesariamente el lugar de soberanía del sistema jurídico-policial que, aunque fragmentado en las distintas regiones conflictivas del país, se reafirma como la expresión de la hegemonía estatal por encima del crimen organizado. Así, entenderé finalmente que aquello que llamamos "narco" se localiza políticamente al *interior* de las estructuras de Estado y no en la exterioridad de la economía criminal global ni en la agencia inmoral de los traficantes.

I. La "plaza" histórica y la hegemonía de Estado

Entre 1975 y 1978, como expliqué al inicio de este libro, los gobiernos de México y Estados Unidos llevaron a cabo la Operación Cóndor para destruir los sembradíos de mariguana y adormidera en el llamado "Triángulo Dorado", el sistema montañoso que cruza los estados de Sinaloa, Chihuahua y Durango. Hasta ese momento la sierra era el lugar natural del campesinado productor de droga en México desde finales del siglo XIX y principios del XX. La Operación Cóndor, sin embargo, lejos de significar el desmantelamiento del narcotráfico en la zona rural, tuvo dos efectos contraproducentes: primero, el éxodo masivo de alrededor de 100 mil campesinos hacia las principales ciudades de Sinaloa, en particular a Culiacán, Guasave y Guamúchil;[12] y, segundo, la reubicación de los principales jefes del narcotráfico para conformar la llamada "federación" del "narco" con base en Guadalajara, en el estado de Jalisco, la primera "plaza" del narcotráfico moderno en la era del PRI. En esa ciudad, estratégicamente ubicada en el centro del país y relativamente cerca de la Ciudad de México, se instaló una estructura criminal nacional administrada por el expolicía sinaloense Miguel Ángel Félix Gallardo, entre otros traficantes, pero disciplinada directamente por la Dirección Federal de Seguridad (DFS), la impune policía política del sistema. Este reacomodo estratégico permitió al Estado el control del narcotráfico en todo el país. Así lo explica Sergio Aguayo: "Dicha ciudad [Guadalajara] ofrecía no solo buen clima y una excelente ubicación geográfica, sino también la presencia de una fuerza policiaca dispuesta a protegerlos y una añeja cultura de la violencia que garantizaba el flujo constante de reclutas para sus organizaciones".[13]

Pero no fue sino hasta la publicación de *Druglord: The Life and Death of a Mexican Kingpin* (1990), del reportero estadounidense Terrence Poppa, que se planteó la pregunta crucial sobre el narcotráfico mexicano: "¿Quién está manejando la plaza?".[14] Este libro, acaso el primer "manual de usuario"[15] del

---

[12] Javier Cabrera Martínez, "Operación 'Cóndor' causó éxodo de capos y civiles", *El Universal*, 22 de diciembre de 2006.

[13] Sergio Aguayo Quezada, *La charola. Una historia de los servicios de inteligencia en México*, México, Grijalbo, 2001, p. 222.

[14] Poppa, *op. cit.*, p. 42.

[15] *Ibid.*, p. XI.

narcotráfico, es la primera investigación periodística sobre las dinámicas operativas de las organizaciones criminales en las principales "plazas". Poppa llegó al tema a partir de una serie de reportajes sobre corrupción oficial en el estado fronterizo de Chihuahua que en parte condujeron al arresto de un traficante local. Fue en ese momento, escribe Poppa, que comprendió que "su educación sobre la verdadera naturaleza sobre el sistema político mexicano había comenzado".[16] Cuando sus investigaciones lo llevaron a entrevistar al traficante Pablo Acosta en la ciudad de Ojinaga, ese proceso alcanzó un grado de conocimiento del Estado mexicano hasta entonces adquirido por unos cuantos periodistas mexicanos, como Julio Scherer, quien había sido difamado y expulsado del periódico *Excélsior* en su confrontación con el presidente Luis Echeverría, y Manuel Buendía, quien fue asesinado en 1984 mientras investigaba las operaciones de la CIA en México con la colaboración de la Dirección Federal de Seguridad y la Secretaría de Gobernación.[17] Sin esa familiaridad con el sistema político mexicano, Poppa consiguió un conocimiento privilegiado sobre el "narco" en México siguiendo la cadena de causalidad entre el ascenso de ciertos traficantes en sus "plazas", su aparente control del negocio dentro de los límites de esas ciudades y su estrepitosa caída a manos de policías y militares.

Pero la pregunta "¿quién está manejando la plaza?" es de una simpleza engañosa. Según explica Poppa, la "plaza" en esos años no era el dominio de un traficante, sino la *concesión* que el sistema político mexicano había hecho a un determinado grupo para que administrara las operaciones relacionadas con la droga. Al investigar la historia delictiva del traficante Pablo Acosta en la ciudad de Ojinaga, Poppa dedujo las dos principales responsabilidades del *titular* de la "plaza": mantener un flujo de dinero constante y proveer de información a la Policía Federal sobre cualquier otra actividad ilegal por fuera de la organización criminal autorizada. Escribe Poppa:

> Usualmente, las autoridades protegen a su hombre de sus rivales; otras veces no lo hacen, prefiriendo una variedad de selección natural para determinar quién

[16] *Ibid.*, p. XVI.

[17] Russell H. Bartley y Sylvia Erickson Bartley, *Eclipse of the Assassins: The CIA, Imperial Politics, and the Slaying of Mexican Journalist Manuel Buendía*, Madison, The University of Wisconsin Press, 2015.

> debería encargarse de la plaza. Si las autoridades arrestan o matan al titular de la plaza, es porque usualmente ha dejado de hacer sus pagos o porque su nombre ha comenzado a aparecer en la prensa con demasiada frecuencia y el traficante se ha convertido en un lastre. A veces la presión internacional es tan fuerte que el gobierno se ve obligado a accionar en contra de un individuo en específico sin importar cuánto dinero genera para sus patrones.[18]

Es clave aquí comprender que *manejar* la "plaza" no significaba *controlar* la "plaza". El traficante era entonces apenas el administrador de una estructura y de un espacio que podía perder en cualquier momento, incluso a pesar de su propio éxito en el negocio. Las revelaciones de Poppa, inéditas en el contexto periodístico de la época, llamaron la atención del gobierno federal y de la opinión nacional e internacional a tal grado que un operativo militar asesinó a Pablo Acosta y destruyó su organización en 1987. Como el mismo Poppa comprendió por medio de su investigación periodística, el sistema político eliminaba de ese modo a los traficantes que atraían demasiada luz pública al discreto control oficial sobre las "plazas".

Pese a su redituable efectividad, ese régimen disciplinario se interrumpió decisivamente a finales de la década de 1980. La hegemonía que ejerció el sistema político mexicano sobre el tráfico de drogas sufrió una transformación profunda con la incorporación de la nueva agenda de "seguridad nacional" durante la era neoliberal del PRI, que alteró la disciplina vertical sobre las "plazas" hasta el punto de que una multiplicidad de actores reclamó su propia agencia en tensión con las instituciones policiales y políticas. Y, aunque ese equilibrio de fuerzas sin duda modificó los alcances de la soberanía estatal, la "plaza" del "narco" ha sido históricamente el espacio disciplinario de la soberanía oficial.

Quisiera resumir, a modo de conclusión, los principales argumentos del presente libro. La emergencia del discurso securitario sobre el "narco" en la esfera pública acompaña la desarticulación de la soberanía estatal producida por el auge del neoliberalismo desde finales de los ochenta. Pero lo que es crucial comprender aquí es que ese discurso securitario no surgió a partir de la "amenaza" del "narco", sino que en gran medida el securitarismo *configuró*

[18] Poppa, *op. cit.*, p. 43.

al "narco" como objeto discursivo. Más allá de la materialidad del tráfico de drogas, lo que con frecuencia denominamos "narco" es la *invención discursiva* de una política estatal que responde a intereses geopolíticos específicos.

Este tránsito hacia la supuesta emergencia de "seguridad nacional" puede entenderse en tres etapas de profunda discontinuidad cuyo devenir depende de la manera en que se introdujo la noción misma de "seguridad nacional". En la primera etapa, décadas antes de la introducción del neoliberalismo en la región y más bien durante los albores de la Guerra Fría, se registra en México la aparición del securitarismo en 1947 con la creación de la Dirección Federal de Seguridad (DFS) bajo la presidencia de Miguel Alemán y con la asistencia del Buró Federal de Investigaciones (FBI) estadounidense. No es una simple coincidencia, como ya discutí al inicio de este libro, que ese sea el mismo año en que el Congreso de Estados Unidos aprobó la Ley de Seguridad Nacional (National Security Act) para articular la estrategia anticomunista que habría de definir la geopolítica global durante los siguientes 40 años, además de que también ese año se fundó la Agencia Central de Inteligencia (CIA) de ese país. En ese contexto, el propósito de la DFS mexicana, como explica el académico y diplomático canadiense Peter Dale Scott, "no era contener la violencia atribuida al narcotráfico, sino por el contrario administrarla y [ulteriormente] desatar la violencia en contra de la izquierda procomunista".[19] En pocos años, la DFS atacó y neutralizó movimientos guerrilleros, organizaciones estudiantiles y sindicales al mismo tiempo que dominó organizaciones de traficantes. La DFS precedió, de hecho, a la DEA (que no fue creada en Estados Unidos sino hasta 1973) como una agencia cuya función esencial fue a la vez la neutralización de la disidencia política y la creación de una nueva política antidroga. Son esos los años en que el sistema político y policial del gobierno federal controló de forma brutal y absoluta las "plazas" del narcotráfico, como mencioné antes.

Ante el agotamiento de la bipolaridad global de la Guerra Fría con la desintegración de la Unión Soviética, la era neoliberal resignificó la agenda securitaria desde Estados Unidos. Fue entonces que el presidente Ronald Reagan

---

[19] Peter Dale Scott, "Drugs, Anti-Communism and Extra-Legal Repression in Mexico", en *Government of the Shadows: Parapolitics and Criminal Sovereignty*, ed. Eric Wilson, Nueva York, Pluto Press, 2009, p. 178.

firmó en 1986 la National Security Decision Directive 221 para designar al tráfico de drogas como la nueva amenaza de "seguridad nacional". Este evento tuvo al menos dos efectos en México: primero, el cierre de la DFS en 1985 tras el asesinato del agente de la DEA Enrique "Kiki" Camarena, supuestamente ordenado por traficantes mexicanos, pero con el consentimiento de la CIA de Estados Unidos, según investigaciones periodísticas y testimonios de agentes de la DEA;[20] y, segundo, la creación del Centro de Investigación y Seguridad Nacional (Cisen) en 1989 para reemplazar a la DFS. La desaparición de la DFS implicó el desmantelamiento de las estructuras políticas y policiales que hasta entonces habían subordinado a los grupos de traficantes al poder federal, mientras que la creación del Cisen condujo al sistema político mexicano a considerar el tráfico de drogas como una amenaza permanente de "seguridad nacional" que requería de una acción policial y militar inmediata.

Las distintas emergencias atribuidas al narcotráfico a partir del giro securitario de finales de los ochenta en México han sido conflictos construidos desde las estrategias de representación concebidas deliberadamente por los sistemas políticos de Estados Unidos y México. En un sentido estricto, el "narco" nunca ha sido una verdadera amenaza para ninguno de los dos países. Advierte Astorga: "Atribuirle decenas de miles de miembros a una organización determinada es una simple fantasía de las autoridades, lo que a su vez alimenta las fantasías populares, las mitologías".[21] Esa fantasía ha tenido un uso político efectivo: desplegar en México una era de violencia policial y militar, instigada y respaldada por Estados Unidos, bajo el falaz discurso de "seguridad nacional", para restablecer controles policiales en distintas ciudades del país donde grupos políticos y empresariales habían detentado el control de las economías clandestinas por fuera de los diseños de la política de seguridad del gobierno federal.

---

[20] Véase en particular el capítulo "El Caso Camarena y la nueva doctrina securitaria" en mi libro *La guerra en las palabras*. Según el agente de la DEA Héctor Berrellez, la CIA ordenó el secuestro y el asesinato de Camarena porque este obtuvo información que vinculaba al gobierno del presidente Ronald Reagan con el uso de dinero, armas y propiedades de traficantes mexicanos para apoyar la guerrilla contra en Nicaragua durante los años álgidos de la Guerra Fría.

[21] Astorga, *Seguridad, traficantes y militares*, p. 52.

La tercera y última fase de esta emergencia de "seguridad nacional" se expresa en la ola de violencia sin precedentes con la militarización iniciada por el entonces presidente Felipe Calderón en 2006. La estrategia consistió en la movilización de miles de soldados y policías federales a las ciudades con mayor tráfico de drogas en lo que fue, sin duda, una violenta reconfiguración de las "plazas" por todo el país. En otras palabras, la "guerra contra las drogas" de Calderón no respondió a una violencia causada por los supuestos "cárteles". Carente de causas reales, la violencia se desató *después* del arribo a las "plazas" de los contingentes militares y policiales. Su presencia fue el factor de cambio determinante, la verdadera condición de posibilidad de la violencia en ciudades como Juárez.

Después de la violencia y represión policial de la DFS, el Cisen y su agenda securitaria propulsada por Estados Unidos convirtieron el fenómeno del tráfico de drogas en el objeto de una permanente campaña militar y policial que ya nos ha acostumbrado a sus saldos desproporcionados de violencia. La explicación oficial sobre las supuestas "guerras" entre "cárteles" persiste, pero el ejercicio de la soberanía no hace sino reafirmar el estado de excepción del sistema político mexicano. Aunque discontinuo y fragmentado en distintas zonas de poder en la era neoliberal, ese estado de excepción sigue siendo la condición de posibilidad del crimen organizado. Como señala el filósofo Giorgio Agamben, el estado de excepción es el resultado de un principio de anomia o estado de suspensión de la ley, que se sustenta en la imposición dialéctica de la decisión soberana (*autorictas*) y de la acción jurídica (*potestas*) del Estado. Ese doble sistema jurídico-político, basado intermitentemente en un principio de soberanía y en un marco legal activo, es lo que aparece cuando dispersamos la niebla de la estrategia discursiva del securitarismo. En el conflicto armado de Michoacán, por ejemplo, fue el gobierno federal el que mantuvo el control del estado de excepción. Lo mismo puede extrapolarse al resto del país: en la cuestión del narcotráfico, el Estado no ha perdido ni su soberanía ni tampoco la facultar de aplicar, cuando así lo juzga políticamente conveniente, el sistema jurídico del país. Bajo la era securitaria, la militarización antidrogas se instrumentaliza para administrar la violencia, establecer un fuerte control social, activar una política de exterminio de poblaciones vulnerables y racializadas, propulsar proyectos extractivos mediante el despojo territorial y el desplazamiento forzado, lo que ha transformado a México en una zona de conflicto, entre otras, en la que convergen intereses trasnacionales y los efectos del militarismo planetario del norte al sur global.

Para entender los alcances de la geopolítica securitaria basta recordar cómo en un texto de 1986 Noam Chomsky consideró la política de "seguridad nacional" estadounidense en Centroamérica durante la Guerra Fría como "un sistema de *management* global".[22] Y ya para 1989, el mismo año de la creación del Cisen en México, la politóloga Waltraud Morales advertía que la "guerra contra las drogas" fue desde entonces "muy efectiva como principio de legitimación pública en Estados Unidos".[23] Tan efectiva que el ciudadano estadounidense promedio "ha aceptado el vínculo oficial ideológico de las drogas con el terrorismo como una conspiración comunista global o como una amenaza de seguridad nacional válida por sí misma".[24] La política securitaria antidrogas, como ya hemos visto, ha servido igualmente como principio de legitimación pública del sistema político en México y ha sido asimilada en las más recientes reconfiguraciones de los imaginarios culturales en torno al narcotráfico en el hemisferio no solo en Colombia, sino también en El Salvador, Ecuador, Chile, Perú, Brasil y Argentina, en donde traficantes modelados en los "cárteles" mexicanos —cuando no son los mismos traficantes mexicanos— aparecen en el territorio como una nueva amenaza al orden social y a la viabilidad de los gobiernos de esos países.

El antropólogo y geógrafo David Harvey nota que el llamado de Henri Lefebvre para reclamar el "derecho a la ciudad" es en realidad "un significante vacío" que solo puede activarse desde distintos espacios contingentes de pulsión política.[25] Los imaginarios políticos y culturales que he estudiado a lo largo de estas páginas han conseguido, por momentos, dotar de significado a la noción de "plaza" que se manipula desde un discurso oficial como el lugar del poder sin límites del "narco". Estos imaginarios sobre el "narco", desde luego, borran la historia de los controles oficiales sobre las "plazas", las largas incursiones de la soberanía del Estado por encima de nuestra precaria sociedad

[22] Noam Chomsky, *On Power and Ideology: The Managua Lectures*, Chicago, Haymarket Books, 2015, p. 134.

[23] Morales, *op. cit.*, p. 167.

[24] *Idem.*

[25] David Harvey, *Rebel Cities: From the Right to the City to the Urban Revolution*, Nueva York, Verso, 2012, p. XV.

y la condición trasnacional de la violenta política antidrogas militar y sus terribles efectos en la ciudadanía más expuesta. La agenda por venir de nuestros mejores periodistas, académicos, narradores, cineastas, músicos y artistas conceptuales es imaginar esa revolución urbana que nuestras comunidades tienen aún pendiente para retomar el control democrático de las ciudades desde un poder más legítimo, ajeno a los grupos de traficantes y ciertamente más allá de la criminalidad de los sistemas políticos que nos gobiernan.

EPÍLOGO

La nueva "guerra de cárteles": ni es nueva, ni es guerra, ni es entre cárteles

Cuando la reportera Miroslava Breach fue asesinada impunemente en la ciudad de Chihuahua el 23 de marzo de 2017, los principales medios de comunicación de inmediato hablaron de la supuesta "guerra de cárteles" y de la escasa o nula protección que las autoridades del estado de Chihuahua habían brindado a la periodista luego de haber sido amenazada repetidamente. Las notas periodísticas mencionaron eso en parte porque eso fue lo que las fuentes oficiales les dijeron. El gobernador de Chihuahua, Javier Corral, por ejemplo, afirmó en una rueda de prensa horas después del asesinato que las investigaciones preliminares responsabilizaban al "crimen organizado" y a la "narcopolítica" local.[1]

Lo que pasó inadvertido fue que las autoridades *determinaron* con insólita velocidad el móvil del asesinato. Más aún, esa primera información funcionó como principio de organización expositiva del caso. Según las autoridades, Breach habría sido asesinada por esa entelequia, el "crimen organizado" —tan parecida a un comodín—, y tocaba ahora a las mismas instancias oficiales resolver el crimen, como si esto fuera una novela policial. En otras palabras: nadie entre las autoridades podía ser responsable; solo entre los miembros del "crimen organizado" estaban los asesinos, materiales e intelectuales.

[1] Véase, por ejemplo, la entrevista que Carmen Aristegui hizo al gobernador de Chihuahua, Javier Corral, menos de 24 horas después del asesinato de Breach. Sin una investigación policial de por medio, Corral establece de inmediato la narrativa de que la periodista fue asesinada en un contexto de "narcopolítica": "Miroslava Breach recibió amenazas tras reportajes sobre narco-política", *Aristegui Noticias*, 24 de marzo de 2017.

Notemos que las autoridades que decían esto aprovecharon para distanciarse de toda relación con el asesinato y se eximieron automáticamente del mismo crimen que juzgaron.

Con lamentable docilidad, los medios se encargaron de legitimar la versión oficial. Al día siguiente del asesinato, el viernes 24 de marzo, por ejemplo, el reportero Alberto Nájar publicó en *BBC Mundo* el supuesto contexto en el que reporteaba Breach: "Las montañas de Chihuahua se convirtieron en campo de batalla entre los "cárteles" de Sinaloa y Juárez. La disputa fue para controlar uno de los corredores de droga más importantes del norte mexicano".[2] Ese "contexto", no está de más recordarlo, fue la recurrente explicación que el gobierno de Felipe Calderón utilizó durante su sexenio para atribuir a los "cárteles" la responsabilidad de los 121 mil homicidios y de las más de 30 mil desapariciones forzadas cometidos entre 2008 y 2012.

En la misma nota de *BBC Mundo*, Nájar recuerda que Breach también cubría cuestiones ecológicas, como la tala ilegal de árboles en la sierra Tarahumara y la manera en que comunidades enteras habían sido desplazadas con violencia de sus hogares. Con una lógica dudosa, Nájar afirma de inmediato que esas comunidades fueron atacadas por "bandas de narcotráfico". No se explica por qué a los "cárteles", que estarían ocupados en una sangrienta guerra en las montañas, les podría interesar la tala de árboles y las tierras de las remotas comunidades tarahumaras. ¿Los árboles y los tarahumaras eran un obstáculo para el "corredor de droga más importante del norte mexicano"?

Como han reportado los periodistas Ignacio Alvarado, Dawn Paley y Federico Mastrogiovanni, mucha de la violencia atribuida a los "cárteles" con frecuencia tiene que ver con estrategias oficiales de apropiación y explotación ilegal de tierras ricas en recursos naturales. Convendría pensar más allá de la "narcopolítica" de Chihuahua y considerar con mayor profundidad esta posibilidad.

Esto hace Olga Alicia Aragón en un reportaje publicado el 31 de marzo de 2017 en la revista *Newsweek en Español.* Aragón recoge las declaraciones oficiales, pero no las da por ciertas:

---

[2] Alberto Nájar, "Miroslava Breach, la periodista 'incómoda' asesinada en México cuando llevaba a su hijo a la escuela", *BBC Mundo*, 24 de marzo de 2017.

> Miroslava Breach Velducea fue asesinada por su trabajo de investigación periodística que le permitió documentar el enriquecimiento ilícito del exgobernador César Duarte y dejar al descubierto algunas redes criminales de narcotraficantes y políticos, tanto del Partido Revolucionario Institucional como de Acción Nacional, que controlan estructuras de gobierno y grandes zonas del estado.[3]

Todavía más importante, en mi opinión, resulta someter a examen lo dicho por el gobernador de Chihuahua sobre la presunta responsabilidad de la "narcopolítica" en la región. Continúa Aragón:

> Corral Jurado se ha referido sobre todo al reportaje que Breach publicó en *La Jornada* el viernes 4 de marzo de 2016 ("Impone el crimen organizado candidatos a ediles en Chihuahua"). Pero la periodista no solo documentó los vínculos del PRI con el narcotráfico, sino que amplió su investigación a la estructura política del Partido Acción Nacional.[4]

Si, como ha denunciado la organización Artículo 19, siete de cada 10 agresiones en contra de periodistas en México son perpetradas por agentes del Estado, ¿cómo aceptar que funcionarios públicos hagan prevalecer la narrativa oficial sobre los "narcos" que asesinan periodistas? Desde su creación en 2010 y hasta el asesinato de Breach en 2017, la Fiscalía Especial para la Atención de Delitos Cometidos contra la Libertad de Expresión solo se había ocupado de 48 casos y había logrado apenas tres sentencias. Como declaró Ana Cristina Ruelas, entonces directora regional de Artículo 19 para México y Centroamérica, "el Estado no se quiere investigar a sí mismo".[5]

Desde luego que en el caso de Miroslava Breach es posible que estén involucrados delincuentes que actúan en complicidad con autoridades estatales. Pero esa relación de "complicidad" con frecuencia se pretende como la acción del "crimen organizado" que corrompe a algunos funcionarios corruptos, mientras que se asume que el sistema político en general permanece

[3] Olga Alicia Aragón, "La trama en el asesinato de Miroslava", *Newsweek en Español*, 31 de marzo de 2017.

[4] *Idem.*

[5] "Artículo 19: Funcionarios, la mayor amenaza para prensa mexicana", *La Opinión*, 6 de abril de 2017.

a salvo de esa corrupción. El 17 de abril, el gobernador Corral afirmó que ya se había "detectado al autor material, copartícipes y por supuesto al autor intelectual" del crimen.[6] La exterioridad política que supone la identidad de esos supuestos "autores" del crimen ya implica la misma narrativa que separa convenientemente a "ellos" (los "malosos", diría Vicente Fox) de "nosotros" (la clase gobernante).

Quiero terminar este libro articulando una mirada crítica sobre el verdadero contexto político en que ocurrió este crimen: la nueva "guerra de cárteles" que habría comenzado en el estado de Chihuahua desde mediados de 2016. En su columna semanal publicada el 6 de marzo de 2017 en el periódico *El Universal*, el analista de seguridad Alejandro Hope presentó un alarmante panorama en Ciudad Juárez, basándose en el número de asesinatos que se iba rápidamente acumulando ese año. Hope registraba 138 asesinatos entre enero y febrero de 2017, lo que representaba, según sus datos, un aumento de 146% en comparación con el mismo periodo en 2016. El analista interpretó tajantemente la información titulando su columna sin ambigüedad alguna "La guerra regresa a Ciudad Juárez". "¿Qué está pasando?", se preguntaba Hope. "¿Qué explica esta oleada de violencia en esta ciudad, que hasta hace pocos meses era presentada como modelo de pacificación?".[7] Su análisis, basado pretendidamente en "fuentes juarenses" que no identificaba, apuntaba hacia una "combinación de cuatro factores". Primero, un supuesto conflicto por el control del "Cártel de Sinaloa" tras la detención y extradición de Joaquín "El Chapo" Guzmán; segundo, la reaparición en las calles juarenses de "La Línea", el "brazo militar" del "Cártel de Juárez", pero esta vez suplementado por la pandilla "transfronteriza" llamada "Barrio Azteca"; tercero, la supuesta llegada del "Cártel Jalisco Nueva Generación" que se propondría controlar el tráfico de metanfetamina desde Juárez hacia Estados Unidos; y, finalmente, en cuarto lugar, Hope concedía importancia a la tensión política entre el entonces gobernador panista, Javier Corral, y el entonces presidente municipal de Ciudad Juárez, Armando Cabada. Como posible solución, Hope prescribía "algo más de tropa y algo más de voluntad y una dosis de rendición de

---

6 "Identificados, autores intelectuales y materiales del asesinato de Miroslava Breach: Corral", *Proceso*, 17 de abril de 2017.

7 Alejandro Hope, "La guerra regresa a Ciudad Juárez", *El Universal*, 6 de marzo de 2017.

cuentas"[8] para pacificar a Juárez de nuevo, como ya había ocurrido antes, según él, en ciudades tan conflictivas como Tijuana, Monterrey y la propia Juárez. La columna circuló en las redes sociales incluso entre periodistas e intelectuales juarenses como una advertencia ante la escalada de violencia que se estaba viviendo en la ciudad.

Ciertamente el número de asesinatos durante esas semanas en Ciudad Juárez fue un asunto preocupante. También lo fue observar la escasa memoria histórica que nos permite olvidar los siniestros efectos de la "guerra contra el narco" que el presidente Felipe Calderón acuñó durante su sexenio como lema de su gobierno securitario. No debería sorprendernos que Hope, funcionario del Centro de Investigación y Seguridad Nacional (Cisen) entre 2008 y 2011, es decir, durante los años álgidos de la "guerra contra el narco", hiciera uso del vocabulario oficial para considerar la posibilidad de una nueva "guerra" en Ciudad Juárez protagonizada por los supuestos "cárteles de la droga".[9] La presencia del Ejército y la Policía Federal, ciertamente "algo más de tropa" como pedía Hope, no pacificó la ciudad en esos años de violencia extrema, sino que más bien fue el factor de cambio que precipitó la oleada de asesinatos sin precedentes históricos. En Juárez no hubo "guerra" sino hasta la llegada del contingente federal enviado por Calderón a detener una "guerra de cárteles" que nadie podía ver en las calles y que no produjo ningún alza en el número de asesinatos ese año de la militarización ni en toda la década anterior.

La posición acrítica de analistas como Alejandro Hope puede explicarse en parte por el hecho de que sus argumentos ante la inminencia de una nueva "guerra de cárteles" reproducían información filtrada desde instituciones federales y estatales a los medios de comunicación. Revisémoslos uno por uno. La tensión entre el gobernador Corral y el alcalde de Juárez se había ventilado

---

[8] *Idem.*

[9] Alejandro Hope falleció en 2023. Además de colaborar con el gobierno de Vicente Fox y de haber operado como agente de inteligencia durante el gobierno de Felipe Calderón y la "guerra contra el narco" que en parte desató el Cisen, Hope fue un muy citado experto en seguridad que con frecuencia acompañó a los grupos de política de derecha. En 2018, Hope trabajó como asesor de seguridad en la campaña presidencial de Margarita Zavala, esposa de Calderón. Véase Amauri Legorreta, "Murió Alejandro Hope, reconocido analista de temas de seguridad en México", *Infobae*, 28 de abril de 2023.

públicamente desde las elecciones estatales, ya con un recurrente intercambio de acusaciones de vínculos con el narcotráfico, ya por medio de las ya casi folklóricas "narcomantas".[10] Los indicios de una nueva "guerra de cárteles" eran un poco más difíciles de rastrear, pero la información era también materia pública. La guerra interna del "Cártel de Sinaloa" fue primero anunciada por el entonces secretario estatal de Seguridad Pública de Sinaloa, el general Genaro Robles Casillas, durante la primera semana de febrero, cuando los hijos de "El Chapo" dijeron en una carta, supuestamente firmada por ellos y enviada a los medios de comunicación, que habían sido atacados por otro miembro de la organización.[11] En octubre de 2016, el exfiscal general de Chihuahua y ahora también exsecretario de Seguridad Pública de Juárez, Jorge González Nicolás, confirmó por su parte que estaba por comenzar una nueva confrontación entre "La Línea" y el "Cártel de Sinaloa", pues, según dijo, "los grupos [de traficantes] aún no dejan Chihuahua y no lo van a hacer". González ofreció esta declaración al reportero Luis Chaparro, complementando así una entrevista que ese reportero hizo a un supuesto jefe sicario de "La Línea" que pronosticó igualmente una nueva "guerra" entre los "narcos" juarenses y los sinaloenses. Según el sicario, adelantándose al análisis de Hope, "la paz en Ciudad Juárez está por terminar".[12]

Pero la guerra por venir se anunció en realidad tres meses antes con una importante variación: el 5 de julio de 2016, el todavía fiscal de Chihuahua, Jorge González Nicolás, dijo a los medios de comunicación que, según inteligencia militar, Rafael Caro Quintero, uno de los mayores traficantes en la historia del país, liberado en 2013 después de 28 años en prisión, planeaba atacar Ciudad Juárez, aliado con el "Cártel de los Beltrán Leyva", para disputar el control de la ciudad que, de acuerdo con el gobierno del estado, todavía detentaba el "Cártel de Sinaloa".[13] La noticia dio continuidad a información

---

[10] Gabriela Minjáres, "Aparecen panorámicos contra Javier Corral", *El Diario*, 9 de mayo de 2016.

[11] "Heridos los hijos de 'El Chapo' en una emboscada en plena guerra interna del Cártel de Sinaloa", *La Vanguardia*, 9 de febrero de 2017.

[12] Luis Chaparro, "Jefe sicario: viene otra 'guerra' en Ciudad Juárez", *El Universal*, 20 de octubre de 2016.

[13] "Caro Quintero, liberado en este sexenio, se une a la guerra: va a pelearse Chihuahua, dice Fiscal", *Sinembargo*, 5 de julio de 2016.

previa: el 11 de mayo de 2016 el Departamento del Tesoro de Estados Unidos declaró haber detectado en México "actividad criminal" de Caro Quintero y su novia.[14] La amenaza se materializó el 11 de julio de 2016 mediante una "narcomanta", firmada con el nombre de Caro Quintero, que advertía una próxima "limpia" e imponía un plazo de una semana al entonces fiscal González Nicolás para que renunciara a su cargo.

La construcción de esta línea narrativa oficial, sin embargo, entró en crisis con una inesperada entrevista que el envejecido Caro Quintero, de 64 años, concedió a la revista *Proceso* el mismo mes de julio de 2016, a unas semanas de aparecida la narcomanta en Chihuahua firmada con su nombre. Ante *Proceso*, Caro Quintero negó estar planeando una nueva "guerra de cárteles" y pidió perdón a las sociedades de México y Estados Unidos por sus delitos de antaño.[15] Desmentido el plan invasor del viejo "narco" (recapturado en 2022 y extraditado a Estados Unidos en 2025 junto con otros 38 traficantes), una nueva amenaza apareció a principios de febrero: según Will R. Glaspy, entonces jefe de división de la DEA en El Paso, Texas, el "Cártel Jalisco Nueva Generación" habría desatado otra guerra en Ciudad Juárez: "En este corredor Juárez-El Paso estamos comenzando a hacer confiscaciones y algunos arrestos ligados al CJNG", aseguró el agente de la DEA durante una entrevista con un reportero de la misma revista *Proceso*.[16]

Las inconsistencias entre las supuestas amenazas de traficantes y "cárteles" que alternativamente planean atacar Ciudad Juárez dejan en evidencia la dudosa información que proviene de fuentes oficiales. Ya he analizado el efecto de diseminación de información oficial entre periodistas supuestamente críticos del gobierno. Quiero ahora terminar anotando algunos movimientos de la estrategia oficial que parecían manufacturar un nuevo consenso en la opinión pública de esos años para justificar otra oleada de violencia en la que se verían involucradas las Fuerzas Armadas del país. Pero la narrativa oficial es contradictoria en sus múltiples reinvenciones, por decir lo menos. Repasemos su lógica fallida. En julio de 2016, el fiscal de Chihuahua

---

[14] "Caro Quintero sigue operando, dice EU", *La Jornada*, 11 de mayo de 2016.

[15] "Caro Quintero: "No estoy en guerra con El Chapo; ya no soy narco", *Proceso*, 25 de julio de 2016.

[16] J. Jesús Esquivel, "El Cártel de Jalisco se cierne sobre Ciudad Juárez", *Proceso*, 11 de febrero de 2017.

nos dijo que Ciudad Juárez estaba en manos del "Cártel de Sinaloa" desde que este habría derrotado a "La Línea" durante la "guerra" del sexenio de Calderón, y que Caro Quintero estaba listo para invadir la ciudad, según lo habría confirmado el propio traficante con su supuesta "narcomanta". Para octubre de ese mismo año, la fiscalía se desistió de inculpar a Caro Quintero tras el desmentido personal del traficante y optó por buscar una nueva fuerza invasora: la próxima guerra sería entre "La Línea", que resurgía de las cenizas, y la fuerza de ocupación del "Cártel de Sinaloa". Desde febrero de 2017, sin embargo, se suponía que debíamos ahora temer el asedio inminente del "Cártel Jalisco Nueva Generación". Y, para agregar a nuestra confusión, el 7 de marzo de 2017 la empresa privada estadounidense Stratfor Global Intelligence —la llamada "CIA en la sombra"— publicó un reporte vaticinando un alza en la violencia debido a que los "cárteles" en realidad ya no peleaban entre sí como gigantes enardecidos, sino que se habían fragmentado en pequeñas pandillas fuera de control. Al final de cuentas, según la inteligencia estadounidense, no serían ni "La Línea", ni el "Cártel de Sinaloa", ni el "Cártel Jalisco Nueva Generación", ni Corral contra Cabada, ni Caro Quintero ni su novia, los protagonistas de la "nueva" guerra: serían "minicárteles" sin dios ni capo los que encabezarían, según Stratfor, una "balcanización" de la violencia, aludiendo al colapso de la antigua Yugoslavia en la década de los noventa.[17] El periodismo mexicano, reactivo, reproduce constantemente la idea de que el país está tomado por "narcos". Es el caso de un mapa publicado por el reportero Silber Meza en 2022, en el que se aseguraba con tanta vaguedad como temeridad que en México había "presencia de alguna célula criminal" en 72% del territorio que pertenecía a alguno de los "más de 80 grupos del crimen organizado".[18]

Desde la "guerra" de Calderón, la agenda securitaria en México ha movilizado militares y policías para confrontar guerras entre "cárteles" que nunca antes habían existido, pero que, según el discurso oficial, son las únicas responsables de las decenas de miles de matanzas por todo el país. Esta nueva

---

[17] Juliana Henao, "Fragmentación de cárteles desata la violencia", *El Diario de El Paso*, 7 de marzo de 2017.

[18] Silber Meza, "Guacamaya Leaks: México, un país poblado de cárteles; en el 72 por ciento del territorio hay presencia de alguna célula criminal", *El Universal*, 23 de octubre de 2022.

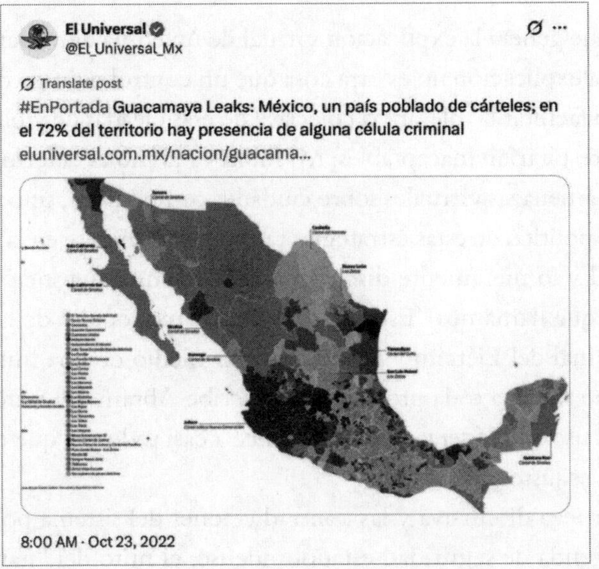

Mapa del territorio mexicano supuestamente afectado por la "presencia" de bandas criminales. Fuente: Cuenta de X de *El Universal*.

"guerra de cárteles" ni es nueva, ni es guerra, ni es entre "cárteles". Es el permanente estado de excepción del sistema político que lleva más de medio siglo ejerciendo su violento control y soberanía sobre el crimen organizado en México. Entre otros posibles trasfondos, además, se encuentra la línea de investigación que han señalado con puntualidad periodistas como Ignacio Alvarado, Dawn Paley y Federico Mastrogiovanni: las "guerras de cárteles" muy probablemente esconden la estrategia del gobierno federal y las fuerzas policiales de los estados colaboradores —con el respaldo político y económico de Estados Unidos, que provee intermitentemente equipo, entrenamiento y amparo diplomático— para facilitar la apropiación ilegal de territorios del país ricos en recursos naturales ahora abiertos para la explotación de compañías trasnacionales con la aquiescencia de diversos grupos de interés político y empresarial en México, junto con una criminal política de exterminio y limpieza social que se descarga en contra de comunidades pobres y racializadas en múltiples regiones del país.

Ante la permanente crisis de legitimidad en todos los niveles de gobierno, la clase política ha insistido en poner sobre la marcha la misma estrategia discursiva que genera la explicación virtual de un clima de violencia descontrolado. Esta explicación no es otra cosa que un control político de la opinión pública para facilitar la tolerancia colectiva de esas oleadas de violencia que de otro modo resultarían inaceptables. Mi interés aquí no es determinar la facticidad de las amenazas virtuales sobre ciudades como Juárez, sino comprender que el éxito político de estas estrategias radica precisamente en la indistinción entre lo real y lo meramente discursivo. Como enseña el sociólogo Phillip Abrams, lo que llamamos "Estado" legitima su monopolio de la violencia y su uso criminal del Ejército y las policías por medio de una mitificación de su poder que silencia toda protesta. Así, escribe Abrams, el mito del Estado "disculpa el uso de la fuerza y nos convence a casi todos de que el destino de las víctimas es justo y necesario".[19]

En la torpeza discursiva y las contradicciones del sistema político mexicano y la agenda de seguridad estadounidense, el mito del "narco" debería caer por el propio peso de su ridícula incoherencia. Pero la explicación virtual de las "guerras de cárteles", siempre por comenzar de nuevo con protagonistas de identidad cambiante y volátil, prevalece precisamente por su coordinada aunque ilógica insistencia: fiscales, jefes de policía, generales de las Fuerzas Armadas, agentes de la DEA y el FBI, voceros del Departamento de Estado y de Justicia, analistas de seguridad y periodistas de opinión, todos al unísono, repiten la estructura esencial de la trama: los "cárteles", no importa cuáles, entrarán en una guerra y causarán un número indeterminado pero elevado de homicidios. Resulta inexplicable que la confundida inteligencia equivoque rutinariamente el nombre de los "cárteles" en pugna, pero no su capacidad de destrucción. Si bien la "guerra de cárteles" es virtual, no lo son los cadáveres que deja a su paso la política de seguridad ni tampoco la explotación ilegal de nuestros recursos naturales ahí donde se nos dice que reina la violencia de los "narcos". Y tampoco lo son las fuerzas militares y policiacas cuyo despliegue coincide con el inicio de las masacres en los lugares a los que arriban.

Frente a nuestro desconcierto y horror ante la violencia, el discurso oficial sabe acostumbrarnos a la línea central de su trama. Lo que comienza como

---

[19] Philip Abrams, "Notes on the Difficulty of Studying the State (1977)", *Journal of Historical Sociology*, vol. 1, núm. 1, marzo de 1988, p. 77.

meras declaraciones de algunos funcionarios se convierte pronto, como ha ocurrido en las últimas décadas, en todo un campo de producción cultural: las novelas, la música, el cine, el arte conceptual, el periodismo narrativo y la mayoría de los trabajos académicos que estudian y significan el fenómeno del "narco" aceptan las "guerras de cárteles" como algo real. Mientras la militarización de nuestras ciudades avanza destruyendo familias y comunidades enteras, apropiándose de nuestros más importantes yacimientos de recursos naturales, nuestra clase intelectual se entretiene imaginando interminables guerras entre narcotraficantes que el sistema político ha inventado astutamente para eludir todo examen crítico. ¿Qué nos dirá nuestra *intelligentsia* de las nuevas "guerras" que se avecinan constantemente en Ciudad Juárez y, con seguridad, en otras partes del territorio nacional? Nuestra clase intelectual tiene una nueva oportunidad para aprender a distinguir si los combatientes son solo esos inagotables traficantes de rostro intercambiable o el sistema político trasnacional que los nombra.

De Gaza a Ciudad Juárez

POSFACIO EN TIEMPOS DE EXTERMINIO GLOBAL

La noche del 31 de enero de 2010 un grupo paramilitar mató a 15 personas, entre ellos 10 estudiantes de preparatoria y universidad, durante una fiesta de cumpleaños en la precarizada colonia Villas de Salvárcar, localizada en los márgenes de la fronteriza Ciudad Juárez, en el norte de México. Quisiera, a modo de conclusión de esta nueva edición de *Los cárteles no existen*, aproximarme a la masacre como un evento inscrito —o *fabulado*, siguiendo aquí el trabajo del activista y académico juarense Willivaldo Delgadillo— en la narrativa general de la "guerra contra el narco" con la mediación de instituciones oficiales mexicanas y estadounidenses apuntalada por la cobertura de la prensa local y extranjera, reiterada después por incontables producciones culturales dentro y fuera de México. Esta masacre, como tantas ocurridas en el México militarizado supuestamente en el nombre de la "seguridad nacional" desde 2006, representa la forma de operar de los discursos y agendas securitarias a nivel global y vincula a zonas expuestas de Ciudad Juárez con procesos de exterminio que ocurren en numerosas regiones del planeta, en contextos en apariencia inconexos, pero con una estremecedora constante: cuerpos pobres, racializados, desproporcionadamente jóvenes, asesinados con armas producidas por las potencias globales y narradas por políticas de "guerras" cuyos objetivos han cambiado históricamente (el comunismo, el narcotráfico, el terrorismo), pero que rinden efectos devastadoramente comparables.

Me referiré primero a un marco crítico para problematizar la política militarista antidrogas como una plataforma mediática global que actualmente legitima la administración oficial de la violencia para el control social.

Discutiré el despliegue de las Fuerzas Armadas como parte del redituable complejo militar-industrial trasnacional que vincula a Ciudad Juárez con otras zonas fronterizas de conflicto, como en el caso específico de Israel y Palestina. Finalmente reflexionaré cómo este crimen fue renarrado por las autoridades como un error perpetrado por "sicarios" que buscaban eliminar a una pandilla rival. Veremos, en cambio, cómo el promedio de víctimas de la política antidrogas coincide con el horror de esa noche: jóvenes morenos y pobres, indefensos, asesinados bajo una política trasnacional de exterminio que los vincula con aquellos otros jóvenes morenos y pobres, indefensos, asesinados bajo otra política trasnacional de exterminio, en más de un modo indistinguibles, entre Gaza y Ciudad Juárez.

El antropólogo y activista israelí Jeff Halper ha señalado que el nexo entre terrorismo, narcotráfico y migración no describe esos fenómenos, sino que emerge de un modelo de seguridad concebido en parte desde Israel en sus décadas de ocupación militar de Palestina. Todo ello posibilita un "sistema global de pacificación" que funciona como una plataforma trasnacional de guerra permanente en contra de enemigos manufacturados por el norte global.[20]

Por "pacificación" debemos entender un giro retórico perverso que nombra una violenta estructura militar y policial que, desde luego, desborda la región fronteriza. Halper explica que desde la Segunda Guerra Mundial las potencias mundiales rara vez se confrontan directamente y más bien recurren a países terceros como sitios de "guerras *proxy*". El conflicto entre Irán e Irak en la década de los ochenta había sido la última guerra convencional hasta la reciente invasión de Rusia en Ucrania. La violencia no se ha reducido, desde luego, aunque no haya ejércitos nacionales combatiéndose en una guerra explícita. Lo que ha cambiado es el lugar y las poblaciones afectadas. Según Halper, en las primeras décadas del siglo XX, entre 85 y 90% de las víctimas eran soldados. Al terminar la década de 1990, 80% de las víctimas ya eran civiles. Desde entonces, los conflictos armados en los países dañados por guerras no convencionales generaron por lo menos un millón de refugiados y desplazados por todo el planeta.[21]

---

[20] Jeff Halper, *War Against the People: Israel, the Palestinians and Global Pacification*, Londres, Pluto Press, 2015 p. 14.

[21] *Ibid.*, p. 21.

El antropólogo cultural Allen Feldman acuñó un término útil para el sentido general de la era de militarización y exterminio global: "guerra securocrática". Se nombra con ello a las "campañas de seguridad pública desterritorializadas" que se ejecutan en numerosos países, incluyendo desde luego la franja fronteriza entre México y Estados Unidos, en donde el objetivo es librar al territorio de la invasión de cuerpos indeseables narrados como amenazas a la seguridad de esos países. Mediante una inhumana biopolítica militar y policial, "el Otro deja de ser un sujeto colonial, un proletario, una minoría racial desposeída, un comunista" y el que queda en cambio es "el traficante de droga, una persona viviendo con sida, un inmigrante ilegal, una persona en busca de asilo, un terrorista".[22] Ocurre entonces un doble proceso de despolitización y desterritorialización: se le niega un sujeto político a los enemigos que supuestamente amenazan la seguridad del norte global y por lo mismo la identidad de estos enemigos se vuelve difusa, indistinguible. El migrante es igual al narcotraficante, que a su vez equivale al terrorista. Los tres son, de modo repetido y extrapolado, jóvenes pobres y morenos que viven vidas breves y redundantes, sacrificados por una pulsión securitaria que los vincula en la muerte producida como política de seguridad estatal.

La inversión en Estados Unidos y México en tecnología de vigilancia y armas israelíes es, por demás, clave para explicar la operatividad de la guerra securocrática: drones, torres inteligentes, sensores de movimiento y hasta el pernicioso software de espionaje Pegasus (que a la fecha sigue utilizando ilegalmente la Secretaría de la Defensa Nacional en México) fueron concebidos en el contexto del "laboratorio" israelí en Palestina, como en su momento lo llamó públicamente un general de las Fuerzas de Defensa de Israel (FDI) durante un congreso sobre tecnología de vigilancia y seguridad fronteriza en El Paso, Texas.[23] Se sustenta a partir de una narrativa securitaria que confecciona constantemente nuevas amenazas al orden mundial predispuesto en esos términos. En consecuencia, dice Halper, las principales potencias occidentales han colaborado en la integración de una "industria de pacificación

[22] Allen Feldman, "Securocratic Wars of Public Safety. Globalized Policing as Scopic Regime", *Interventions*, vol. 6, núm. 3, 2004, p. 331.

[23] Todd Miller, *Empire of Borders: The Expansion of the U.S. Border Around the World*, Nueva York, Verso, 2019, p. 75.

global" que se basa en un entendimiento hegemónico en torno a la seguridad planetaria para combatir cada nueva amenaza.

El sistema de defensa estadounidense, cuyo presupuesto anual —el más grande del planeta— fue de 877 mil millones de dólares en 2022, mayor que el de los siguientes 10 países combinados, incluyendo a China y Rusia.[24] Entre 2008 y 2020, el gobierno estadounidense concedió 105 mil 997 contratos a empresas trasnacionales que, además de drones militares, ofrecen la más actualizada tecnología con sensores de movimiento y cámaras infrarrojas capaces de detectar personas a cientos de kilómetros de distancia de los torres "inteligentes" de vigilancia, con un valor de 55 mil 100 millones de dólares.[25] Recordemos cómo, en contraste, la DEA solo pudo ofrecer evidencia parcial de que Joaquín "El Chapo" Guzmán generó unos 14 mil millones de dólares como supuesto líder del "Cártel de Sinaloa" entre 1989 y 2017. El gasto en seguridad fronteriza entre 2008 y 2020, dicho de otro modo, fue casi cuatro veces mayor que las ganancias generadas por "El Chapo" en *toda* su carrera delictiva.[26]

La producción de armas y equipos para la vigilancia y el control social de los espacios ocupados es el nicho de mercado de empresas israelíes como Elbit Systems, la constructora del muro que separa a Cisjordania de Israel. Sus drones "Hermes" fueron los primeros vehículos aéreos no tripulados en sobrevolar la frontera entre Estados Unidos y México en 2004, después de vigilar el cielo de Gaza. La misma empresa se adjudicó un contrato de 145 millones de dólares en 2014 para construir torres inteligentes con sensores de movimiento y cámaras con un alcance de más de siete millas, ubicadas en Nogales, Arizona.[27] Para 2016, Elbit Systems ya se estaba asociando con las Fuerzas de Defensa de Israel y el gobierno de Estados Unidos para desarrollar tecnología antitúneles para la frontera mexicana.[28]

---

[24] La lista de los primeros 15 países del planeta con mayor presupuesto militar anual está disponible en el sitio web del Stockholm International Peace Research Institute (SIPRI): <https://www.sipri.org/research/armament-and-disarmament/arms-and-military-expenditure/military-expenditure>.

[25] Todd Miller y Nick Buxton, "Biden's Border: The Industry, the Democrats and the 2020 Elections", The Transnational Institute, 17 de febrero de 2021.

[26] The United States Department of Justice, Office of Public Affairs, *op. cit.*

[27] Britanny Dawson, "U.S.-Mexico Border: An Israeli Tech Laboratory", Institute for Palestine Studies, 6 de diciembre de 2018.

[28] Viva Sarah Press, "Israeli Anti-Tunnel Tech Could Thwart US-Mexico Smugglers", *Israel21c*, 21 de abril de 2016.

Luego está NICE Systems, una compañía creada por exsoldados de las FDI que obtuvieron contratos del controvertido *sheriff* antiinmigrante Joe Arpaio del condado de Maricopa, Arizona.[29] O el Golán Group, también fundado por exoficiales militares israelíes que entrenaron a agentes de Seguridad Nacional y de Inmigración y Aduanas de Estados Unidos para usar Krav Maga, el arte marcial israelí para el combate cuerpo a cuerpo.[30] Entre 1946 y 2022, Estados Unidos entregó a Israel un total de 317 mil millones de dólares en paquetes de ayuda, de los cuales 225 mil millones se destinaron a operaciones militares.[31] Solo en 2023, se asignaron mil 934 millones de dólares para desarrollar más tecnología de detección de túneles.[32]

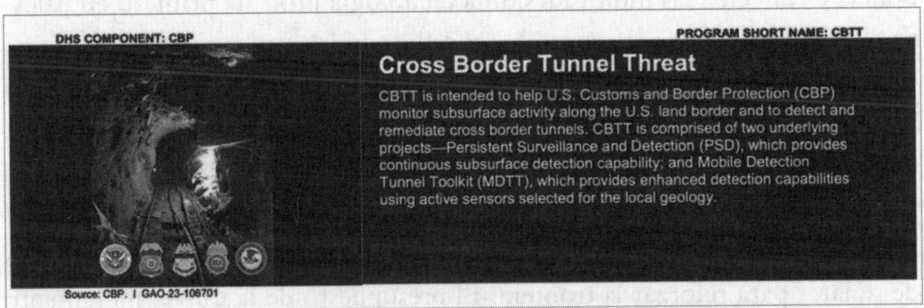

Detalle del presupuesto 2023 del Departamento de Seguridad Nacional estadounidense para aumentar la tecnología de detección de túneles transfronterizos en la frontera con México. Fuente: United States Government Accountability Office.

Del lado mexicano, Elbit Systems obtuvo otro contrato de 22.5 millones de dólares de la Fuerza Aérea Mexicana en 2008, que incluía el mismo dron Hermes ahora utilizado en operaciones antidrogas. En 2009, la Policía Judicial Federal de México pagó otro contrato multimillonario para drones fabricados por la firma israelí Aeronautics Defense Systems. En 2011, la

[29] Todd Miller y Gabriel M. Schivone, "Gaza in Arizona. How Israeli High-Tech Firms Will Up-Armor the U.S.-Mexican Border", *Mother Jones*, 26 de enero de 2015.

[30] Todd Miller, "Israeli Officials and Security Companies Have Played a Major Role in Shaping U.S. Border Enforcement", *Truthout*, 17 de octubre de 2019.

[31] USA Facts, "How Much Aid Does the US Give to Israel", 12 de octubre de 2023.

[32] United States Government Accountability Office, "DHS Annual Assessment. Major Acquisition Programs Are Generally Meeting Goals, But Cybersecurity Policy Needs Clarification", abril de 2023, p. 67.

empresa israelí NSO exportó a México el conocido software de espionaje cibernético Pegasus, que la Secretaría de la Defensa Nacional sigue utilizando ilegalmente contra periodistas, activistas y defensores de derechos humanos.[33]

El propio creador del muro de Cisjornadia, el coronel israelí Dany Tirza —que desde hace años afirma sin evidencia alguna que existe un nexo entre terroristas de Hamas y traficantes mexicanos—, es el director ejecutivo de Yozmot Ltd., una empresa de seguridad que busca contratos con las autoridades de Estados Unidos y México para implementar controvertidas cámaras corporales con funciones de reconocimiento facial para que los agentes de policía escaneen a las multitudes, una tecnología probada primero en palestinos como una forma de control social.[34]

Entre las agencias que utilizan esta tecnología está la Border Patrol, la institución de seguridad más grande del gobierno federal estadounidense. Se duplicó en tamaño a partir de 2003 cuando fue incorporada a la Customs Border Protection (CBP) como una agencia del Departamento de Seguridad Nacional (DHS). Desde entonces, este último ha destinado 333 mil millones de dólares para reforzar la frontera. El presupuesto de la CBP se incrementó exponencialmente de 5 mil 900 millones de dólares en 2003 a 17 mil 700 millones en 2021.[35]

La violencia trasnacional de la guerra securocrática contra el "narco" se expresó esa noche del 31 de enero de 2010, con el asesinato de 15 personas, incluyendo 10 estudiantes de preparatoria y universidad, durante aquella fiesta de cumpleaños en la colonia Villas de Salvárcar. Los asesinos llegaron en al menos cuatro camionetas y cerraron el acceso a la calle. Según el libro *The Fight to Save Juárez: Life in the Heart of Mexico's Drug War* (2013), de Ricardo C. Ainslie, uno de ellos, armado con un AK-47, ordenó a uno de los padres

[33] Natalie Kitroeff y Ronen Bergman, "How Mexico Became the Biggest User of the World's Most Notorious Spy Tool", *The New York Times*, 18 de abril de 2023.

[34] Daniella Cheslow, "Israeli Firm Develops Body Cams with Facial Recognition Technology", *The Times of Israel*, 23 de enero de 2022. En una de sus recurrentes acusaciones, el coronel Dany Tirza ha dicho que traficantes mexicanos fueron entrenados por terroristas de Hamas para fabricar túneles, según puede verse en este video de *i24News*: <https://www.facebook.com/watch/?v=2038204616478287>.

[35] American Immigration Council, "The Cost of Immigration Enforcement and Border Security", 20 de enero de 2021.

que se alejara de la calle porque estaban llevando a cabo un "operativo".[36] En la narrativa del libro, se libra una tensión entre el accidente informativo que recoge el reportero y la poderosa narrativización mediática de la "guerra contra las drogas" como discurso hegemónico totalizante, principalmente guiado por agentes de la DEA consultados por el reportero. Vemos aquí la configuración de lo que he llamado "narconarrativa" oficial como un proceso que transforma la posibilidad de un "operativo" ilegal conducido probablemente por agentes estatales o paraestatales, y la forma en que luego se reintegró el mismo evento a la lógica del crimen organizado.

La masacre como expresión de una violenta política antidrogas trasnacional propulsada por un militarismo criminal fue borrada por la narconarrativa mediante dos procesos simultáneos: primero, se enmarcó como un tiroteo más entre traficantes rivales, asumiendo que las víctimas "andaban en algo", como dijo el presidente Felipe Calderón unas horas después de los asesinatos basándose en informes iniciales de inteligencia que dijo recibir durante una visita oficial a Japón.[37] Y, segundo, y lo más importante, al construir una *percepción pública* de los perpetradores del crimen. Al igual que sucedió con el caso Ayotzinapa, los padres de los estudiantes refutaron la declaración inicial del presidente Calderón. Pero, aunque las víctimas inocentes libraron del intento de criminalización del gobierno, la masacre se mantuvo dentro de la narrativa oficial cuando la DEA y la Policía Federal mexicana dijeron a los medios que los estudiantes fueron asesinados por "sicarios" de la pandilla "Barrio Azteca" al servicio del "Cártel de Juárez" por error, asumiendo que eran miembros de una pandilla local que trabajaba para el rival "Cártel de Sinaloa".[38] Exactamente ese relato fue validado por la mayoría de los medios de comunicación y repetido como hecho, ya incluso sin fuentes específicas que lo corroboraran, en libros como *El Chapo: The Untold Story of the World's Most Infamous Drug Lord* (2021), del periodista

---

[36] Ricardo C. Ainslie, *The Fight to Save Juárez: Life in the Heart of Mexico's Drug War*, Austin, The University of Texas Press, 2013, p. 184

[37] "Villas de Salvárcar a 10 años del asesinato de 15 personas y el 'andaban en algo' de Calderón", *Sinembargo*, 31 de enero de 2020.

[38] Omar Granados, "Los momentos de Calderón en 2010", *Animal Político*, 31 de diciembre de 2010.

Noah Hurowitz, quien incluso reproduce un diálogo imaginado entre los supuestos pandilleros asesinos.[39]

La investigación oficial fue cuestionada desde el inicio cuando la Suprema Corte de Justicia de la Nación constató que uno de los presuntos "sicarios" detenidos días después de la masacre había confesado bajo tortura.[40] Un segundo delincuente, José Antonio Acosta Hernández, alias "El Diego", presuntamente el líder de "La Línea", el "brazo armado" del "Cártel de Juárez", como lo llamaba la DEA, fue arrestado el 29 de julio de 2011 y acusado de ordenar la masacre de Villas de Salvárcar.[41] Esta vez, antes de tramitar su extradición, la Policía Federal difundió un video con el detenido confesando la masacre, pero lo acusó además de otros mil 500 asesinatos, el tiroteo de una empleada del consulado estadounidense y su esposo, e incluso un atentado con coche bomba que mató a cuatro personas más en Juárez.[42] "El Diego", según las autoridades, habría superado exponencialmente el récord histórico establecido por el "asesino en serie más prolífico en la historia de Estados Unidos", un hombre llamado Samuel Little, que confesó apenas 93 asesinatos en una carrera criminal de 35 años, aunque el FBI solo pudo verificar 50 casos.[43]

Los medios han sido colaboradores de la narconarrativa bajo la agotada conceptualización liberal y neoliberal de la "prensa libre". Al recordar la influencia de los medios en la cobertura previa a la invasión estadounidense de Irak, el académico Philip Seib argumenta que "la forma en que el público percibe la guerra depende hoy en día de la relación particular que los medios de comunicación tienen con el gobierno", por lo que el "desequilibrio de influencia resultante es intrínsecamente antidemocrático y elimina un control

[39] Noah Hurowitz, *El Chapo: The Untold Story of the World's Most Infamous Drug Lord*, Nueva York, Atria Books, 2021, p. 201.

[40] J. Aranda, R. Villalpando y F. Camacho, "Ordena la SCJN liberar a implicado en la matanza de Villas Salvárcar", *La Jornada*, 7 de noviembre de 2013.

[41] Luis Hinojos, "'El Diego', capo del Cártel de Juárez, confiesa haber ordenado al menos 1 500 muertes", *RT*, 1 de agosto de 2011.

[42] El video de "El Diego" confesando está disponible en YouTube: <https://youtu.be/BM7yEvNb52E>.

[43] Pablo Ximénez de Sandoval, "FBI confirma que Samuel Little es el mayor asesino en serie de la historia de Estados Unidos", *El País*, 8 de octubre de 2019.

importante sobre el poder del gobierno, lo que a su vez altera la dinámica política de la esfera pública".[44]

Generando un consenso mediático, las autoridades prevalecieron al reinsertar la masacre en la narconarrativa: fueron "sicarios" —tal vez accidentalmente— los que mataron a los estudiantes en una "guerra de cárteles" por la "plaza" de Juárez. Sostengo, en cambio, que lo sucedido a los estudiantes de Villas de Salvárcar y a sus familias no fue otro episodio de violencia colateral de la "guerra contra el narco". El periodista Ignacio Alvarado afirma que la militarización de la frontera ha sido más bien una oportunidad para realizar una estrategia de "limpieza social masiva en contra de los jóvenes pobres en comunidades marginadas. Los perpetradores eran con frecuencia policías y soldados y los asesinatos servían como prueba de que se estaba haciendo algo para combatir el crimen".[45]

"La frontera no es solo un sistema de representaciones, sino un espacio de interés geopolítico que históricamente ha producido perspectivas militaristas", escribe Willivaldo Delgadillo en su libro *Fabular Juárez*.[46] Vemos así ese espacio de representación en disputa, constituido por poderosas metáforas que insisten en narrar la ciudad como el sitio de una guerra protagonizada por grupos criminales que desafían al Estado y que dañan con crueldad e indiferencia a la población civil.

La narrativa oficial sobre la mascare de Villas de Salvárcar se ha convertido en una suerte de referente perverso para explicar crímenes de lesa humanidad. Una de sus reapariciones más recientes ocurrió la madrugada del 17 de diciembre de 2023 en el municipio de Salvatierra, Guanajuato, cuando un grupo armado irrumpió en una fiesta navideña y asesinó a 11 jóvenes de entre 16 y 36 años.[47] Un proceso de fabulación similar al que operó en Juárez se desplegó para narrar la masacre de Salvatierra. Los asesinos, según la fiscalía

[44] Philip Seib, "Introduction", en *Selling War: The Role of the Mass Media in Hostile Conflicts from World War I to the "War on Terror"*, eds. Josef Seethaler, Matthias Karmasin, Gabriele Melischek y Romy Wöhlert, Bristol y Chicago, Intellect, 2013, p. 12.

[45] Dawn Paley, *Capitalismo antidrogas. Una guerra contra el pueblo*, México, Sociedad Comunitaria de Estudios Estratégicos/Liberad bajo Palabra, 2018, p. 123.

[46] Delgadillo, *op. cit.*, p. 18.

[47] Luciano Vázquez, "Masacre en Salvatierra: ¿qué grupo criminal fue responsable del ataque?", *El Financiero*, 20 de diciembre de 2023.

de Guanajuato, eran miembros de una "célula del Cártel Santa Rosa de Lima, que se disputa la plaza con el Cártel Jalisco Nueva Generación y mantienen bajo fuego la zona".[48] Asesinaron a los jóvenes porque fueron obligados a salir de la fiesta y en venganza regresaron acompañados de otros hombres armados para matarlos. La banalidad de este mal es algo mucho más naturalista que el concepto acuñado por Hannah Arendt para describir los crímenes de los nazis durante la segunda guerra mundial. Es la criminalización de la pobreza, el supuesto desprecio irracional por la vida que se le atribuye a la juventud de clase baja, y la reactiva expresión de la violencia entre grupos criminales que adoptan estrategias de terror para amedrentar, sin razones nunca del todo claras, a la población.

Pero la experiencia compartida del sistema de "pacificación" planetario mediante políticas de control social que se aplican a países del sur global vinculan masacres como las de Villas de Salvárcar y la de Salvatierra con el horror de toda ocupación militar. Es aquí donde se entrelaza Ciudad Juárez, "el laboratorio de nuestro futuro", como lo llamó el periodista Charles Bowden en 1998, con el "laboratorio palestino" de la tecnología israelí de ocupación militar, como lo describió el periodista australiano-alemán Antony Loewenstein en 2023.

> El sur global ha sido controlado y pacificado con (principalmente) armas israelíes y estadounidenses. Ni el antisemitismo ni el extremeñismo han sido un impedimento para la colaboración con Estados que saquean recursos o a la gente. [...] Se necesita una historia que recuente el involucramiento de Israel en algunos de los más depravados regímenes del siglo XX y XXI.[49]

Este es el vínculo establecido por las paralelas ocupaciones militares entre Gaza y Ciudad Juárez. Son las casi 70 mil personas asesinadas en Gaza durante el conflicto Israel-Hamas al momento de escribir estas líneas.[50] Dos terceras

---

48 Luciano Vázquez, "Caen 2 presuntos asesinos de los 11 jóvenes de la masacre en Salvatierra", *Nación 321*, 11 de febrero de 2024.

49 Antony Loewenstein, *The Palestine Laboratory: How Israel Export the Technology of Occuptation around the* World, Nueva York, Verso, 2023, p. 37.

50 Wafaa Shurafa, Sally Abou Aljoud y Julia Frankel, "Gaza death toll tops 69,000 as Israel and miliitants again exchange remains", Associated Press, 8 de noviembre de 2025.

partes de las víctimas han sido mujeres y niños. En 2010, el año más álgido de la militarización antidrogas en Ciudad Juárez, se registraron más de 3 mil 500 homicidios con una tasa de más de 250 asesinatos por cada 100 mil habitantes.[51] Esto representó un incremento de más de mil por ciento en comparación con 2007, el año anterior al inicio del despliegue de las fuerzas armadas en la ciudad ordenado por el entonces presidente Felipe Calderón. En el medio, están las jóvenes víctimas, pobres y morenas, entre México y Palestina, narrados por sus verdugos como delincuentes o como terroristas. La antropóloga argentina Rita Segato observa que entre la violencia experimentada en Ciudad Juárez y Gaza se expresa un nuevo orden global basado en la exhibición de la impunidad y de la ley como exterminio que disuelve el Estado de derecho y que legitima el poder de muerte. Son las democracias occidentales las que lo enuncian. "En Ciudad Juárez nos están diciendo que tienen poder, nos están diciendo que son impunes, y eso en escala global es Gaza. Es el espectáculo definitivo de la impunidad y del poder jurisdiccional".[52]

Y aunque los esfuerzos por intentar comprender lo ocurrido esa noche en Villas de Salvárcar se interrumpen o fracasan, busquemos un doble proceso de significación para deconstruir la perversa agenda propagandística de la guerra securocrática contra la población más vulnerable y para al menos reconstruir la historia de esta ocupación militar y su agenda de seguridad nacional. Es posible que ahí comience una forma propia de *desecuritizar* la vida pública, de recobrar la legitimidad de nuestras comunidades excluidas de la ciudadanía global, más allá de cualquier metáfora que criminaliza a la juventud expuesta, ajena a toda fábula que distorsiona nuestro presente.

Nueva York, 20 de noviembre de 2025

---

[51] Parker Asmann e Ignacio Alvarado, "¿Cuál es la causa de la ola de homicidios en Ciudad Juárez, México?", *InSight Crime*, 12 de junio de 2023.

[52] Beatriz Guillén, "Rita Segato: 'El presente es siniestro. Estamos todos amenazados'". *El País*, 30 de diciembre de 2024.

Agradecimientos

El presente libro no se habría escrito sin el imprescindible trabajo de los periodistas juarenses Ignacio Alvarado y Julián Cardona, de quienes tuve la suerte de aprender durante mis años como reportero en *El Diario* de Ciudad Juárez. Con ellos comprendí por primera vez los alcances del discurso oficial y la mitología de los "cárteles". Agradezco su generosidad, su amistad, su integridad profesional y su combativo reporteo, que sigue siendo a la fecha uno de los mejores ejemplos del periodismo de investigación en México y Latinoamérica. La muerte de Julián Cardona deja un irremediable vacío en nuestra comprensión de estos procesos de violencia estatal y en nuestro entendimiento de la vida en la frontera. Su impresionante acervo fotográfico quedó resguardado en parte en el Tom & Ethel Bradley Center de la California State University en Northridge, donde afortunadamente puede consultarse.

El periodismo ha sido y será siempre una función crucial de mi trabajo intelectual. Las ideas de estas páginas han sido inspiradas y mejoradas —acaso inadvertidamente para ellos— por el diálogo y la amistad de los periodistas de la revista *Proceso*, en especial por Homero Campa, Rafael Rodríguez Castañeda, Alejandro Gutiérrez, Arturo Rodríguez, Álvaro Delgado y José Gil Olmos.

Este libro ha tenido la suerte de encontrar un lector modelo en mi amigo y compañero de ruta, el cineasta y comunicador Olallo Rubio, cuya inteligencia y generosidad acompañaron también la reescritura de estas páginas.

Agradezco el estimulante intercambio de ideas y la amistad de los periodistas Sergio Rodríguez Blanco y Federico Mastrogiovanni, que me ofrecieron la invaluable oportunidad de enseñar seminarios sobre periodismo y literatura en la Universidad Iberoamericana durante el año académico 2016-2017. Esos seminarios, dirigidos en parte a los inteligentes e inquisitivos periodistas del extraordinario programa Prensa y Democracia (Prende) de la Ibero, fueron clave para el desarrollo de muchas de las propuestas de este libro.

Este libro es también resultado directo de mi trabajo académico como profesor de literatura y cultura latinoamericana en la City University of New York (CUNY). Mis ideas deben mucho al generoso apoyo, la rica conversación y las agudas observaciones de mis colegas y amigos Beatriz Lado, Magdalena Perkowska, José del Valle y Álvaro Baquero. En el mundo académico fuera de CUNY, mi trabajo ha contado con la luminosa conversación y la amistad de Ignacio Sánchez Prado, Oswaldo Estrada, Irma Cantú, Cristina Carrasco, Debbie Castillo, Guadalupe Correa, Tamara Williams, Dawn Paley, Viviane Mahieux, José Ramón Ruisánchez, Dante Salgado, Jorge García, Mabel Moraña, Sara Poot-Herrera, Raquel Serur, Jacobo Sefamí, Stuart Day, Pedro Ángel Palou, Sophie Esch, Brian Price, Rafael Acosta y Bruno Ríos.

En la Ciudad de México, mientras terminaba la primera versión del manuscrito, mis principales interlocutores fueron Juan Villoro y David Miklos. Sus comentarios dieron hondura intelectual a mi libro y su amistad hizo la experiencia de escritura significativamente más feliz.

Agradezco la amistad, la camaradería y el brillante trabajo editorial de Rafael Lemus, entonces editor de Malpaso, que mejoró sustancialmente cada página de la primera edición del libro. Sin el apoyo y el respaldo de Enrique Calderón y Eduardo Flores, mis editores en Penguin Random House, esta nueva edición no habría llegado a buen puerto.

En mi escritura están siempre presentes mis maestros: Rosario Espinoza, Rosendo Zavala y Ricardo Zavala.

Mis libros pertenecen a Sarah Pollack, Ximena Zavala, Mateo Zavala y Diana Zavala.

Nota editorial

Las primeras versiones de estos ensayos, publicadas por separado, fueron revisadas, expandidas y adaptadas para integrarse al proyecto general del presente libro. Esta es la procedencia original de esas primeras versiones, siguiendo el orden propuesto por el índice:

De la primera parte, "La despolitización de la narcocultura":

"Cadáveres sin historia. La despolitización de la narconovela negra mexicana contemporánea", en *Senderos de violencia. Latinoamérica y sus narrativas armadas*, ed. Oswaldo Estrada, Valencia, Albatros (Serie Palabras de América), 2015, pp. 43-57.

"Crónicas despolitizadas. Seguridad, política y los imaginarios periodísticos sobre el narco en México", en *En camas separadas. Historia y literatura en el México del siglo* XX, ed. David Miklos, México, Tusquets, 2016, pp. 193-223.

"*El cártel, Narcos, Sicario*: las políticas de representación del discurso de seguridad nacional", *Newsweek en Español*, 17 de enero de 2016.

De la segunda parte, "Los cárteles no existen (pero la violencia de Estado sí)":

"Las razones de Estado del narco. Soberanía y biopolítica en la narrativa mexicana contemporánea", en *Heridas abiertas. Biopolítica y representación en América Latina*, eds. Mabel Moraña e Ignacio Sánchez Prado, Madrid, Iberoamericana Vervuert, 2014, pp. 182-202.

"El Chapo, fetiche de la corrupción oficial", *Proceso*, núm. 2050, 4 de febrero de 2016.

"El poder de los capitales alinea a Trump", *Newsweek en Español*, 17 de noviembre de 2016.

De la tercera parte, "Cuatro escritores contra el 'narco'":

"César López Cuadras, maestro secreto de la narconarrativa", *Confabulario*, 3 de agosto de 2014.

"El retorno de lo político: Daniel Sada y la violencia de Estado", *Proceso*, núm. 1991, 28 de diciembre 2014, pp. 58-61.

"*2666* y el rostro del narco", *Confabulario*, 14 de julio de 2013.

"De capos, sicarios, cárteles y otras ficciones. Roberto Bolaño y la repolitización de la narconovela mexicana", *Istor. Revista de Historia Internacional*, vol. XV, núm. 57, 2014, pp. 145-157.

"Un país demasiado parecido a sí mismo. Juan Villoro ante el narco", *Casa de las Américas*, núm. 274, enero-marzo de 2014, pp. 74-81.

De la cuarta parte, "Traficantes, soldados y policías en la frontera":

"Líneas imaginarias del poder. Política y mitología en la literatura sobre Ciudad Juárez", en *Afpunmapu / Fronteras / Borderlands. Poética de los confines: Chile-México*, eds. Tatiana Calderón Le Joliff y Edith Mora Ordóñez, Valparaíso, Ediciones Universitarias de Valparaíso, 2015, pp. 45-61.

"Herejes predicando en el infierno: Julián Cardona y Charles Bowden en Ciudad Juárez", *La Habana Elegante*, núm. 55, primavera-verano de 2014.

"¿Quién controla la plaza? La ciudad del crimen organizado y sus imaginarios culturales", en *Dimensiones del latinoamericanismo*, ed. Mabel Moraña (en prensa).

De la última sección, "De Gaza a Ciudad Juárez. Posfacio en tiempos de exterminio global":

"Fabular una masacre de 'narcos'. Ciudad Juárez y Gaza en la industria securitaria global", *Artelogie*, núm. 21, 2024.

Esta obra se terminó de imprimir
en el mes de febrero de 2026,
en los talleres de Diversidad Gráfica S.A. de C.V.
Ciudad de México